IP 知识产权专题研究书系

SHENGWU JISHU DE
ZHISHI CHANQUAN BAOHU

生物技术的知识产权保护

科学技术部知识产权事务中心
刘银良 著

知识产权出版社

内容提要

本书是科学技术部知识产权事务中心承担国家科技计划项目“转基因植物研究与产业化专项”知识产权部分的研究成果。

本书针对生物技术尤其是转基因技术的快速发展所带来的知识产权获取、保护和应用问题进行分析、总结和阐述，主要探讨生物技术研发和应用所涉及的相关法律问题，重点分析了各种生物技术产品的可专利性以及生物技术专利保护的技巧与方法等。本书还从国际比较的角度分析了植物新品种保护的方法以及生物技术知识产权保护的法律适用问题，另外还介绍了当前国际上生物技术知识产权保护的动向和热点问题，并对当前的生物技术知识产权保护提出了相关建议。

本书可供政府科技主管部门的管理人员、大学及科研院所的科技人员、管理工作者以及生物技术企业的技术、经营与管理人员阅读、参考，也可供高校生物技术专业、知识产权专业师生及法律工作者参考使用。

责任编辑：刘　睿　　**责任校对**：韩秀天
特约编辑：江宜玲　　**责任出版**：卢运霞

图书在版编目（CIP）数据

生物技术的知识产权保护/科技部知识产权事务中心，刘银良著．北京：知识产权出版社，2009.1
ISBN 978-7-80247-206-8
Ⅰ．生…　Ⅱ．科…　Ⅲ．生物技术—知识产权—保护—研究—中国　Ⅳ．D923.404

中国版本图书馆 CIP 数据核字（2008）第 183031 号

生物技术的知识产权保护
科学技术部知识产权事务中心
刘银良　著

出版发行：知识产权出版社
社　址：北京市海淀区马甸南村 1 号　　邮　编：100088
网　址：http://www.ipph.cn　　邮　箱：bjb@cnipr.com
发行电话：010-82000893　82000860 转 8101　　传　真：010-82000893
责编电话：010-82000860 转 8113　　责编邮箱：liurui@cnipr.com
印　刷：知识产权出版社电子制印中心　　经　销：新华书店及相关销售网点
开　本：880mm×1230mm　1/32　　印　张：10.25
版　次：2009 年 1 月第一版　　印　次：2009 年 1 月第一次印刷
字　数：262 千字　　定　价：25.00 元

ISBN 978-7-80247-206-8/D·732（2242）

序　一

党的十七大报告把“提高自主创新能力、建设创新型国家”列入促进国民经济又好又快发展战略的第一条战略措施。这无疑对科技工作提出了更高的要求，我们面临着艰巨而光荣的任务。为了全面贯彻落实党的十七大提出的战略任务，我们必须遵循“自主创新、重点跨越、支撑发展、引领未来”的科技工作指导方针，加强原始创新、集成创新和引进消化吸收再创新，大力解决制约经济社会发展的关键技术问题，发展高新技术产业，全面增强我国的自主创新能力，为实现在2020年把我国建设成创新型国家作出贡献。

实施“自主创新战略”就必须高度重视知识产权的获取、保护和应用。创新型的科研工作应该及时申请专利、发表论文或采取适当的保密措施，才能受到专利法、著作权法等知识产权法律的保护，从而保护科研机构、科技人员的合法权益，促进科技成果的产业化。当前我国已建立起相对完善的知识产权法律体系，参加了主要的国际知识产权协议和世界贸易组织的有关知识产权协定。我们必须遵循国内、国际上已经形成的法律框架来开展我们的科技创新及产业化工作，才能适应日益明显的全球一体化趋势。

生物技术在21世纪必将取得重大的突破和长足的进展，必将产生诸多的科研成果和知识产权。知识产权保护在生物技术领域必然成为极其重要并极具挑战性的工作。政府主管部门、科研单位、企业的管理者及广大科技人员都要学习、掌握知识产权的获取、保护和应用的知识与方法。

《生物技术的知识产权保护》一书的面世，将有助于大家学习、了解生物技术知识产权保护的有关知识，提高知识产权的管理水平，也必将促进生物技术研发与产业化的发展。

科学技术部副部长
刘燕华
2008年4月

序　二

生物技术在21世纪将会产生很大的突破，会深刻影响人类的生产和生活方式，生物技术的进步已经并将继续不同程度地改变人们的社会关系，其中也包括法律关系。生物技术的进展首先对知识产权法律关系提出了新的挑战，研究、探讨生物技术带来的新的知识产权问题，已成为全球的热门话题。

科技部高度关注生物技术，尤其是转基因技术所涉及的知识产权及其他法律问题，从2000年开始就委托我中心开始生物技术的知识产权问题研究，并在相关科技计划中开展知识产权工作，包括支持专利申请、知识产权许可转让、教育培训、建立规章制度等。同时，我中心积极运用生物技术及相关法律从事知识产权司法鉴定工作，利用转基因技术判别农作物种子的基因序列，在理论研究与实务方面均积累了一定的知识与经验。

为了总结已有的研究成果及实践经验，我中心组织创作了《生物技术的知识产权保护》一书，希望此书能供生物技术领域的科研人员、知识产权工作者学习和参考，为我国生物技术知识产权法律问题的研究与实务作出贡献。

本书由刘银良博士撰写。刘博士曾在我中心工作，主要从事生物技术相关知识产权问题研究工作。刘博士到中国政法大学工作之后继续从事生物技术知识产权法律的研究与教学工作，专著颇丰，成绩卓著。刘博士在繁忙的教书育人、学术研究的工作中，能继续为我中心工作，完成了本书的撰写实属难能可贵，我愿借此机会对刘银良博士表示衷心的

IP

感谢。

在本书的撰写过程中，我中心赵江琳同志也做了大量的工作，在此一并感谢。

科学技术部知识产权事务中心副主任

杨林村

2008年3月

目　录

第一章　知识产权的一般理论

第一节　知识产权的概念与特征

知识产权又称知识财产权（intellectual property right），是智力成果创造者对其智力成果所依法享有的一种财产权利，属于私权范畴。现代意义的知识产权制度起源于17世纪初的英国，经过18～19世纪的工业革命和20世纪的高新技术革命得以逐步完善，迄今已是现代社会法律制度中的一个重要组成部分。在现有知识产权体系下，知识产权主要包括专利、商标、著作权、商业秘密、植物新品种权和集成电路布图设计权等多种权利。其中，传统的知识产权包括专利、商标和著作权三大部分，其他形式的知识产权是后来随着时代的发展不断补充进来的，它们共同组成现代知识产权体系。

知识产权有几个重要特征，分别是知识产权的专有性、时间性、地域性和客体的无形性与可复制性。知识产权的专有性是指，权利人对其知识产权的占有是排他的，未经其同意，他人不得为商业性目的使用，否则就可能构成侵权。这和其他形式的财产权的专有性相同。

知识产权的时间性是指知识产权一般仅持续有限的时间，如发明专利权的保护期一般为20年，著作权的保护期一般为作者有生之年加去世后50年。一旦超过保护期，知识产权就会灭失，它所保护的智力成果就进入公有领域，成为人类的共同财富，如爱迪生的电灯发明和马克·吐温创作的小说等。在知识产权的时间性方面有两个例外，分别是商标权和商业秘密。商标权的保护期一般为 10 年，期满后可以续展，再获得一个保护期，并且续展次数没有限制，因此在理论上商标权人可以永远拥有一个商标，达到永续经营的目的。对商标权的特殊规定在很大程度上是为了保护社会公共利益不受侵犯。商业秘密的保护期基本取决于权利人采取保密措施的有效性，如果权利人能够把相关信息长期保存为秘密信息，如可口可乐配方，则权利人针对其商业秘密的权利一直受到保护。

知识产权的地域性是指知识产权保护是以国家为界限，知识产权的授予、存续和保护一般仅在本国范围内有效，在国外未必有效。例如，在中国获得的专利或注册的商标就只能在中国受到保护，到了外国就不一定有用。反过来也一样，外国人如果在国外拥有专利或商标，但如果没有在中国申请专利或注册商标，或者即使申请了但没有获得专利授权或商标注册，则其技术方案或商标设计在中国就可能处于公共领域（在一定条件下驰名商标的保护是个例外），人人皆可使用。应该注意，一项发明可以向多个国家申请专利，商标也可以向多个国家申请注册，如果我国和外国有条约关系，则还可以享有优先权，如果外国专利局或商标局也认可它们并授予其专利或给予注册，则权利人在外国也可享有知识产权。

知识产权的客体是无形的，并且可以被复制。无论是作为专利权客体的技术方案，还是作为著作权客体的作品，或者是作为商业秘密权客体的秘密信息，都是无形的，并且都可以被无限次地、没有损耗地复制。这一特点决定了知识产权是一种无形财产权，是知识产权区别于有形财产权的重要特征。客体的无形性成就了其可复制性和易传播性，同时决定了知识产权侵权非常容易并且成本较低。[1]

一般认为，一个良好的知识产权制度能够有效促进一个国家

---

[1] 郑成思：《知识产权法》，法律出版社 2003 年第二版，第 9～19 页。

的知识创新和技术进步，推动国家的经济发展，提高国家的综合竞争力。发达国家的快速发展对此已有所提示，如美国自20世纪80年代以来就成功运用专利战略有效遏制了日本经济的扩张（当然也包括应用其他经济和政治手段），保证了本国国力持续增强。现在世界多个国家都已制定本国的知识产权强国战略。如日本不仅制定了知识产权战略，还专门成立了知识产权战略本部，由首相兼任本部长，致力于国家知识产权战略的制定和实施。我国也认识到知识产权在经济发展和国力增强中的重要作用，经过认真研究，已于2008年6月发布《国家知识产权战略纲要》，要求认真贯彻实施。

在当今知识产权体系中有多种权利形式，并且随着时代发展也可能会有新的知识产权形式加入进来。根据权利取得方式，基本可把知识产权分为工业产权和著作权（版权）两大类，其中著作权是自动取得，工业产权需要智力成果所有人或其受让人向国家有关机关申请，经审查批准授权后才可获得。除去著作权外，其他包括专利、商标、植物新品种权、集成电路布图设计权等在内的知识产权基本都可归入到工业产权中。之所以规定工业产权需申请授权才可获得，就是要保证知识产权的专有性。

在知识产权制度发展过程中，由于知识产权的地域性特点给知识产权的国际保护带来了较多不便，为弥补相应缺陷，提高知识产权国际保护的水平和效率，世界各国签订了很多国际公约或条约。由于知识产权具有不同于有形财产权的特点，知识产权领域内的国际公约或条约也非常多，有几十部，其中最重要的包括《保护工业产权巴黎公约》（简称《巴黎公约》）、《保护文学艺术作品伯尔尼公约》（简称《伯尔尼公约》）、《专利合作条约》和《与贸易相关的知识产权协议》（简称TRIPs协议）等。其中，《巴黎公约》、《伯尔尼公约》和《专利合作条约》都属世界知识产权组织（World Intellectual Property Organization，WIPO）管理，TRIPs协议由世界贸易组织（World Trade Organization，

WTO）管理。它们连同其他知识产权条约，为各种知识产权的国际保护规定了基本框架和基本标准。

以下结合它们与生物技术研发和产业的关系，分别叙述各种知识产权的特点及其对生物技术成果可能提供的保护。

第二节 专　利

专利（patent）是一种重要的知识产权形式，专利制度也是产生最早和发展较为完善的一种知识产权制度。虽然早在1474年威尼斯城邦就颁布了世界第一部专利法，但因为它强调对技术的保密而被认为是近代意义的专利法。最早的现代意义的专利法是1623年通过并于次年实施的英国《垄断法规》（Statute of Monopolies）。本专利法废除了在英国延续约三百年的王家特许制度，变王家特权为法权，在制度上奠定了现代专利制度的框架，规定了专利权的客体、主体、专利取得条件和保护期等，其中的一些概念和原则仍沿用至今。[1] 在随后至今的将近400年里，英国的专利制度逐步完善，国家专利局得以建立，专利授权条件得以完备，审查程序也逐步健全。[2] 可以说，英国专利制度发展史基本代表着现代专利制度的发展历程。这其中不仅有英国的贡献，也同样有其他国家的成功尝试。例如，由荷兰首先实行的“早期公开、请求审查制”已经成为当今世界基本一致的专利审查程序。因此现代专利制度的完善是世界多个国家共同努力的结果，其中英国、美国和荷兰等国的贡献尤为突出。

美国在建国之初就已认识到专利制度的重要性，在托马斯·

---

❶ 关于专利制度的起源和发展，可参见郑成思：《知识产权法》，法律出版社2003年第二版，第205～207页；汤宗舜：《专利法教程》，法律出版社2003年第三版，第7～10页。

❷ 关于英国专利制度的发展简史，可参见Tina Hart and Linda Fazzani，*Intellectual Property Law*，2nd Edition，2000，法律出版社2003年（影印版），pp. 7～8.

杰弗逊（Thomas Jefferson）起草的《宪法》中就明确规定，国会应有权力“保证作者和发明者在一定时间内就其作品和发现分别享有独占权，以促进科学和实用技术的进步”。[1] 这被认为是美国知识产权法尤其是专利法和版权法的宪法根据。托马斯·杰弗逊也参与起草了美国第一部专利法，其中自然体现了他的“聪明才智应得到慷慨奖励”的哲学。[2] 美国国会于1790年通过第一部专利法，并在短短的50年内就给予外国人在美国申请专利和行使专利权的国民待遇（开始时专利申请费有所差异）。这较大程度地促进了美国的科学研究，吸引了很多外国发明家进入美国。[3]

可以说，在对专利制度作用的认识和专利制度建设方面，美国很多政治家、作家和发明家都有一贯支持的优良传统。除托马斯·杰弗逊外，美国总统林肯也曾积极评价专利制度是“为创造之火添加利益之薪”，美国著名作家马克·吐温也曾形容没有专利制度的国家就像海滩上的螃蟹一样，只会在附近横着爬行。马克·吐温是一位作家，却曾投资一台专利印刷机，虽然没有赚到钱，却也显示了他对专利技术的信赖。

伴随着工业革命，其他国家也先后颁布专利法，建立专利制度。法国在大革命后的1791年就颁布了本国第一部专利法，在时间上仅次于美国。其他欧洲、拉丁美洲和亚洲国家通过专利法的时间分别是：荷兰1809年（1869年废除、1912年重新制定），奥地利1810年，俄罗斯1812年，瑞典1819年，西班牙1826年，巴西1859年，印度1859年，阿根廷1864年，加拿大1869年，德国1877年，日本1885年。[4] 截止到2008年10月15日，《巴

---

[1] US Constitution, Article I, Section 8.

[2] 5 Writings of Thomas Jefferson 75-76 (Washington ed. 1871). 转引自：Diamond v. Charkrabarty, 447 U. S. 303 (1980).

[3] 郑成思：《知识产权法》，法律出版社2003年第二版，第248页。

[4] 汤宗舜：《专利法教程》，法律出版社2003年第三版，第9~10页。

黎公约》已有173个成员国，这表明在世界上至少有170多个国家已经建立了自己的专利制度。

可从社会契约的角度理解专利或其他知识产权制度的基础。发明人向社会公开他的发明创造，作为对价，社会赋予发明人在一定时期针对此发明创造的独占实施权，让发明人获得必要的补偿和奖赏，此即专利的独占性和时间性，而一旦超过了专利保护期，该发明创造就归入公有领域，为社会所拥有。通过这样的安排，就能够在一定程度上保证发明人和社会都能从交易中获得收益。[1]

其实只要看一下19世纪后期至20世纪初曾在美国或其他国家获得专利的著名发明家名单，就可理解专利制度在近、现代人类社会发展中的重要作用。这份名单可包括：电灯和留声机的发明者爱迪生、飞机的发明者莱特兄弟、电话的发明者贝尔、炸药的发明者诺贝尔和法国科学家巴斯德（Louis Pasteur）。如果没有专利制度，就难以保证诺贝尔的炸药公司能够创造丰厚利润并有足够资金创立诺贝尔基金，也就难有今天的诺贝尔奖。法国著名作家罗曼·罗兰在《约翰·克利斯朵夫》中曾借主人公之口颂扬巴斯德，说巴斯德一个人创造的财富就可抵得上法国因普法战争给普鲁士的赔款。同样地，如果没有专利制度也难以保障巴斯德的发明能够创造如此多的财富。美国早在1873年就曾授予巴斯德一件纯化酵母专利，这是美国专利历史上第一件生物体专利。[2] 曾有研究表明，如果没有专利保护，美国60%的药品发明和38%的化学发明将难以问世。[3] 虽然在不同技术领域此比例有高有低，但专利保护对于技术发明的开发及应用都是重要的。

---

[1] 汤宗舜：《专利法教程》，法律出版社2003年第三版，第13页。

[2] See Eileen Morin, Of Mice and Men: The Ethics of Patenting Animals, 5 *Health Law Journal* 147, 1997, p. 154.

[3] 于小航："基因专利：烫手的利器"，载《南方周末》，2001年11月2日。

在我国专利法体系下，共有三种专利，分别是发明专利、实用新型专利和外观设计专利。在许多国家，对实用新型（utility model）和工业品外观设计（industrial design）的保护不一定规定在专利法中，它们享有的权利也不一定是专利权，而可能是版权或准专利权。《巴黎公约》在涉及二者时使用的词汇是“登记”（registration），与商标相同，而不是在涉及专利时使用的“申请”。

我国的实用新型专利虽然在某些方面类似于国外的小发明专利，但也有不同，如我国专利法规定实用新型专利只能授予具有实用性功能的产品而不能授予方法。外观设计是指能够应用于工业产品的外观设计，其要求是需满足新颖性和美观性。无论是实用新型专利还是外观设计专利，其申请程序都较为简单，只需经过初步审查即可获得授权。我国的发明专利相当于其他国家的专利或实用专利，需要满足更为严格的条件，也需经过更为严格的实质审查程序才可能获得授权。

无论是哪种专利，申请人要获得专利授权，就要有符合法定条件的发明创造和合格的专利申请。由于专利具有地域性，申请人一般需向各国专利局申请，经过登记或审查，授权后才可获得。与专利相关的程序复杂多样，不仅涉及专利的申请、审查和授权，也涉及审查中或授权后的异议、撤销或无效，此外还可能涉及专利权的许可或转让等。本书第三章将专门讨论相关程序。

概括而言，专利制度是一种重要的知识产权制度，起源最早，制度设置非常完善，可在一个国家的科学、技术和经济发展中发挥重要作用。对于生物技术而言，专利制度是一种重要的或称最重要的保护机制，涉及的专利多是发明专利，这也是本书的重点所在。

当然，专利制度本身也存在一些问题，这和其他法律制度一样，在具备优势的同时也不可避免地拥有缺陷。这其实是专利制度发展史的写照，在其几百年的发展过程中，关于专利制度利弊的争论就从来没有停止过。

第三节　植物新品种权

植物新品种权也可称为植物育种者权（plant breeders' right），是植物育种者对其培育的植物新品种拥有的权利。作为一种为植物育种者设置的特别权利，植物新品种权是从20世纪60年代初才被逐步纳入现代知识产权法体系，这以1961年签署的《保护植物新品种国际公约》（International Convention for the Protection of New Varieties of Plants，UPOV）为标志。该公约于1968年8月10日生效，适用1961年文本。此后保护植物新品种国际联盟对该公约进行了三次修订，分别形成1972年、1978年和1991年文本，现在成员国适用的主要是1978年文本和1991年文本。

截至2008年9月1日，UPOV已有65个缔约方（国家或区域组织）。作为植物新品种权保护领域惟一的国际公约，它在现代知识产权体系中占有重要地位，尤其对生物技术保护而言。本书第八章将专门论述对于生物技术的植物新品种权保护。

第四节　商业秘密

商业秘密（trade secret）也称未披露信息（undisclosed information），主要包括技术秘密和经营秘密两类，其中技术秘密又称技术诀窍（know-how）。利用商业秘密保护技术诀窍等秘密信息的形式虽然古已有之，但只是到了20世纪90年代中期，随着TRIPs协议生效，商业秘密才成为一种国际公认的知识产权形式，为TRIPs协议和各缔约方的法律所保护。此前它主要是在反

不正当竞争法或普通法下得到保护。❶

根据 TRIPs 协议的要求，有关未披露信息需满足三个条件才可成为商业秘密，分别是信息的秘密性、价值性和保密性。秘密性是指该信息是秘密的，即信息作为一个整体或其组分的精确排列和组合，为本领域的公众尚未知晓或不易获得；价值性是指该信息因为是秘密的而具有商业价值；保密性是指信息的合法所有人或合法使用人采取了合理的保密措施以保持其秘密性，防止向公众公开。如果未披露信息符合这三个条件，则信息所有人就有权禁止他人以违反合同、泄密（breach of confidence）和诱导违约（inducement to breach）等形式获取、使用和披露该信息，并且这样的禁止行为也及于通过这些方式获得信息的第三人（包括自然人、法人和其他组织，下同），不管他是出于故意还是出于过失获取的这些信息。❷

TRIPs 协议还特别规定，当药品或农用化学产品为取得许可需向政府提供有关未披露的实验数据或信息时，如果这些数据或信息的获得需要相当大的努力，这些信息就应得到保护，以防止不正当的商业使用，管理者应防止信息对外披露，除非是为保护公共利益所必需。❸ 此处规定是防止有关药品审批部门或农用化学品审批部门在审批有关生产或销售许可文号过程中泄露申请人的有关秘密信息，防止被竞争者利用。我国《药品管理法实施条例》中也有相同规定。❹

这种规定是合理的和必要的，但范围似乎还不够全面，因为不仅在药品或农用化学品的审批过程中可能涉及申请人的秘密信息，在其他所有行政审批过程中都可能涉及申请人或被审查人的

---

❶ See *Paris Convention for the Protection of Industrial Property* (“Paris Convention”), Article 10bis.

❷ TRIPs, Article 39. 2.

❸ TRIPs, Article 39. 3.

❹ 《药品管理法实施条例》(2002) 第 35 条。

秘密信息，对于这些秘密信息，不管是技术秘密还是经营信息，审批机构或审查人员都应注意保守秘密，防止商业秘密泄露，从而避免可能对权利人造成经济损害。

我国的商业秘密保护现阶段主要由《反不正当竞争法》和相应的合同、劳动等法律所提供。《反不正当竞争法》规定，经营者不得以盗窃、利诱、胁迫或其他不正当手段获取别人的商业秘密，不得披露、使用或允许他人使用通过上述手段获取的商业秘密，不得违反约定或违反权利人有关保守商业秘密的要求，披露、使用或允许第三人使用他所掌握的别人的商业秘密，否则就构成对商业秘密的侵犯。第三人如果明知或应当得知侵权人的侵权行为，仍然获取、使用或披露别人的商业秘密，将被视为侵犯别人的商业秘密。❶ 这与TRIPs协议的规定基本相同。

就技术本质而言，专利和技术秘密没有区别，因为它们都可能是关于某产品或方法的技术方案，区别的只是权利的表现形式和保护方式。其中，专利或专利权是由国家知识产权局以专利证书的形式明确划定权利人的权利保护范围，指示第三人未经许可不可随意进入权利人的权利范围，否则就可能构成侵权，需负侵权责任；而技术秘密或商业秘密只能是由法律概括性地规定该秘密应满足的条件，并由权利人行使相应的保密义务，等权利人认为他人侵犯了自己的商业秘密并负举证责任后，法律才可能真正实现对权利人的法律救济。

相对而言，专利的保护更为主动，而技术秘密的保护较为被动。之所以如此，是因为二者是完全不同的制度设置：专利制度的本质是发明人对社会公开他的技术方案，从而可以让社会就此受益，社会为此赋予他在一定时期的独占使用权；技术秘密的本质在于发明人不对社会公开他的技术方案，他把技术方案保留为私有，社会不能为此而直接受益，而只能通过权利人或其受让人

---

❶ 《反不正当竞争法》第10条。

或被许可人生产的产品或提供的服务而收益，社会也就没有义务赋予权利人法律意义上的独占权。

因此，对于技术秘密保护而言，权利人就不能享有专利权人就技术方案所可能享有的独占实施权，如果他人独立开发出了属于技术秘密的某种技术方案，或者他人通过反向工程（reverse engineering）等合法方式破解出该技术方案，则一般地技术秘密所有人就难以阻止他人对此技术方案的正当使用。如果他人还为此获得了专利权，并且技术秘密的所有人不能成功挑战该专利（如请求宣告该专利权无效）的话，则商业秘密的所有人反而会在一定程度上受制于该专利权人，尽管专利权人可能是一个后来者。这些是商业秘密保护的弱点。

但商业秘密保护也有很多优点，如成本低、易行、保护时间不受限制、不受专利法中的强制许可限制等。因此如果技术方案不易独立开发或反向破解，并且容易采取保密措施，就完全可以通过商业秘密的形式得到保护，像可口可乐和云南白药等传统饮料和药品的配方就是非常成功的例子。

对于生物技术研发和产业而言，利用技术秘密的形式保护有关成果也非常重要，尤其是对尚处于研发阶段尚未完全成熟的成果或者易于利用技术秘密得到保护的成果。例如，如果科研人员在非常偶然的机会成功分离了一株独特的高产菌株，就完全可以以技术秘密的形式实施对该菌株的保护，而不用申请专利并向社会公开该菌株，也可以通过技术秘密许可的形式许可他人使用该菌株并收取许可使用费，或者通过转让收取转让费等。研发单位或经营单位如需完善商业秘密保护，就需制定全面、规范的商业秘密保护制度，其中包括通过合同和技术规范等多种形式加强保护措施。

随着生物技术快速发展和商业竞争日趋激烈，在生物技术的知识产权保护专利领域已经出现利用专利和技术秘密进行双重保护的趋势。这是指，对于一个技术方案而言，可把其中的一部分或大部分通过专利形式加以保护，而核心部分可通过技术秘密形式加以保护，如果申请人能够获得专利权，则权利人就同时拥有相关联的专利和技术秘密，他就可以向第三人颁发专利和技术秘密的双重许可，从而拥有更大的商业收益，也可在一定程度上规避专利的强制许可制度。但在此过程中，应注意专利申请的充分公开，以避免专利申请被驳回。

总之，技术秘密或商业秘密是一种重要的知识产权保护形式，权利人应充分考虑自己的智力成果特点，量材适用，以求达到最佳保护效果和最佳经济利益。

第五节　商标和地理标志

商标（trademark）是商品或服务的标志。如果一个标志能够把一个人（包括自然人、法人或其他组织，下同）的商品或服务和其他人的商品或服务区别开来，这个标志就可用做商标。因此，商标应具有显著性或称区别性（distinctness）特征，便于识别。❶

当然也不是所有具有显著性特征的标志都可用做商标。考虑到保护社会公共秩序和道德伦理的需要，《巴黎公约》规定可对某些标志给予明确排除。❷ 我国《商标法》明确排除不得用做商标的标志包括以下各项及其相近或类似标志：我国或其他国家的国名、国旗、国徽或军旗等；政府间国际组织（如 UN、WHO、FAO、UNESCO 等）的名称、旗帜或徽记；表明实施控制、保证的官方标志或检验印记，如安全认证标志等；“红十字”或“红新月”等标志；带有民族歧视性的标志；夸大宣传并带有欺骗性的标志；有损于社会道德风尚或有其他不良影响的标志。此外，

❶ 《商标法》第 9 条。

❷ See Paris Convention，Article 6ter.

县级以上地名或公众知晓的外国地名也不得作为商标。❶ 但是，对于在《商标法》实施前已经善意取得并使用了很长时间的商标，如果不会在消费者之间造成混淆，可继续使用。

根据我国《商标法》和相关法律的规定，除烟草制品外，用于其他所有商品或服务的商标都可自由使用，不用先行注册，这就是自愿注册原则。自愿注册原则有利于活跃经济、促进经济发展。但应注意，在我国一般只有注册商标才可享有专有权，排除他人商业性地使用。❷ 对于使用未注册商标者，在诉他人侵权时或在异议他人的商标注册时，如果他提供的证据能够支持他所使用的商标为驰名商标，他就可在一定程度上排除他人使用。❸ 但这种保护仅属事后的被动保护，并不足取，因此如果一个企业希望能够维持较大的经营规模或永续经营，就应该及早注册商标，获得商标专用权。通过商标注册获得专用权之后，就可通过使用商标、许可他人使用商标和转让商标权等形式获得报酬。

对于生物技术研发单位和企业而言，商标的使用与其他技术或产业领域相比并无不同。但有一种特别标志可能会对生物技术产业具有重要意义，这就是地理标志。所谓地理标志（geographical indication），就是指一种标志可以标示某商品来源于某地区，而该商品的特定质量、信誉或其他特征，主要由该地区的自然因素或人文因素决定。❹ 例如，烟台苹果就标示苹果来源于烟台地区，其优良品质与烟台地区的气候等自然因素有关。

对于生物技术产业来说，如果利用了传统知识或具有地方特色的遗传资源，培育出优良农作物品种或果木品种，并生产出相关产品，而这些产品的性质又与当地的自然因素或人文因素有关，就可注册相应的地理标志，使产品得到地理标志的保护，防

---

❶ 《商标法》第 10 条。
❷ 《商标法》第 51 ~ 52 条。
❸ 《商标法》第 13 条。
❹ 《商标法》第 16 条。

止来自其他地区的仿冒。

在我国，地理标志可以注册为集体商标和证明商标。❶ 相应的法律文件除《商标法》和《商标法实施条例》外，还有国家工商总局颁布的《集体商标、证明商标注册和管理办法》（2003）和国家质量监督检验检疫总局颁布的《地理标志产品保护规定》（2005）等部门规章。

第六节　著作权

著作权也称版权（copyright），其基本含义是指作者对其作品所享有的权利。世界最早的现代意义的著作权法（版权法）是1709年英国通过的《安娜法》，迄今已约有300年的历史。在此期间，著作权制度不断完善，已成为现代知识产权制度乃至整个法律制度不可或缺的重要组成部分，在当今科技、文学、艺术和文化的建设中起着举足轻重的作用。在著作权保护领域有很多国际公约或条约，其中最重要的就是《伯尔尼公约》。该公约于1886年签署，截止到2008年10月15日，共有164个成员国。

在知识产权法体系中，著作权独树一帜，与工业产权相比，至少有三方面的特点。

首先，二者保护的客体性质不同。专利、技术秘密等工业产权保护的是思想（idea）即技术方案，而著作权保护的不是思想而是思想的表达（expressions of idea）。这就是知识产权客体的思想/表达二分法。

其次，二者在权利取得方式上有重大区别。工业产权如专利、商标或植物新品种权一般需向国家主管部门申请，经审查合格授权后才可享有，但著作权的取得却是自动的，不用履行任何手续，随着作品的完成，作者的著作权就自动产生了，并且即使

❶ 《商标法实施条例》第6条。

作品仅完成了一部分，作者也可对该完成的部分享有著作权，前提是该部分可构成作品。例如，一幅油画仅完成了草图，画家对该草图就可享有著作权；老舍先生的作品《正红旗下》仅写了开头，他对这完成的部分也享有著作权。

再次，在权利性质上，工业产权基本只有财产权或称经济权利，没有人身权利或称精神权利，而著作权除了包括经济权利之外，还有精神权利。作者就其作品享有的精神权利包括发表权、署名权、修改权和保护作品完整权等。

除去这些根本区别外，与工业产权较为简洁的权利体系相比，著作权的权利体系非常复杂。这至少有两个原因：第一，著作权的客体即作品种类非常复杂；第二，随着社会的进步，利用作品的环节越来越多，而随着技术的发展，使用作品的技术手段也越来越丰富多彩和复杂多样。这两方面原因的结合造就了著作权种类的异常多样，最终交织成复杂的著作权体系。

作品是人们日常生活中每天都会遇到的事物，但要对作品下一个没有争议或例外的定义却并非易事，为此《伯尔尼公约》回避赋予作品一个概括性定义，取而代之是通过列举方式说明什么是作品。[1] 我国《著作权法》也依据公约，基本采取列举式定义，分别列举八种作品种类，外加一种开放式条款。作品种类包括：文字作品；口述作品；音乐、戏剧、曲艺、舞蹈、杂技艺术作品；美术、建筑作品；摄影作品；电影作品和以类似摄制电影的方法创作的作品（如电视作品或录像作品等）；工程设计图、产品设计图、地图、示意图等图形作品和模型作品；计算机软件；法律、行政法规规定的其他作品。[2]根据著作权法规定，一部作品要获得著作权保护，一般需满足两个条件：作品应具有独创性或原创性，即作品应是作者独立创造出来的，而不是抄袭或

---

[1] See *Berne Convention*, Article 2.1.

[2] 《著作权法》第3条。

剽窃他人的；作品一般应被固定在有形载体上，能以有形形式被复制。❶

作者创作了作品，他就享有著作权保护。著作权分精神权利和经济权利两类。在精神权利中，除发表权外，署名权、修改权和保护作品完整权的保护期不受时间限制，直到永远。经济权利包括复制权、发行权、出租权、展览权、表演权、放映权、广播权、信息网络传播权、摄制权、改编权、翻译权、汇编权以及作者应享有的其他权利。此外，著作权人还可以向第三人许可或转让这些经济权利，并收取报酬。经济权利和发表权的保护期一般为作者有生之年加去世后 50 年。❷所有精神权利和经济权利都能够帮助作者或其他著作权人控制使用作品的多个环节，保障著作权人的正当权益受到尊重和保护，进而保护作者的创作热情，促进人类科学、艺术和文化事业的繁荣。

对于生物技术研究、开发和产业化而言，涉及的作品种类可能包括文字作品（如学术论文、论著）、摄影作品（如电镜照片、电泳图谱照片或其他图片）、图形作品（如进化示意图、解剖图）、模型作品（如 DNA 双螺旋模型、蛋白质构象模型）、计算机软件（如基因同源分析软件、蛋白质结构分析软件）以及由这些作品或其部分汇编而成的汇编作品（如教材、科普作品）等。

应注意，单纯的基因序列、DNA（脱氧核糖核酸）序列、RNA（核糖核酸）序列或蛋白质序列并不是思想的表达，因而并不能够作为作品受到著作权保护。但是，由各种核酸序列或蛋白质序列组合而成的数据库（database）就可能获得一定程度的保护。数据库就是由各种作品、作品片段或者本身不构成作品或作品片段的数据如 DNA 或基因序列构成的集合，如著名的 Gen-

❶ 《著作权法实施条例》第 2 条。

❷ 《著作权法》第 10 条、第 21 条。

bank 和其他数据库。如果数据库的设计有一定的独创性，或者数据库的建设需有较大的经济投入，则权利人就可能在著作权法或反不正当竞争法等法律的框架下得到一定程度的保护和救济。TRIPs 协议已经明确规定对于数据汇编（包括数据库）的保护。[1]我国现阶段虽然在法律、法规中尚无针对数据库保护的明确规定，但有关法院判决已表明，权利人的数据库可在反不正当竞争法等法律的框架下获得一定程度的保护和救济。

虽然说著作权制度的覆盖范围非常广泛，涉及社会生活的各个方面，但对于生物技术研发和生物技术产业而言，著作权的保护并无太大特色，也不具有特别重要的意义，因此本书将不把著作权保护作为一个重点。

第七节 反不正当竞争

与飞速发展的技术和不断演变的社会相比，法律的因应总是滞后的，因此在面临丰富的社会生活时，任何制定法都会暴露出缺陷和不足，法律制度为此设置了多种救济机制，如法律中的概括性条款、法律的立法或司法解释、判例造法等。对于和高新技术关系非常密切的知识产权法来说尤为如此，因为技术的发展会随时给专利法等知识产权法提出新问题要求它们给予解答，如基因专利问题和网络著作权保护问题等。除了立法和司法中的应对措施外，对于知识产权而言，还有一个很重要的保护措施，就是诉诸反不正当竞争的权利。

反不正当竞争法、商标法和侵权行为法有基本一致的法律渊源，那就是《法国民法典》的第 1382 条。[2] 该条款规定："任何行为使他人受损害时，因自己的过失而致行为发生之人对该他人

[1] See TRIPs，Article 10. 2.

[2] 郑成思：《知识产权法》，法律出版社 2003 年第二版，第 391 页。

负赔偿责任”。关于反不正当竞争法和知识产权法的关系，有研究者曾形象地把知识产权法喻为漂浮在海水中的几座冰山，而反不正当竞争法就是冰山下面的海水，海水既托负着冰山，也连接和补充各冰山之间的间隙。❶ 因此在专利法、商标法或著作权法等专门的知识产权法不能为权利人提供合理的或足够的保护时，权利人或许可诉诸反不正当竞争法以求得相应的法律救济。例如，湖南著名作家王跃文就曾经成功地以《反不正当竞争法》为依据，诉求河北王跃文和相关人承担侵权赔偿责任。❷

关于知识产权所有人反对不正当竞争的权利，在《巴黎公约》和TRIPs协议中都有规定。我国现行的《反不正当竞争法》由于立法时间较早，已经显示出缺陷，现正在修订完善过程之中。对于生物技术领域内的知识产权保护而言，在知识产权法没有明确规定的情形下，权利人同样可诉诸《反不正当竞争法》得到法律救济，这与其他技术领域并无不同。但若考虑到生物技术发展较快，以及生物技术的很多特点，涉及生物技术的特别情形未必能够及时纳入知识产权法规定之中，因此在相应法律、法规规定缺乏的情形下，权利人通过诉诸反不正当竞争的方式求得救济，对于生物技术产业来说具有现实意义。

第八节　侵犯知识产权的法律救济

知识产权作为一种法定权利，如果未经权利人许可，他人不得随意商业性使用，否则就可能构成侵权。我国知识产权法体系为知识产权侵权行为规定了三种法律责任，分别是民事责任、行政责任和刑事责任。民事责任的承担形式主要包括停止侵权、赔

❶ 郑成思：《知识产权法》，法律出版社2003年第二版，第394～396页。

❷ 参见长沙中级人民法院：“湖南王跃文诉河北王跃文等侵犯著作权、不正当竞争纠纷案”判决书。

偿损失和赔礼道歉等；行政责任是由责任人依法向有关知识产权行政管理机构承担的有关责任，包括交纳行政罚款、上缴侵权物品等形式，有关执法机构可包括相关专利局、工商局、版权局等；刑事责任由知识产权法和《刑法》中的相应条款规定。

在民事责任中，最重要的责任形式是要求侵权人停止侵权，其次是赔偿损失。按照我国知识产权法规定，知识产权的侵权赔偿数额可依据权利人因侵权受到的损失（其中包括为制止侵权支付的合理开支）或侵权人因侵权所获得的利益确定；如果以此方式难以确定的，法院可依据具体情节判决侵权人给予权利人50万元以下的法定赔偿。❶ 在刑事责任中，我国《刑法》共规定了侵犯知识产权的八宗罪，其中侵犯专利权犯罪一种、侵犯商业秘密犯罪一种、侵犯著作权犯罪两种、侵犯商标权犯罪三种、单位侵犯知识产权犯罪一种。侵犯专利权只有假冒专利罪一种，处罚较轻，刑期最高为3年；侵犯商标、商业秘密和著作权的犯罪处罚较重，最高刑期为7年。❷

我国知识产权法规定，权利人和侵权人可就知识产权纠纷进行协商，协商不成，权利人可请求知识产权行政管理机关进行处理，或者直接到有管辖权的人民法院起诉。知识产权侵权诉讼时效为2年，自权利人或利害关系人知道或应当知道侵权之日起计算。在知识产权诉讼中，应权利人或利害关系人请求，法院可视需要实施诉前证据保全、财产保全，并要求停止侵权行为，以最大限度地保护权利人的合法权益。❸

对于发明专利侵权还有一种特殊情形需要处理。发明专利申请一般于申请日后满18个月向社会公开，而专利权的授予一般

❶ 《专利法》第60条；《最高人民法院关于审理专利纠纷案件适用法律问题的若干规定》（2001年7月1日实施）第21条；《商标法》第56条；《著作权法》第48条。

❷ 《刑法》第213～220条。

❸ 《专利法》第57条、第61～62条。

是3年之后，如果有人在专利申请公开之后和专利授权之前这一阶段实施了该发明，又不付给专利权人相应的报酬，那么专利权人就可在专利授权后起诉该实施人，诉讼时效也是2年，自专利权人得知或应当得知他人实施其发明之日起计算，但如果专利权人在专利权被授予之前就已得知或应当得知该情形的，2年的诉讼时效从专利权授予之日起计算。❶ 此规定可更好地保护专利权人的利益。

第九节　知识产权制度建设

对于生物技术研发单位或经营企业来说，要想在发展异常快速的生物技术时代获得竞争优势，就一定要重视知识产权。这至少包括两方面：一方面是尽力开发自己的新技术和新产品，并充分利用专利等知识产权保护本企业的技术创新和商业创新；另一方面是需要注意不要侵犯他人的知识产权，以免增加不必要的经营风险和诉讼成本。为此研发单位或企业的知识产权制度建设就是必要的。

研发单位或企业的知识产权制度建设包括规章制定、机构设置、人员配置和员工培训等多个方面。制定的规章应涵盖专利、植物新品种权、商业秘密、商标和著作权等所有形式的知识产权保护和应用。应详细规定研发部门在专利检索、专利申请、专利追踪和专利评估方面的责任和操作规程，以保证研发活动能够充分利用现有技术优势，突出特点，始终站在技术前沿，并规避对他人专利权的可能侵犯。商业秘密保护制度也是每个企业的必备制度，相应条款还应体现在雇佣合同或劳动合同中。应统筹安排研发、技术转移、知识产权许可、知识产权转让、市场推广、市场销售等各相关部门，使企业在知识产权红线的贯穿之下成为一

❶ 《专利法》第62条。

个有机整体，以提高企业竞争力和增强企业的优势地位。

企业应成立专门的知识产权管理部门，规模小的企业即使考虑暂时不设置管理部门，也应安排具体员工专门负责知识产权管理事务。要使管理部门能够运行良好，真正起到预期功能，应招聘或培养掌握知识产权知识和熟悉知识产权保护技能的管理人员。他们应熟悉本技术领域，同时又应熟悉相应的知识产权知识和技能。以他们为基础与核心，实施对相关员工甚至全体员工的必要培训项目，增强企业知识产权保护的整体意识，提高保护效率。知识产权制度建设方面的投入对于企业长远发展而言应能够起到事半功倍的效果，生物技术研发单位和产业界对此应尤为重视。

本章概述了现代知识产权法律体系以及它们与生物技术保护的关系。本书以下将主要针对与生物技术关系最为密切的两种知识产权形式即专利和植物新品种权进行研究和探讨。

第二章　专利制度对于生物技术发明的概括适用

第一节　专利的概念

专利有两层含义：其一是指获得专利权保护的技术方案，此方案可指向产品（product）或方法（process）；其二是指就此获得的专利权（patent right）。因此当说一个公司拥有一项药品专利时，指的可能是公司拥有一项受专利权保护的药品技术方案；当说该公司把药品专利转让或许可给他人时，指的是公司把该项药品专利权转让或许可给他人拥有或实施。有人认为专利还有“专利文献”的含义，如在“专利检索”或“查阅专利”中的使用。但应注意这里的使用仅为省略性使用，其全称概念应分别是“专利文献检索”或“查阅专利文献”，因此并不能就此推出专利还有“专利文献”的含义。

中文的“专利”对应的英文“patent”有两层含义，分别是公开（disclosure）和独占（monopoly）。从“patent”一词就可推导出整个专利制度的基础：发明人需向社会公开他的技术方案，经审查合格后才可获得对其技术方案的独占性使用。这样无论是发明人还是社会都可从中受益：社会获得该技术进步的益处，发明人可从中获取相应的利润回报。如果技术方案没有公开或没有充分公开，社会就不能就此受益或最大限度地受益，发明人也就不可获得针对该发明的独占性实施权。在此法律关系中，发明或称获得专利权的发明是权利客体，专利权人是权利主体，专利权人就发明所获得的独占性实施权就是权利内容即专利权。

第二节　专利权客体

专利权的客体即专利权人的权利和义务所指向的对象，即技术方案或发明创造。我国专利法规定了发明、实用新型和外观设计三种专利类型，其客体分别是发明、实用新型和外观设计，专利法统称之为“发明创造”。[❶]对于生物技术专利保护而言，最重要的保护形式是发明专利，因此本书主要讨论发明专利对于生物技术的保护。除非明确说明，本书所指专利皆为发明专利。

对于发明专利而言，专利权的客体就是发明（invention），或者更具体地说，是被公开的、记载在专利文件中的、由权利要求书所限定的发明。依据我国《专利法实施细则》（2001 年 6 月 15 日颁布、7 月 1 日实施）的解释，发明是指“对产品、方法或者其改进所提出的新的技术方案”。[❷] 由此可知发明应满足几个基本条件：应是一种具体的和能够实现的技术方案，而不应是抽象的构思、设想或理论；技术方案应针对产品、方法或其改进；技术方案应是新的。

当发明是针对产品时，发明就是产品发明，得到的专利就是产品专利；当发明是针对方法时，即为方法发明和方法专利。如果发明是对现有技术特征的重新组合或选择，能够产生新的技术效果，就属改进型专利。像诺贝尔的炸药和莱特兄弟的机翼那样伟大的发明是较为罕见的，其创新非常困难，不是每个发明都能够做到。取而代之的是，现实世界中的很多发明都属改进型技术革新，如把橡皮和普通铅笔组合起来成为带橡皮擦的铅笔这样的发明。这也可反过来理解为：要获得专利，并不需要每个发明都

---

❶ 《专利法》第 2 条。在美国专利法中也有三种专利，分别是实用专利（utility patent）、外观设计专利（design patent）和植物专利（plant patent）。

❷ 《专利法实施细则》第 2 条。

体现出非常大的技术进步；只要是一个确实的技术进步，哪怕只是一小步，只要能够满足专利法规定的条件就可能获得专利。

在这三个条件中，前两点是指，发明人有创见的思想需首先固定在有形物品上，然后才能要求对该技术方案的占有，否则发明人的权利及于何处就可能无法界定，也因而难以获得保护。依据发明人对技术方案的公开，发明人要求占有的部分就体现为权利要求书（Claims）。此即对专利技术方案的“固定”要求。对于版权和其他知识产权形式来说也是如此。

依据固定要求，就可轻易区分发明和发现的关系，也可理解为什么科学发现不能获得专利保护。发明作为一种技术方案，能够固定在具体产品上，能够被工业性地复制，其权利及于何处因而能够界定；而发现只是对自然界科学规律的认识或描写，如达尔文的进化论、牛顿的万有引力定律和爱因斯坦的相对论等，它们无法被固定在具体产品上，无法被工业性地复制，权利及于何处也因而无法界定。因此在专利法的意义上，发明与发现泾渭分明：发明能够得到专利权保护，而科学发现不能。在美国专利法中虽然使用了“发现”（discover，discovery）的概念，[1] 但它们仅指发现了新用途或新产品，而非纯粹的科学发现。

但也应注意，随着科学技术发展，发明和发现的概念及其之间的界限也在变动之中，尤其是在生命科学和生物技术领域。更确切地说，在发明和发现两概念之间可有交叉，它们有时可指向同一种事物，只是关注的方面不同。这也许正是科学知识和技术知识互为融合的反映。如2003 年 SARS（非典）流行，科学家得出结论认为 SARS 是由一种冠状病毒即 SARS 病毒引起，该病毒来自动物果子狸，控制了 SARS 病毒传播就可控制 SARS 流行，这就是一种科学发现。进一步，当科学家从患者身上分离出病毒株，摸索出它的实验室培养条件，测定出它的基因组序列，鉴定

---

[1] See 35 USC §§ 100，101.

出它的生理特征，这时人们就可以以此 SARS 病毒为工具，研发针对该病毒的疫苗和治疗药物等，这时 SARS 病毒已经不同于自然状态下的 SARS 病毒，已经可为人们方便地工业性使用，因而该状态下的 SARS 病毒就是一项可工业性应用的发明，如果能够满足专利法规定的相应条件，它就可获得专利权保护。20 世纪 90 年代中期人们对肥胖基因（fat gene）的鉴定、分离、克隆和测序也是出于同样道理：可为人们方便地和工业性使用的、已经不同于其自然存在状态的肥胖基因属于一项发明，如果满足专利法规定的条件，它就可能获得专利保护。

生物技术领域内的发明有时也可涉及实用新型专利，如转基因枪、电泳仪或其他操作工具等。实用新型是针对产品的形状、构造或性状与构造的结合提出的适于实用的新技术方案。❶ 申请实用新型专利的发明创造需要有确定的空间形状和空间构造，因此药品、化学物质等均质物、粉状物或液体物等都不能满足此条件，不能申请实用新型专利，而只能申请发明专利。与发明专利相比，实用新型专利的审查程序简单，不需经过实质审查阶段，授权快捷，要求的技术含量一般较低，保护期也较短，只有 10 年，是发明专利保护期的一半。如果一种发明创造符合这些条件，且 10 年的市场回报期已经足够的话，就可考虑申请实用新型专利。需提请注意的是，利润多寡与专利是发明专利还是实用新型专利没有必然联系，因为利润多少看的是市场和经营，有时候一个技术含量较低的实用新型专利却可能给发明人带来丰厚利润。

每件发明创造都有一个主题（subject matter），例如一段 DNA 序列或一种重组蛋白质药物，如果一类主题没有被专利法明确排除，涉及该类主题的发明创造在满足专利法规定的条件下可被授予专利，就可称该类主题为“可专利主题”（patentable

❶ 《专利法实施细则》第 2 条。

subject matter)。发明创造需要满足的由专利法规定的必要条件就是“可专利性”（patentability）。也可把可专利主题和可专利性分别简称为“专利主题”和“专利性”。可专利主题加上可专利性才可保证一件发明创造获得专利授权，否则专利申请就可能被驳回。

第三节　对专利权客体的排除

并非每一种发明创造都是专利法的合法主题，都可获得专利权保护。为保护社会公共秩序和道德伦理等公共利益不受侵害，专利法明确排除了多类主题的可专利性，这就是专利权客体的排除。如果某发明创造的主题属于专利法明确排除的主题，即使发明创造满足可专利性条件，也不能被授予专利，其申请也应被驳回。专利法对客体的排除分为两类，其一是利用道德条款的概括性排除，其二是列举式的具体排除。

一、道德条款之排除

我国专利法规定：“对违反国家法律、社会公德或者妨害公共利益的发明创造，不授予专利权”。[1]此即在多国专利法中较为通用的道德条款，也体现在TRIPs协议和其他区域专利条约中，如《欧洲专利公约》（European Patent Convention，EPC）和TRIPs都有几乎相同的规定。[2]对于该条款所说的“违反国家法律、社会公德或者妨害公共利益”的情形，国家知识产权局颁布的专利《审查指南》(2006年7月1日起实施，以下简称“《审查指南》”）都给予了较为详细的解释。

判断发明创造是否构成“违反国家法律”需要区分两种情

[1] 《专利法》第5条。

[2] See EPC，Article 53（a）；TRIPs，Article 27.2.

况。第一种情况是发明创造本身就违法，例如一种伪造货币、票据或文物的设备或方法，或者一种专门用于赌博的机器等，这是就需依据《专利法》第5条的规定予以驳回。第二种情况是发明创造本身不违法，但发明创造的实施、使用或滥用为国家法律所禁止，这时就不能给予简单驳回。例如毒品的使用或滥用为我国法律所禁止，但毒品也可有其他合法用途，如用做临床镇痛剂等，因此对于涉及毒品的发明就不能仅以法律禁止滥用毒品而排除其可专利性；同样的道理，法律禁止人们私自携带或使用枪支也不能作为排除枪支发明可专利性的理由，因为枪支毕竟还有国防、安全等正当用途。[1] 对这两种情形进行区分的一个简单办法是看除违法用途外，该发明创造是否还有合法用途：如果有就不应排除其可专利性，如果没有就可给予驳回。区分这两种情形并给予分别对待，才可在维护社会公共利益的同时也能够保护专利权人的利益。这是 TRIPs 协议为制约或防止成员滥用道德条款而设置的限制。[2] 我国《专利法实施细则》对此也作出类似解释，称"《专利法》第五条所称违反国家法律的发明创造，不包括仅其实施为国家法律所禁止的发明创造"。[3]

但应注意，《审查指南》解释的"国家法律"概念却值得商榷。按照《审查指南》的解释，国家法律是指由全国人大或全国人大常务委员会制定和颁布的法律，不包括行政法规和规章在内。[4] 行政规章是由国务院所属行政主管部门颁布，一般不具法律效力，把它排除在外没有问题，有问题的是把行政法规也排除在外。依据我国《立法法》（2000）的规定，国务院依据宪法和法律，可以为执行法律制定行政法规，也可根据全国人大及其常委会授权，对应该由全国人大及其常委会制定法律的事项制定行

[1] 《审查指南》（2006，下同）第二部分第一章第3.1节。

[2] See TRIPs, Article 27.2.

[3] 《专利法实施细则》第9条。

[4] 《审查指南》第二部分第一章第3.1节。

政法规，待条件成熟后再提请全国人大及其常委会制定法律。❶因此行政法规要么是为执行法律而制定，要么是为（准备）制定法律而制定，而无论哪一种情形，行政法规都与法律有着共同的宗旨，有差别的只是立法机关、程序和效力等级有所不同而已。但行政法规也具有法律效力，也需为司法机关审判案件直接引用。并且，依据专家的解释，在《巴黎公约》等国际公约中，当涉及成员国“国内法”时，就不仅包括成员国的成文法律，也包括生效的法院判例，甚至是专利管理机关的管理惯例等。❷这当然也需理解为包括行政法规在内，不然就会出现《审查指南》或专利局的管理惯例是属于《巴黎公约》所说的“国内法”，但《专利法实施细则》却不属于“国内法”范畴的怪事，这显然是矛盾的。综上，《审查指南》在解释《专利法》第5条中的“国家法律”概念时，把行政法规排除在外是不正确的，不仅不利于审查实践，也甚至可能违背了相关法律规定。

依据《审查指南》的解释，社会公德是指被公众普遍认为是正当的和接受的伦理道德观念和行为准则，其内涵基于一定的文化背景，随时间推移和社会进步不断变化，因地域不同也会有差异，我国专利法所称的社会公德仅限于我国境内。例如，可认为一种淫秽的外观设计违背了社会公德，因此其专利申请可被驳回。

鉴于现代生物技术也可能带来违背道德伦理的应用，《审查指南》也给予明确排除，规定以下各项应被视为违反社会公德，不能被授予专利权：克隆的人或克隆人的方法；改变人生殖系遗传同一性（identity）的方法或改变了生殖系遗传同一性的人；对人类胚胎的工业或商业目的的应用；可能导致动物痛苦而对人

❶ 《立法法》第56条。

❷ 郑成思：《知识产权法》，法律出版社2003年第二版，第147～148页。

或动物没有实质性医疗益处的改变动物遗传同一性的方法。[1] 这与《关于生物技术发明的法律保护的欧洲指令》（Directive 98/44/EC of the European Parliament and of the Council of 6 July 1998 on the Legal Protection of Biotechnological Inventions，以下简称“European Directive 98/44”或“第98/44号欧洲指令”）的规定基本一致。[2] 欧洲专利局（European Patent Office，EPO）也已在自己的审查实践中吸收了第98/44号欧洲指令的规定，把这些禁止项纳入到《欧洲专利公约实施条例》中。[3] 我国专利《审查指南》中的上述规定就是在借鉴欧洲立法的基础上发展而来。

依据《审查指南》的解释，妨害公共利益是指发明创造的实施或使用会给公众或社会造成危害，或者会使国家和社会的正常秩序受到影响。因此，其实施会严重污染环境、浪费能源、破坏生态平衡或危害公众健康的方法发明等，都不能被授予专利权。但是，对于因其滥用而可能妨害公共利益的发明创造则不在此限。[4]

应该理解，对于违反社会公德和妨害公共利益的判断，虽然看似主观，但对于一个确定的国家和时代而言却有着相对客观的判决依据，因为对于一个确定的文化语境下的大众群体而言，一定社会时期的基本道德观是相对稳定的。这就像美国联邦法院的法官所说，人们虽然不能准确定义什么是淫秽，但人们确实知道哪些东西是淫秽的。欧洲专利局在审查实践中逐步确立了“公众厌恶测试”（public abhorrence test）标准和“不可接受性测试”

---

[1] 《审查指南》第二部分第一章第3.2节。

[2] See *Directive 98/44/EC of the European Parliament and of the Council of* 6 *July* 1998 *on the Legal Protection of Biotechnological Inventions*, Article 6.2.

[3] See *Implementing Regulations to the European Patent Convention* (last amended 13 December 2001), Rule 23d.

[4] 《审查指南》第二部分第一章第3.3节。

（unacceptability test）标准，供审查员针对不同情形使用。[1]

这些方面就构成了专利法中的道德条款的存在理由。

二、列举式排除

与《欧洲专利公约》和 TRIPs 协议一样，[2]我国专利法也直接列举了需明确排除的主题，包括科学发现、智力活动的规则和方法、疾病的诊断和治疗方法、动物和植物品种、用原子核变换方法获得的物质，但动物和植物品种的生产方法并不在明确排除之列。[3]

1. 科学发现

科学发现是对自然界中客观存在的物质、现象、变化过程及其特性和规律的揭示，不同于专利法意义上的技术方案，不是专利法意义上的发明创造，不能被授予专利权。例如牛顿引力定律是对物质间吸引现象的揭示和描述，就属一种科学发现，不能获得专利。这点在上面已有论述。但应注意，在专利申请中有一种"用途发明"，是用化合物的特殊用途来限定化合物。这表明在发明和发现之间存在着密切的可互为促进与转化的关系。[4]

2. 智力活动的规则和方法

"智力活动的规则和方法"是关于人们思维、表达、判断和记忆的规则和方法，不涉及技术手段和产生技术效果，其本身不构成技术方案，不能构成发明创造，不能被授予专利。类似的例子包括比赛规则、推理方法、信息检索方法、记忆方法、游戏规则和自然语言的语法等。但是，如果一件发明中除涉及智力活动规则或方法外，还涉及具体技术方案，则不应仅据此条款排除其

---

[1] See *Guidelines for Examination in the European Patent Office*（EPO 审查指南，2005），Part C，Chapter IV，3. 1.

[2] See TRIPs，Article 27. 3；EPC，Article 52（2），（4），Article 53（b）.

[3] 《专利法》第 25 条。

[4] 《审查指南》第二部分第一章第 4. 1 节。

可专利性。❶

3. 疾病的诊断和治疗方法

“疾病的诊断和治疗方法”是以人体或动物体为直接实施对象，进行识别、确定、消除病因或病灶的方法。因为这类方法的实施对象是人或动物，无法在产业上利用，不属于专利法意义上的发明创造，此外还涉及生命伦理和人道主义，因此理应予以排除。这也是TRIPs协议、《欧洲专利公约》和多个国家的做法。但应注意，用于疾病诊断和治疗的仪器、装置、试剂、材料、药品等，都不当然地被排除可专利性，如果这些主题能够满足相关条件，就可被授予专利。❷

《审查指南》还具体列举了几项不属于诊断方法的发明，其中包括直接目的不是为获得诊断结果或健康状况，而只是从人体或动物体获取作为中间结果的信息的方法，或者只是对已脱离人体或动物体的组织或体液等进行处理或检测以获取作为中间结果的信息的方法，或者处理这些作为中间结果的信息的方法等。这些信息包括形体和生理参数等，而所谓的“作为中间结果的信息”是指仅能用于非诊断目的的信息。如果根据某些信息可以直接得出关于疾病和健康的结果，就不能认为这些信息属于作为中间结果的信息。《审查指南》规定不排除关于这些非诊断或治疗方法的发明的可专利性，因此如果它们能够满足相应条件就可以获得专利权。❸

4. 动物和植物品种

动物品种、植物品种为专利法所明确排除，但动物和植物的生产方法却可获得专利。这里所说的动植物生产方法应非“主要是生物学的方法”或称“实质生物学方法”（essentially biological

---

❶ 《审查指南》第二部分第一章第4.2节。
❷ 《审查指南》第二部分第一章第4.3节。
❸ 《审查指南》第二部分第一章第4.3.1.2节。

processes)。要判断一种方法是否为实质生物学方法，就要看在该方法中人工的介入程度：如果人工作用占据主要地位，起决定性作用，使过程可人工控制，该方法就不属于实质生物学方法；反之，如果一个方法的过程为人工所不可控，该方法就是实质生物学方法，就不能获得专利。但无论如何，在满足专利法规定条件的前提下，涉及微生物或微生物方法的发明都可获得专利。❶

5. 用原子核变换方法获得的物质

用原子核变换方法获得的物质以及原子核变换方法关系到国防、经济、安全、科研和公共生活等重大利益，不宜属私权管辖，因此予以排除，不授予专利权。❷

专利法对专利客体的排除明显体现了专利制度要在保护智力成果创造者和社会公共利益之间努力保持平衡的做法。如果发明不属于道德条款所涉及的情形以及专利法明确排除的主题，它们就可能获得专利授权，但前提是需要满足相应的可专利性等条件。由此可见，生物技术发明无论是与道德条款的概括性排除，还是与可专利主题的明确排除，都有较为密切的关系。

第四节　专利权主体和权利归属

在法律关系中，权利主体就是权利之享有人和义务之承担者，专利权主体也是如此。要获得专利权，需首先行使专利申请权，向国家知识产权局申请专利，经审查合格授权后才可享有。专利申请权就是与专利申请相关的权利，即技术方案的合法所有人或受让人依法就技术方案提起专利申请的权利。

2005 年启动的第 3 次专利法修改工作起草的《专利法修订草案》（征求意见稿），在专利权和专利申请权之前又添加了一

❶ 《审查指南》第二部分第一章第 4.4 节。

❷ 《审查指南》第二部分第一章第 4.5 节。

种新的权利"申请专利的权利"，并规定"申请专利的权利"可以转让。[1] 根据修订说明，增加一种"申请专利的权利"意在说明该权利不同于专利申请权，它也是一种民事权利，也可依法转让。其实这是一种误解，因为"申请专利的权利"就是专利申请权，二者根本是一种权利，只是处于不同阶段或不同状态而已：尚未申请专利的前期，相当于技术方案的合法所有人或受让人尚未行使专利申请权；从提起专利申请到获得专利权，相当于技术方案的所有人或受让人或专利申请之受让人在依法行使专利申请权。在专利申请权之上再加上一种"申请专利的权利"，实在有画蛇添足之嫌。该《专利法修正案（草案)》最终删除了这种"申请专利的权利"。

美国专利法规定仅有发明人才可为申请人，并要求申请人通过誓词（Oath）形式保证自己是发明的合法所有人。[2] 因为一般情形下发明都属职务发明或受雇发明，因此在美国专利申请一般伴有转让协议，申请人在提起专利申请的同时把自己的专利申请权转让给他所属的公司或研发机构。在我国专利法下，任何人（包括自然人、法人或其他组织）皆可申请专利，成为专利申请人；也无论他们是作为申请人还是作为专利申请的受让人，都可在专利授权后成为专利权人；在专利授权后，专利权人还可把专利权转让给他人，专利权之受让人就成为专利权人。因此，从合法拥有技术方案开始，到专利申请，再到获得专利权，各个阶段都可依法转让给他人，但仅涉及专利申请权和专利权两种前后相关的权利。

我国专利法对不同种类的发明规定了不同的权利归属原则。对于非职务发明，专利申请权归发明人或其合法受让人，任何单位或个人不得压制；对于职务发明，即发明人为执行本单位的任

---

[1] 《专利法修订草案（征求意见稿，2006)》第10条第1款。

[2] 35 USC §115.

务或主要是利用本单位的物质技术条件完成的发明，专利申请权归单位，单位应给予发明人奖励；对于利用本单位的物质技术条件完成的发明，发明人与单位通过协议对专利申请权和专利权归属作出约定的，从其约定，此即当事人意思自治原则。[1] 合作发明即两个或多个发明人合作完成的发明，委托发明即一个人受另一人的委托完成的发明。专利法规定，对于合作发明和委托发明，有协议就遵从协议的约定；若无协议，专利申请权属完成或共同完成的单位或个人。专利批准后，专利申请人就成为专利权人。

在我国专利法、商标法、著作权法、植物新品种保护条例等知识产权法律保护体系中，对知识产权主体的称谓一般是任何“自然人、法人或其他组织”，其中，其他组织是指不具有法人资格的团体或组织。为方便起见，除非特别指明，本书把申请或享有专利权、植物新品种权或其他知识产权的主体通称为“任何人”。

第五节　专利申请文件

依据专利制度的社会契约本质，发明人为获得专利，需向社会公开其技术。为保证发明能够向社会充分公开，专利法对申请文件的格式与内容给予了明确规定。这是专利申请必须满足的形式条件。发明专利（或实用新型专利）需提交的文件包括：请求书、说明书、说明书摘要和权利要求书等。请求书是国家知识产权局提供的固定表格，内有发明名称、发明人、申请人、专利代理机构、优先权声明、申请人或代理人签章等项目。说明书摘要是为方便检索和信息交流，本身没有法律效力。涉及微生物等生物材料的发明可能还需提交生物材料保藏证明。在专利申请文

[1] 《专利法》第6~7条。

件中，最重要的两个文件就是说明书和权利要求书。

一、说明书

说明书（specification）是专利申请案的关键组成部分，是最重要的申请文件之一。说明书的目的是充分公开发明，对发明的技术方案作出清楚、完整的说明，标准是让本领域的技术人员能够依据说明书实现本发明。[1] 在美国专利法和TRIPs协议中，还要求公开发明或申请时已知的最佳实施方案（best mode），[2] 这大约相当于我国专利法中规定的优选实施例。说明书一般应包括发明名称、所属技术领域、背景技术、发明目的、技术方案、有益效果、附图说明、具体实施方式即实施例、附图等部分。其中，技术领域部分应写明技术方案所属的技术领域；背景技术要写明对发明的理解、检索、审查有用的背景技术，在必要和可能时可引征相关文献；发明内容部分要写明发明要解决的技术问题以及技术方案；具体实施方式应详细写明实现发明的优选方式。[3]

在生物技术发明中涉及核酸或蛋白质序列的，申请人除应在说明书中按要求对相应的核苷酸和氨基酸序列进行列表外，还需按照要求形式提供计算机可读文本（机读文本，CRF）的序列。[4] 核酸或蛋白质序列的生成需使用美国专利与商标局（USPTO）开发的PatentIn3.1软件完成。

有一点需注意，尽管专利法要求说明书应充分公开发明的技术方案，但这却并不意味着申请人应公开他所掌握的所有发明信息。在保证发明方案得以充分公开的前提下，申请人还可以以技术秘密的形式适当保留相应的技术信息。一旦将来得到专利授

---

[1] 《专利法》第26条第3款。

[2] 35 USC §112；TRIPs，Article 29.1.

[3] 《专利法实施细则》第18条。

[4] 同上。

权，权利人就可既对公开的技术方案享有专利权，又可对未公开的技术信息享有商业秘密权，许可别人使用时也可实施专利和技术秘密双重许可，获得较大经济收益。

二、权利要求书

权利要求书（Claims）是发明人要求享有独占实施权的技术范畴表述。专利法的社会契约理论表明，发明人向社会公开他的发明创造，以有益于社会，社会赋予发明人在一定时期内的独占实施权。该理论的中心点是发明人向社会公开了什么，他才可以要求独占什么，否则就可能有损于社会公共利益。为此专利法明确规定，权利要求书应当以说明书为依据，说明要求专利保护的范围。[1] 权利要求书是专利保护的灵魂，是最重要的专利文件，在多数国家里是专利保护所依据的法定文件。它划定了专利保护的界限，不仅是专利局进行专利审查的依据，也是专利权人保护自己的发明以及法院在专利侵权案件审判中的依据。

权利要求书的撰写要求用清晰、准确和精确的语言，清楚和简要地表明请求保护的范围。[2] 之所以要求权利要求书应明确和简要，是为了有利于专利审查员、公众、司法机关能够方便地判断专利的保护止于何处。权利要求书应有说明书的支持，应以说明书为依据，否则就可能被驳回。权利要求书的撰写有一定技巧，不宜太宽泛，也不宜太狭窄，太宽泛就可能涉及他人的合法权利或者现有技术，从而丧失新颖性，太狭窄就可能丧失本应属于专利权人的权利，他人也可能更容易规避其专利保护范围。

在世界范围内主要有两类权利要求书撰写方式。一类是英美法系的周边请求制（peripheral claiming），它要求权利要求书要清楚地表明权利保护范围，为专利权保护划定一个清晰的周边界

---

[1] 《专利法》第26条第4款。

[2] 《专利法实施细则》第20条。

限，其作用就像一个篱笆墙，把希望保护的内容清晰地围绕起来。另一类是发明概念请求制（inventive concept claiming），主要是在大陆法系国家以及部分东欧国家适用，其权利要求是从发明概念向外延伸，说明本发明与现有技术的不同之处，该类权利要求的作用就像一个路标，仅有指示作用，而最后专利权的保护止于何处，需要靠法院认定。[1] 随着时代发展，两种方式有相互融合的趋势，如《欧洲专利公约》（EPC）的规定就基本介于二者之间，甚至更为靠近周边请求制。[2] 我国专利法也借鉴了《欧洲专利公约》，规定发明专利权的保护范围以权利要求的内容为准，说明书及其附图可用于解释权利要求。[3]

权利要求有独立权利要求和从属权利要求两类。独立权利要求应从整体上反映发明的技术方案，记载解决技术问题的必要技术特征；从属权利应当用附加的技术特征，对引用的权利要求作进一步限定。在结构组成上，独立权利要求分为前序部分和特征部分，从属权利要求分为引用部分和限定部分，其中限定部分的作用就是用附加技术特征进一步限定发明。也可按照主题种类，把权利要求分为产品权利要求和方法权利要求两类。

需要说明，无论是说明书还是权利要求书，都是非常重要的专利文件，一旦提交给国家知识产权局，就很难进行实质性修改，因此需要认真对待。这些文件的撰写不仅需要撰写者具备本技术领域相当丰富的知识积累，也要求他具备一定的撰写技巧以及对发明的透彻领悟和全部掌握，因此在发明人和专利申请文件撰写人（如果不是同一人的话）之间的充分交流是重要的。《审查指南》详细规定了说明书和权利要求书的撰写要求，应当作为撰写参考。[4]

---

[1] 郑成思：《知识产权法》，法律出版社2003年第二版，第217页。

[2] EPC，Article 84.

[3] 《专利法》第56条。

[4] 《审查指南》第二部分第二章。

专利申请文件符合专利法规定的条件，才能通过专利局的初步审查，进入实质审查阶段。实质审查主要是看发明是否满足可专利性要求等。

三、优先权请求

在专利申请中还有一个重要事项就是优先权请求或声明。优先权（right of priority）原则是一项重要的知识产权保护原则，在《巴黎公约》、《专利合作条约》（PCT）和 TRIPs 协议中都有规定。[1] 有外国和本国两种优先权。外国优先权或称国际优先权是指，来自成员国的国民在一个成员国申请专利后，在 1 年内都可就相同主题向我国知识产权局提起专利申请，在满足条件的情况下享有优先权，即对其专利申请的现有技术判断是从优先权日（首次申请日）开始。本国优先权或称国内优先权是指在申请我国专利的过程中，在 1 年之内，申请人如果针对相同主题有新的技术进步，可就相同主题提交新的申请并撤回原申请，新申请以原申请的申请日作为优先权日。

申请人要求优先权的，应当在申请时在请求书中声明，并在 3 个月内提交第一次专利申请文件的副本以及首次申请国、申请日和申请号等证明文件；在申请时没有声明或者逾期未提交专利申请文件副本或其他证明文件的，视为未要求优先权，将不能享有优先权。[2]

第六节　可专利性

可专利性就是指发明需要满足的必要条件，只有这些条件得到满足，发明才可能获得专利，否则就可能被驳回。发明需满足

---

[1] Paris Convention，Article 4.

[2] 《专利法》第 29 ~ 30 条。

的最重要的条件包括新颖性、创造性和实用性，合称“三性”。[1] 这是专利申请要获得授权必须经过的三重门。[2] 此外还有充分公开要求等。

一、新颖性

新颖性（novelty）条件是说一个发明应是新的，应是原来没有出现过或使用过的产品或方法。判断新颖性的具体标准是把申请专利的发明和现有技术相比，看现有技术中是否含有该产品或方法。现有技术（the state of art）也称为在先技术（the prior art）或已有技术，是指在申请日前（在美国是发明日前）已经处于或潜在地处于公有领域的技术。对现有技术范围定义的不同可导致不同的新颖性标准，它们分别是绝对新颖性、相对新颖性和混合新颖性三种标准。

对于绝对新颖性而言，现有技术包括在申请日前在世界范围内通过出版物公开、使用公开或其他形式公开的技术信息，以及在本专利局提起的但尚未公开的专利申请中含有的技术信息。在申请日前已经申请但尚未公开的专利申请中含有的技术信息可称为“潜在的现有技术”，这些专利申请称为抵触申请或冲突申请。欧洲专利局等采用绝对新颖性标准。EPC（欧洲专利公约）规定，对于欧洲专利而言，无论是出版物公开还是使用公开或者其他形式的公开，都应在世界范围考察，但对潜在的现有技术考察一般限于欧洲专利局（EPO）。[3] 因此虽然绝对新颖性也称为世界新颖性，但却不是绝对意义上的世界新颖性，因为一个专利局如 EPO 难以对在其他国家或地区的专利局中提起的专利申请中的潜在现有技术进行考察和对比。

---

[1] TRIPs，Article 27.1；EPC，Article 52（1）；《专利法》第 22 条。

[2] *In re* Bergy，596 F.2d 952（C.C.P.A. 1979）.

[3] EPC，Article 54.

相对新颖性也称为局部新颖性，是指无论是文献公开，还是使用公开或其他形式的公开，都以本国国内为准，潜在的现有技术亦然。本标准较低，已较少国家采用。在绝对新颖性和相对新颖性之间，还有混合新颖性标准，即文献公开是世界范围，但其他形式的公开是在本国范围。现在适用混合新颖性标准的国家有美国和我国等。[1] 但我国在第 3 次专利法修改中也尝试适用绝对新颖性标准。[2]

我国专利法还规定了新颖性丧失的例外。下列情形的技术公开在 6 个月内不丧失新颖性：在中国政府主办或者承认的国际展览会上首次展出的；在国务院有关主管部门（如科技部和中国科学院）或全国性学术团体（如中国微生物学会）组织召开的学术会议或技术会议上首次发表的；他人未经申请人同意而泄露其内容的。[3] 其中前两者是为了促进技术交流，最后的情形是因为技术的公开违背了权利人的意愿，他不应因此丧失权利。这些规定基本体现了《巴黎公约》对临时保护期的要求。[4] 在美国，相应的临时保护期为一年，即从发明公开到专利申请如果超过了一年期限，发明将不再满足新颖性标准。[5]

二、创造性

创造性在美国专利法中被称为“非显而易见性”（non-obviousness），在 EPC 中被称为发明步骤（inventive step）。[6] 创造性的含义是指，与现有技术相比，发明有突出的实质性特点和显著

---

❶ See 35 USC §102；《专利法》第 22 条。
❷ 《专利法修订草案（征求意见稿，2006）》第 22 条。
❸ 《专利法》第 24 条；《专利法实施细则》第 31 条。
❹ Paris Convention，Article 11.
❺ 35 USC §102（b）.
❻ See 35 USC §103；EPC，Article 56.

的进步。[1]“突出的实质性特点”是指与现有技术相比，发明有明显的本质区别，是非显而易见的，本领域的普通技术人员已不能直接从现有技术中得出该发明的全部必要技术特征；“显著的进步”是指与最接近的现有技术相比，发明有很大的进步，可表现为克服了现有技术的缺点和不足、为解决一个技术问题提供了一种不同的技术方案或代表新的技术趋势等。[2]

应该注意，专利法在描述创造性时使用的语言是相当抽象的，即使《审查指南》做了更为详细的解释，仍是难以把握。并且，《审查指南》中的以下说法也值得商榷：“如果发明是所属技术领域的技术人员在现有技术的基础上仅仅通过合乎逻辑的分析、推理或者有限的试验可以得到的，则该发明是显而易见的，也就不具备突出的实质性特点”。[3] 应该理解，大多数发明都可在现有技术的逻辑下推导出来，不然现有技术就不会这么重要了，人类的知识积累也就失去了意义；通过对现有技术中各种因素的利用，通过合乎逻辑的分析和推理，通过相应的试验加以验证，从而得出有益的发明，不正是发明的通常路径吗？更不用说一些组合型专利尤其是现有技术中各种元素或特征的组合了。因此《审查指南》这样描述显而易见性显然不合适。由此也可看出人类语言描述能力的贫乏。相比较而言，美国用非显而易见性来描述创造性，似乎更具可操作性。

相对于新颖性判断的客观性，创造性的判断具有较大的主观性。并且，要判断创造性，仅有现有技术还不够，还需加上一个假设的人，即“本技术领域的普通技术人员”。这是一种法律拟人，是一个虚构的或虚拟的人，他既不是审查员，也不是本领域的专家或任何一个具体的人。他被赋予如下特点：知晓申请日

[1] 《专利法》第22条。
[2] 《审查指南》第二部分第四章第2.2，2.3节。
[3] 《审查指南》第二部分第四章第2.2节。

（或优先权日）前所属技术领域所有的普通技术知识，能够获知本领域中所有的现有技术，具有应用申请日前的常规实验手段的能力，但不具备创造能力；如果需要，他也应有能力从相关技术领域中获知申请日前的相关现有技术、普通技术知识和常规实验手段。设置该虚拟人概念的目的，在于统一审查标准，尽量避免审查员主观因素的影响。❶ 但在不同技术水平的国家，赋予该虚拟人的知识水平和判断水平就可能不同，如在同一技术领域，美国的要求可能就要比非洲一些国家的要求更高一些；在不同技术领域，该虚拟人的知识和判断水平也可能有所差异，如一般而言，中医药技术领域中虚拟人的知识水平和判断力就可能不如基因工程领域的知识水平和判断力。

创造性的本质是要求与现有技术相比，发明不仅要更新颖，而且还要有本质不同，以避免社会付出太大成本。在可专利性的判断中，对创造性的判断标准最难掌握，认定该标准的模糊性也最大。为帮助判断发明专利的创造性，美国最高法院于1966年在Graham案件中曾提出“Graham显而易见性调查”（Graham Obviousness Inquiry）标准，意在帮助对非显而易见性的判断。该标准可包括四个方面：确定现有技术范围；确定发明与现有技术的差异；确定本领域的普通技术水平，即确定本领域中具有普通技术水平的人的知识和判断力，以此判断发明与现有技术的差异对于他来说是否显而易见；考虑相关的辅助因素，如发明是否解决了本产业中一个长期未能解决的问题、发明在商业上的成功、其他人的失败等。❷

事实上，专利法并不要求每一件发明都有了不起的进步或实质的区别，因为要得到像爱迪生的电灯、诺贝尔的炸药、莱特兄

❶ 《审查指南》第二部分第四章第2.4节。

❷ Graham v. John Deere Co., 383 U.S. 1, 148 U.S.P.Q. 459 (1966). 对非显而易见性判断的论述也可参见李明德：《美国知识产权法》，法律出版社2003年版，第38~43页。

弟的飞机和 Mullis 的 PCR（聚合酶链反应）那样的发明谈何容易！现实中的大部分发明都是在现有技术方案的基础上改进而成，而至于改进到多大程度才算具有创造性或非显而易见性，并无统一标准，这要靠审查员在专利审查实践中具体掌握，而在专利侵权案件判决中，这可表现为针对相同或相似的案件，最终的审判结果却可能不一致。无论是在美国专门审理专利上诉案件的联邦巡回上诉法院（CAFC）和美国最高法院之间，还是在 CAFC 自己或美国最高法院自己的先后判决中，这种现象都有体现。这指示着创造性判断标准的相对主观性。

三、实用性

美国专利法要求发明应是有用的（useful），❶ EPC 要求发明应有工业实用性（industrial application），❷ 简单地理解这就是要求发明是有用的，应有切实的、能够实现的用途。此处的工业不应理解为狭义的工业，而应理解为广义的产业，包括工业、农业、林业、渔业、采矿业、畜牧业、交通运输业、文化体育娱乐业、卫生健康业等。我国专利法把实用性归结为发明能够制造、使用并能产生积极效果。❸

实用性要求包括三个方面。首先，发明应该能够实现。这要求发明应是具体的、可行的技术方案，而不应是违背自然规律的、不可能实现的技术方案（如各种形式的永动机），也不应是抽象的理论、构思或设想。其次，发明的实施应有一定的积极效果，效果可以有大有小，可以体现在社会、经济、技术等所有方面。最后，发明的实施不应违背国家法律、道德伦理和公共秩序等社会公共利益。这三个方面分别涉及专利客体之确定、道德条

---

❶ 35 USC §101.

❷ EPC，Article 57.

❸ 《专利法》第 22 条。

款对客体之排除和专利目的之实现，直接贯穿专利制度的本身。因而实用性要求既是每一件专利所应满足的条件，同时也是整个专利制度应满足的条件。从这个角度出发，就不难理解为什么在具体专利审查实践中，一般是最先审查实用性，然后再审查新颖性和创造性等。[1]

对实用性标准的审查虽然看似简单，但也有很多因素需要考虑。从19世纪初期至今，美国专利法中的实用性标准一直在宽松和严格之间徘徊。1817年，Story法官在Lowell v. Lewis案中判决认为，如果一件专利不是特别有用的话，它就会在社会中沉积并被丢弃，因此可把衡量专利是否有用的工作交给社会来做，专利局仅负责审查专利实用性的最低标准即不违反社会道德伦理即可。[2] 这种宽泛的实用性标准在美国持续了大约一个半世纪。1966年，美国最高法院在Brenner v. Manson案中开始要求发明应有特别用处，说专利不是狩猎证，不是对探索的奖励，而是其成功结论的补偿，专利系统必须与商业世界而非哲学领地相联系。[3] 从此USPTO（美国专利和商标局）对实用性标准的掌握开始逐步严格，尤其是对药品专利。也许感觉到USPTO对实用性标准的控制过于严格，CAFC（美国专利上诉法院）在1995年的*In re* Brana案中，认为USPTO混淆了专利的实用性要求和FDA（美国食品与药品管理局）批准药品上市的要求，认为如果对药品专利的实用性要求太过苛刻的话，就可能阻止通过专利手段保护具有良好市场前景或治疗前景的药品，会因而阻碍卫生领域的研究和发展。[4] 随着人类基因组计划的实施，大量基因序列、EST（表达序列标签）或SNP（单核苷酸多态性）序列被提起专利申请，实用性又一次充当了重要标准，用于控制相应的专利

---

[1] 《审查指南》第二部分第五章。

[2] Lowell v. Lewis, 15 Fed. Cas. 1018 (C. C. D. Mass. 1817).

[3] Brenner v. Manson, 383 U. S. 519 (1966).

[4] *In re* Brana, 51 F3d 1560, 34 U. S. P. Q. 2d 1436 (Fed. Cir. 1995).

授权。

能够满足实用性标准并不意味着专利能够在经济上获益。因为获利与否与市场需求和经营策略密切相关，远非技术因素所能判断。对于美国专利而言，最终能够转化为上市产品的比例在某些技术领域仅约为3%～5%，绝大部分专利都仅能作为专利文献存在，成为现有技术的一部分。

除满足可专利性外，发明还需得到充分公开，使本领域的普通技术人员能够实施本发明。这点已在上面有所叙述，在以下的有关章节里也将结合生物技术发明作专门讨论。

第七节　专利权的获得、无效和救济程序

在满足上述形式要件和实质条件的基础上，发明才可能被授予专利，享有专利权。专利法涉及的程序包括专利申请、审查、授权以及授权后的复审程序与司法程序。

一、专利的申请、审查和专利权终止

我国对发明专利采取“早期公开、请求审查制”或称“延迟审查制”。该制度最早于1964年由荷兰创立实施，现为很多国家采用，其要点是专利申请最晚应于申请日后18个月内向社会公开，然后专利局依据申请人的请求给予实质审查，符合条件者授予专利权。该制度的优点包括：让发明尽早向社会公开，有利于科技信息交流，使发明服务于社会，避免社会的重复性投入；申请人主动性大，可从容撤回没有竞争力和市场价值以及不可能获得专利的申请，避免更多经济投入；因为有撤回和视为撤回的规定，可减少专利局负担，减少申请积压。但该制度也有缺点，主要是可能对申请人不利：他的发明得到了公开，成为现有技术，但却可能不被授予专利权，这等于申请人把技术贡献给了社会，还有可能为竞争对手所利用。由此也可加强论证上述利用技

术秘密和专利为发明提供双重保护的必要性。

申请人向国家知识产权局递交申请，专利局受理部进行项目审查，看文件是否齐备以及是否基本符合形式要件，若合格就受理申请，给予申请号，以收到申请文件之日为申请日（邮寄者以寄出邮戳日为准）。然后是初步审查阶段，除对申请文件进行形式审查外，还对文件是否具有明显的实质性缺陷进行审查，其中包括专利申请是否明显属于违反《专利法》第 5 条（道德条款）、第 25 条（客体的直接排除）、第 18 条与第 19 条第 1 款（外国人之代理）、第 31 条第 1 款（单一性要求）和第 33 条（修改不得超出范围）等情形。[1] 如果初步审查不合格，审查员要求申请人限期补正；若不补正，专利申请可能被视为撤回；若补正后仍不合格，专利申请可能被驳回；若合格则进入下一程序，对实用新型专利申请和外观设计专利申请就直接授权，对发明专利申请就通过专利公报向社会公布。公布应在申请日后满 18 个月进行，但也可根据申请人申请早日公布。

申请人最晚应在申请日后 3 年内提起实质审查请求，逾期不请求实审者若无正当理由，专利申请就可能被视为撤回。实质审查将全面审查发明是否属排除客体，发明是否具有实用性、新颖性和创造性，发明是否得到充分公开，权利要求书的撰写是否合乎要求等。实质审查若不合格则要求申请人限期修改并陈述意见，逾期不答复者专利申请可能被视为撤回，修改后仍不合格者驳回申请。对权利要求书的修改应在原范围内进行。全部审查合格者授予专利权，发给专利证书并登记、公告，专利权自公告之日起生效。授权后需缴纳专利维持年费。年费呈逐阶段增高趋势，其缴纳有 6 个月的宽限期，超过宽限期仍不缴纳者则可能丧失专利权。

专利权都有一定的保护期，从申请日起算，发明专利是 20

[1] 《审查指南》第一部分第一章第 1 节。

年，实用新型专利和外观设计专利是10年。如果权利人按时缴纳权利维持费，也没有书面声明放弃或者被宣告专利权无效，则专利权一直持续到期限届满时终止。专利权人也可主动宣布放弃其专利权，或者通过不按时缴纳专利年费的方式让国家知识产权局提前终止该专利权。权利终止后，该技术方案就归于公有领域，成为社会公有技术的一部分。无论是以哪种情形终止专利权，都需经国家知识产权局登记、公告。

二、专利复审和无效宣告

在国家知识产权局之下，除了有国家专利局专门负责专利申请和授权外，还设置有专利复审委员会负责专利的复审业务。专利复审委员会（以下简称“复审委”）的业务主要包括确权和无效两大类。专利申请在任何阶段被驳回，如果申请人对驳回决定不服，就可在收到专利局驳回决定之日起3个月内向复审委提起复审，复审委可以驳回申请人的复审请求，也可撤销专利局的驳回决定。一旦复审委决定撤销专利局的驳回决定，专利申请就进入专利申请的下一环节。

在专利公告授权后，任何人认为该专利不能满足专利法要求的任何条件，都可在任何时间请求复审委宣告该专利权无效，启动无效宣告请求程序。请求宣告无效的理由可包括：违反道德条款；发明属专利法明确排除之客体；不能满足可专利性；没有充分公开；违反单一性原则，即一件申请涉及两项或多项发明；申请违反了先申请原则，专利权授予了后申请之人；权利主体不合格；文件修改超出原申请范围等。请求人应提供证据支持其请求。复审委应通知专利权人答复。经过审理，复审委可决定维持专利权继续有效，也可以决定宣告专利权无效。如宣告无效，应由专利局登记、公告，其法律后果包括该专利权被视为自始不存在。但无效决定对既往的合法民事行为、行政决定或司法判决一般不具追溯力，除非涉及适用恶意赔偿原则和显示公平应予返还

原则的情形。❶

三、司法救济程序

设置复审机构和机制的目的是纠正和救济在专利审查和授权中可能出现的偏差和失误，无论是复审中的确权程序还是无效程序皆如此。而为了纠正行政程序中可能出现的问题，我国专利法也规定了相应的司法救济措施，其中包括确权诉讼和无效诉讼两种情形。这与 TRIPs 协议要求的在撤销专利的行政程序后应有司法救济程序的规定一致。❷

包括专利申请人、专利权人或无效宣告请求人在内的当事人如果对复审委的决定不服，可以在接到复审决定之日起 3 个月内向北京市第一中级人民法院提起行政诉讼，以复审委为被告，请求法院撤销复审委的决定并责令其作出新的决定。在无效诉讼程序中，法院应通知无效宣告请求程序的对方当事人作为第三人参加诉讼。法院可以判决维持复审委的结论，也可撤销其结论并责令作出新的结论。如果对一审法院的判决不服，当事人（包括诉讼请求人、复审委和无效诉讼中的第三人）可向北京市高级人民法院提起上诉。

除非司法程序得出最后结论，否则复审委的行政决定将不发生效力，原来的专利权属状态继续保持。通过行政复审，再加上司法救济，就可在一定程度上纠正专利授权中的偏差，维护专利申请、审查和授权的公正性。

第八节　专利权的内容和限制

如果发明满足专利法规定的条件，在经过申请、审查和授权

---

❶ 《专利法》第 47 条。

❷ TRIPs, Article 32.

程序之后，申请人就可获得专利权，但同时也需尽一定义务。为保护社会公共利益，专利法还规定了对于专利权的限制。

一、专利权的内容

专利权包括对发明的独占实施权和对实施权的处分权。独占实施权就是专利权人禁止他人未经许可为生产经营目的实施其专利的权利。对于产品专利而言，专利权的内容包括产品的制造权、使用权、销售权、许诺销售权和进口权，可控制产品的制造、使用、许诺销售、销售和进口多个环节。其中许诺销售（offer for sale）是指以广告、橱窗陈列或展出等方式作出销售商品的意思表示，[1] 许诺销售权就是进行销售前的准备活动或促销活动的权利。应注意，进口权能够控制的进口仅是为上述目的之进口。对于方法专利而言，专利权的内容包括使用该方法的权利，以及针对依照该专利方法所直接得到的产品的使用权、许诺销售权、销售权和进口权。[2] 保护专利方法进而保护依据该方法直接得到的产品，是方法延及产品的保护，加强了对于专利方法的保护强度。生物技术专利的权利范围和其他技术领域内的专利权范围一样，如是产品专利，就享有制造、使用、销售、许诺销售和进口该专利产品等权利，如是方法专利，则享有使用该方法和使用、销售、许诺销售、进口依照该方法直接获得的产品等权利。

第98/44号欧洲指令针对生物技术专利的特点，把生物技术专利权的范围明确化，使之得到较大程度的扩展：

（1）若是生物材料专利，其权利应延伸包括从这种生物材料出发通过相同或不同的形式繁殖或增殖（propagation or multiplication）得到的且与这些生物材料拥有相同特征的任何生物

[1] 《最高人民法院关于审理专利纠纷案件适用法律问题的若干规定》第24条。
[2] 《专利法》第11条。

材料。

（2）若是生物技术方法专利，其权利应延伸包括通过此种生物学方法直接得到的生物材料和从这种直接得到的生物材料出发通过相同的或不同的形式繁殖或增殖得到的且与这种直接得到的生物材料拥有相同特征的任何生物材料。

（3）对于包含遗传信息或由遗传信息组成的产品的专利保护，应延伸包括遗传信息含于其中并执行其功能的、与该产品结合在一起的任何材料；但是不同形成和发育阶段的人体（包括人类胚胎），或对人体的任何因素的简单发现（包括一个基因的序列或部分序列），都构成例外。[1]

例如，对于一个植物抗虫基因的专利保护，需延伸包括含有此抗虫基因的植物细胞、培养组织或植物个体，因为只有如此，对该基因的保护才有独占的意义。之所以把人体（包括胚胎）排除在外，是基于道德伦理的考虑。

二、专利权的实施

对于专利权人的独占性实施权，权利人可以通过签订许可实施合同的方式许可他人实施或者直接转让给他人。许可实施合同也称许可证（license）。至少有以下五种许可形式：

第一，普通许可（simple license）：许可不排他、不惟一，专利权人仍可实施，也可向第三方发放许可。

第二，独家许可（sole license）：被许可方独家实施专利，专利权人也可实施，但无权再许可第三方。

第三，独占许可（exclusive license）：许可排他、惟一，专利权人无权再实施，也不可再许可第三人。

第四，分许可（sub-license），也称再许可或从属许可，即被许可人向第三方发放的从属许可。

---

[1] European Directive 98/44/EC，Articles 5.1，8.1，8.2，9.

第五，交叉许可（cross license）：专利权人之间相互许可，可形成交叉，互为许可人和被许可人。

应注意，许可实施的专利权应在保护期内，一旦超过保护期，实施许可合同或相关条款归于无效，否则就显示公平。

转让专利申请权或专利权的，当事人应订立书面合同，并向国家专利局登记、公告，权利转让自登记之日起生效；中国人向外国人转让专利申请权或专利权的，需经商务部和科技部批准。❶ 还存在专利权转移的特例，包括自然人的继承或法人的继受（如因企业合并等原因）。对于涉及权利主体变更者，当事人需向国家知识产权局办理著录事项变更手续，经登记、公告后生效。

此外，专利权人还有在专利产品上或产品包装上标明专利标记和专利号的权利。他人假冒专利权人专利的，除应负相应的民事责任和行政责任外，如已触犯假冒专利罪，还要负相应的刑事责任。❷

三、专利权人的义务

在享受权利的同时，专利权人也应尽相应的义务。他首先要按时缴纳专利维持年费，这是专利权人的一项基本义务。其次他应实施专利，把专利产品或专利方法工业化地应用，这是实现发明创造目的之要求，也是实现整个专利制度目的之必经之路。实施专利的方式包括专利权人自己实施或许可他人实施。实际上，绝大部分专利并不能转化为具体产品服务社会，而这并不是因为权利人不愿意实施，而是因为他没有实施条件或者该专利产品或方法并没有切实的市场需求支持。因此可把专利权人实施专利的义务理解为他不应怠于实施专利或阻止他人以合理条件要求实施

❶ 《专利法》第10条；《专利法实施细则》第14条。
❷ 《专利法》第15条、第57条。

专利的义务。在后一种情形下就可能涉及强制许可的问题。

专利维持年费的设置能够起到经济杠杆的调节作用。除了补偿维持专利权需要的相应成本之外，更重要的作用是督促专利权人通过成本收益计算，尽早放弃不能或不太可能为他带来经济利益的发明创造，使之尽早进入公有技术领域，成为社会公共财产，从而有利于社会进步和发展。

四、对专利权的限制

任何权利皆有限制，专利权也不例外。对专利权有多种限制。首先是地域性和时间性的限制。这是基于知识产权基本性质的限制，也是最重要和最有效的限制。其次是属于法定例外的四种情形，分别是专利权穷竭、在先使用、临时过境交通工具上的使用和科学研究，法律规定对这四种情形不视为侵犯专利权。[1]最后还有对专利权的强制许可限制。

强制许可（compulsory license）的基本含义是国家知识产权局可以不经专利权人同意，就指定第三人实施其专利。强制许可是一种重要的专利制度，是为防止专利权人滥用独占权而设立的一种制约或限制机制，目的是平衡专利权人的利益和社会公共利益。《巴黎公约》和 TRIPs 协议对此都有切实规定，我国专利法也是如此。[2]

共有三种强制许可。第一种是合理条件的强制许可，指具备实施条件的单位，以合理的条件，请求专利权人许可实施其专利，而未能在专利授权后 3 年内获得许可，就可请求国家知识产权局给予实施该专利的强制许可。[3] 第二种是为公共利益的强制许可，是指在国家出现紧急状态或非常情况时，或者为公共利益

[1] 《专利法》第 63 条。

[2] Paris Convention, Article 5. A. (2) - (5); TRIPs, Article 31;《专利法》第 48 ~55 条;《专利法实施细则》第 72 ~73 条。

[3] 《专利法》第 48 条;《专利法实施细则》第 72 条。

之目的，国家知识产权局可给予实施发明专利的强制许可。第三种为从属专利或依存专利强制许可，是指后一专利在前一专利的基础上发展而来，与前一专利相比，它是一种重大技术进步，具有显著经济意义，其实施又有赖于前一专利，这时经后一专利权人请求，知识产权局可给予其实施前一专利的强制许可；在此情形下，如果前一专利权人要求，也可给予其实施后一专利的强制许可，从而形成交叉许可。❶

为防止成员国滥用强制许可制度，《巴黎公约》和 TRIPs 协议都对强制许可规定了严格条件和限制：强制许可只能是非独占性的普通许可，专利权人仍有权向第三人发放许可证；强制许可之被许可人不可转让许可，也不可分许可；被许可人仍需向专利权人支付使用费；知识产权局应根据强制许可的理由，规定实施强制许可的范围和时间，理由消失应及时终止强制许可；强制许可不涉及技术秘密；应采取个案审查制；对于强制许可决定应有司法救济。❷ 强制许可制度是对专利权的限制，这些条件又是对强制许可的限制，以防止滥用对专利权的限制，避免对专利权人利益的损害。

生物技术领域的专利权行使也同样需要受到专利法规定的一般性限制。除此之外，第 98/44 号欧洲指令还结合生物技术专利的特点，规定了对于生物技术专利的三种限制：

（1）权利穷竭：一旦生物技术专利权持有人把受专利保护的生物材料投放（或经其同意而投放）市场，并且其市场化应用会导致该生物材料繁殖或增殖，则对该生物材料的专利保护将不及于通过繁殖或增殖该生物材料得到的生物材料；但是得到的生物材料却不能用于其他生物材料的繁殖或增殖。

（2）农民权利：一旦生物技术专利权人出售（或经其同意

❶ 《专利法》第 49～50 条。

❷ Paris Convention，Article 5. A. （2）-（5）；TRIPs，Article 31.

出售）生物材料给农民，则意味着他授权农民在自己的农场中为繁殖或增殖的目的使用收获的植物产品，或为农业目的使用受保护的种畜或其他动物繁殖材料（包括为农业目的提供这些动物繁殖材料，但不包括销售或为商业目的的繁殖活动）。

（3）生物技术专利权和植物品种权之间的交叉强制许可：这与专利法中规定的从属专利的交叉强制许可基本相同，不同的是这里涉及的是生物技术专利权和植物新品种权（见本书第八章）间的交叉许可。如果一个育种者必须利用一个在先专利才可实施其植物品种权，或者一个生物技术专利权人必须利用一个在先植物品种权才可实施其专利权，则他或她在满足一定条件的情形下可申请对在先专利权或在先植物品种权的强制许可；在管理机关颁发了此种强制许可证书的情形下，如果在先专利权人或植物品种权人申请，管理机关应同样颁布实施在后植物品种权或专利权的强制许可证书，因而形成交叉强制许可。

申请强制许可需要满足的条件是：申请人已向专利权人或植物品种权人请求协议许可但未成功；在先发明或植物品种与在后植物品种或专利相比，应有重大技术进步，可带来显著的经济效益。强制许可仍需支付合理的使用费。这与专利法规定的一般原则相同。[1]

第九节　专利侵权与救济

知识产权侵权（infringement）构成仅需有违法行为，不需要实际损害结果和主观过错，因此侵权构成简单，构成侵权容易。例如，即使未有具体侵权结果发生，也可能构成即发侵权。这与一般民事侵权需要满足四要件即违法行为、损害结果、因果性和主观过错不同。当然，在涉及损害赔偿的知识产权侵权情形下，

[1] European Directive 98/44/EC，Articles 10 ~ 12.

应负赔偿责任的侵权行为构成一般仍需满足民事侵权四要件。

专利侵权分直接侵权（direct infringement）和间接侵权（indirect infringement）两类。对于产品专利，直接侵权是侵权人未经许可直接实施了产品制造、使用、许诺销售、销售或进口行为；对于方法专利，是侵权人未经许可使用专利方法以及对依照专利方法直接得到的产品的使用、许诺销售、销售和进口行为。间接侵权就是为直接侵权提供帮助和条件等，包括引诱侵权和辅助侵权两种，其中辅助侵权（contributory infringement）又被称为是帮助侵权或共同侵权。

按照侵权产品是否属完全侵权或实质模仿专利产品，又可把专利侵权分为完全侵权和实质侵权两种。完全侵权又称字面侵权（literary infringement），是对专利产品的完全仿制，对其判断可适用全面覆盖原则，即若专利产品的必要技术特征都被侵权产品覆盖，则构成字面侵权。对实质侵权的判断适用等同原则，看侵权产品的必要技术特征是不是专利产品的等同替换。根据司法解释的规定："等同特征是指与所记载的技术特征以基本相同的手段，实现基本相同的功能，达到基本相同的效果，并且本领域的普通技术人员无需经过创造性劳动就能够联想到的特征"。[1]

此外还有禁止反悔原则（estopple），即对于专利权人在专利审查等过程中主动放弃的部分，权利人不能在以后的行政或司法过程中再次主张享有该部分的权利，即使该部分符合等同特征。即等同原则不得与禁止反悔原则相冲突，权利人一旦主动放弃，其后不得再要求享有。

在被诉侵权或诉他人侵权前，应该首先明确该专利应是一个有效专利，满足地域性和时间性等要求，然后再依据权利要求书等专利法律文件进行判断。无论如何，在专利侵权认定中都存在

[1] 《最高人民法院关于审理专利纠纷案件适用法律问题的若干规定》(2001年7月1日实施) 第17条。

模糊区，这既与语言的不确定性有关，也可能与权利人的策略选择有关：在申请专利时，权利人一般希望审查员对其权利要求理解得越窄越好，以便更有可能得到说明书的支持和被授予专利权；但在诉他人侵权时，权利人一般希望复审机关或法院对其权利要求理解得越宽越好。但无论如何，说明书中的优选实施例都可作为最后的篱笆墙起到划定权利保护范围的作用。

一旦认定被告侵权行为成立，侵权人将负担相应的法律责任。专利法对侵权诉讼的有关方面也给予了规定，这和一般知识产权的侵权处理原则基本相同。

第三章 针对生物技术发明的专利程序

第一节 专利文献检索

对于生物技术研发和产业化来说，从起始的选题阶段到最后产品上市，其全部过程都离不开知识产权参与，其中尤以专利最为重要。无论是基础科学研究，还是技术研发或产品开发，在选题阶段一定要进行文献检索，充分了解本领域的最新进展，以避免做重复的无用功，避免研发成本和人力资源的浪费。需要检索的文献，除科学期刊、技术期刊和相关数据库（如 GenBank）中发表的论文或相关信息外，另一种非常重要的资料来源就是专利文献。设置专利制度的根本目的就是要以权利人有限期的独占换取他对发明的充分公开，以有利于社会，避免社会的重复劳动，如果不知道利用专利文献的优点，就相当于舍弃了人类绵延几百年的专利制度的优越之处，最终受损的还是发明人自己。

可以说专利文献是迄今为止人类最丰富、保存最完整、也是价值最大的技术文献之一。从 1624 年英国最早实施现代意义的专利制度开始，至今已有近 400 年的历史，而若从工业革命兴起、世界几个重要的工业化国家都逐渐建立起专利制度的 19 世纪初起算，[1] 人类的专利文献累积也已经大约有 200 年的时间，期间记录了人类文明史上最重要的技术进步，如爱迪生的电灯、贝尔的电话、马可尼的无线电、莱特兄弟的飞机、Stanley Cohen 和 Herbert Boyer 的重组 DNA、哈佛转基因鼠、Kary Mullis 的 PCR

---

[1] 汤宗舜：《专利法教程》，法律出版社 2003 年第三版，第 9～10 页。

(聚合酶链反应)、Ian Wilmut 的克隆羊 Dolly 等。

当今在世界范围内有很多专利文献库可供检索，其中最重要的几个分别来自于美国专利与商标局（USPTO）、欧洲专利局（EPO）和日本专利局（JPO），此外还有于 1978 年始建的世界知识产权组织的 PCT 专利数据库。USPTO（http://www.uspto.gov/）能够在线提供自 1790 年美国第一部专利法实施以来的所有专利文献；EPO 也提供在线专利检索 esp@cenet®（http://ep.espacenet.com/），其中的“世界专利数据库”（worldwide database）覆盖来自世界 72 个国家和地区的专利文献，至 2006 年 5 月已有专利总数达 5 400万件，其中几个主要工业化国家的专利文献都始于 19 世纪，如英国 1859 年、美国 1836 年、德国 1877 年、瑞士 1888 年、法国 1900 年。我国国家知识产权局也向公众提供在线专利文献检索，能够检索到自 1985 年 9 月 10 日起至今公布的所有发明、实用新型和外观设计专利文献。这些专利文献库都是蕴藏着巨大科技资源的数据库，不充分应用它们是非常可惜的。

我国科技管理部门和科研基金管理部门已认识到文献检索的重要性，因此规定在项目或课题申请文件中，应附有检索报告，其中包括专利检索。这是合理的要求，决非仅有形式上的意义。广大科研人员一般都经过严格的科研培训，重视对科技期刊文献的检索，但比较起来对专利文献检索就有所忽视。已有这样的教训，在属于我国三大科学院之一的某研究机构中，曾有研究人员经过多年辛苦研究得出成果，请专利代理机构帮助申请专利，但通过简单的专利文献检索就发现该发明早已被申请专利，其技术方案早已公开，再申请专利根本没有可能得到授权，研究人员多年的科研投入化作泡影，相应的经济成本与人力资源就归于浪费。如果这种现象在我国不属少数的话，那么由此造成的损失可想而知。因此科技管理机构重视和要求专利文献检索是必要的。

无论是科技期刊上的文献还是专利文献，都是人类科技进步历史中最重要的文献，并且在两种文献之间有很多交叉，这是因为技术进步既可反映到科技期刊文献中，也可同时反映在专利文献中。在欧洲、我国和其他多数国家，一般是先申请专利然后再发表论文，在美国因为有一年的宽限期，可以先发表论文，然后在一年之内提起专利申请。但应注意，当涉及专利的国际申请时这样做也会有一定风险，因为如果申请人将来在美国以外的其他国家提起专利申请，而这些国家的新颖性审查一般是从优先权日即在美国的首次申请日起算，因此在美国申请日前的文献公开就可能危及在其他后续申请的国家对发明新颖性的判断。

在科技期刊文献和专利文献之间也存在较大区别。概括来说，科技期刊文献可能更为关注对科学知识和技术知识的研究，而专利文献可能更为关注科学知识和技术知识的实际应用，因为无论如何，一件发明都应有工业实用性才可能被授予专利。因此对于技术研发或产品开发而言，需要彻底重视对专利文献的检索。但这并非说相对基础的科学研究或技术研究就不需要专利文献检索。随着科学技术的发展，科学知识和技术知识之间的界限正变得越来越模糊，这在生命科学和生物技术领域体现得尤为明显。如 Kary Mullis 于 1983 年发明的 PCR 技术虽然是属于生物技术领域内的突破，但对于整个生命科学研究和医学研究都至关重要，他本人也于 1993 年获得诺贝尔奖。再如干细胞研究同样是紧密联系生命科学、医学和生物技术的一个重要领域，在本领域中基础研究和技术发展互为补充和支持，共同促进本领域的繁荣。因此，无论是基础科学研究还是应用技术研发都应重视专利文献检索。并且对专利文献的检索工作应体现在从科研选题到技术研发的各个关键阶段，这样才有可能及时吸取他人的技术进步因素，保障自己研发的先进性，避免低水平的重复和浪费。

但专利文献检索有一个不可穿越的灰色区域，这就是“潜在的现有技术”。“现有技术”（the state of art）是指通过各种方式公开的技术，公开方式可包括文献（包括专利文献）公开、使用公开和其他方式公开，专利审查员或其他检索者通过各种检索手段一般能够找到现有技术中的相关技术，尤其是通过文献公开的现有技术。“潜在的现有技术”是指当申请人在专利局提起专利申请后，它并不能马上公开，对于发明专利而言一般有18个月的延迟公开期，对于处于该时期的专利申请而言，专利文献检索并不能揭示它们的存在，但它们将来公开后却可能破坏同样主题的发明的新颖性。这种申请在先的专利申请就称为是在后申请的抵触专利申请，由抵触专利申请组成的现有技术就可称为潜在的现有技术，它们虽然在形式上尚未公开，但却在实质上可构成在后专利申请的现有技术。

在美国专利法下，原来专利申请中的技术方案一直要等到专利授权时才公开，不能被授权者就不公开，这对于申请人来说显然是有利的。但自从美国适用TRIPs协议之后，美国专利法也进行了调整，规定如果申请人仅申请美国专利就仍可等到专利授权时再被公开，但如果除了美国专利外申请人还要申请其他国家或地区的专利，其专利申请就应最晚在满18个月公开，这和其他大多数国家的规定一致。

专利文献检索虽然不能及时检索潜在的现有技术，但也有一定的补救措施。一方面是发明者或研发者及时追踪他人尤其是竞争者的相关专利申请，另一方面则是发明人自己尽早申请，避免为别人抢占先机，造成被动和浪费。这是因为对于一项发明只能授予一件专利，这样才能保证专利权的独占性。

检索可采取各种形式，如纸质文献检索、缩微胶片检索、光盘检索和在线检索等，在当今数字时代较为常用和方便的是光盘检索和在线检索。检索人可根据需要进行选择。检索人可依据多种因素进行专利检索，如国际专利分类号、关键词、专利号、专利申请号、专利权人、专利申请人、发明人、专利代理人、申请日、优先权日、授权日等。例如要追踪PCR技术的历史渊源和最新发展，就可选择利用关键词进行检索。

以 USPTO 的在线检索为例，对其“授权专利”（Issued Patents）数据库进行“快速检索”（Quick Search），❶ 检索日期为 2006 年 10 月 8 日（此时该数据库的专利文献更新已至 2006 年 10 月 3 日）。输入关键词“polymerase chain reaction”，如果选择在专利标题（Title）中具有该关键词，就可得到 129 件专利；如果选择在摘要（Abstract）中出现，就可得到 557 件专利；如果选择在权利要求书（Claims）中出现，就可得到 1 891 件专利；如果选择在说明书（Description/Specification）中出现，就可得到 27 517件专利；而如果选择在所有选项（All Fields）中出现，就可得到 28 295件专利。这些专利足可涵盖 PCR 技术的历史渊源和较新进展。这时也可选择其他相关的关键词如“PCR”或“Mullis”等进行检索，作为补充。

有时可能出现专利文献太多不易阅读的问题，就可视需要选择多个关键词进行交叉检索，以限制专利文献数量，找到最适合目的的专利文献。例如要研究追踪 PCR 技术的创始人 Mullis 教授在 PCR 领域的研究状况，就可在搜索引擎下同时输入两个关键词进行检索，一是“polymerase chain reaction”，选择它在“所有选项”中出现，二是“Mullis”，选择在“发明人姓名”（Inventor Name）中出现，就可得到 19 件专利（检索日期为 2006 年 10 月 8 日），就大大降低了阅读量。

如果要检索最新的已经公开但尚未授权的专利申请，就可使用它的“公开的申请”（Published Applications）数据库进行检索，得到的就是最新的技术进展。❷ 但这时仍不能得到已经递交专利申请但尚未得到公开的专利申请即潜在的现有技术。应依据不同目的选择不同的关键词和不同的选项，以免遗漏重要文献，或者致使范围过宽而导致文献太多造成阅读困难。在一次搜索后

❶ 该检索引擎地址是 http：//patft. uspto. gov/netahtml/PTO/search-bool. html.

❷ 该检索引擎地址是 http：//appft1. uspto. gov/netahtml/PTO/search-bool. html.

还可在得到的结果中进行细化搜索（Refine Search），达到进一步缩小范围的目的。除快速检索和利用专利号（Patent Number）进行检索外，还有高级检索（Advanced Search）供选择使用。❶

例如要追踪美国孟山都公司在 Bt 基因领域中的进展，就可在“快速检索”下，同时使用“Monsanto”和“Bt”为关键词进行检索，这时“Bt”可选择为“所有选项”，但“Monsanto”需选择作为“受让人”（Assignee Name），因为在美国只有发明人可作为专利申请人，公司或雇主只能是权利受让人。本书于2006 年 10 月 8 日检索，分别得到 183 件专利和 110 件专利申请，其中包括很多植物专利和植物专利申请，如于 2006 年 10 月 3 日授权的第 7 115 801 号专利“Soybean cultivar 0509243”。通过研究这些专利和专利申请，就可基本掌握孟山都公司在 Bt 基因领域内的研究状况。

欧洲专利局也有完善的检索服务（www. esp@ cenet. com），包括快速检索、高级检索、专利号检索和专利分类检索。世界知识产权组织（WIPO）提供自 1978 年以来的 PCT（专利合作条约）专利文献，该文献库已经拥有 1 174 362 件国际专利申请，是非常重要的专利文献数据库。❷ 日本专利局（JPO）通过“工业产权数字图书馆”（Industrial Property Digital Library，IPDL）提供专利文献检索。❸ 印度国家信息学中心（National Informatics Centre）也提供在线专利文献检索，通过它能够检索到很多国家和国际组织的专利文献，也是一个很好的检索工具。❹ 我国国家知识产权局网站也提供在线专利检索，尽管仍有不少缺陷（如说明书和权利要求书等专利文献的电子文档为 TIF 图像格式，非常

❶ 该检索引擎地址是 http：//patft. uspto. gov/netahtml/PTO/search-adv. htm.

❷ WIPO 的 PCT 专利申请的检索地址是 http：//www. wipo. int/pctdb/en/.

❸ 日本的专利文献检索地址是 http：//www. ipdl. inpit. go. jp/homepg_e. ipdl.

❹ 印度 NIC 的专利检索地址是 http：//patinfo. nic. in/.

不方便阅读和保存等），但也能够为检索我国的专利文献提供服务。[1]

专利检索既可得到专利技术信息用于科研开发各阶段，也可得到关于专利申请或专利的权利状态的信息，用于判断是否构成侵权等。可检索某专利申请是否已被授权、专利权是否已被宣告无效以及在哪些国家有效、专利权保护是否已超过保护期限等。专利检索还可以是“同族专利检索”，即针对一件专利，检索它在其他国家或地区的专利局是否申请专利、被公开和被授权等相关信息，目的是得到该专利在其他国家的相关信息，以利于掌握该专利的全面信息和作出正确判断。[2]

在检索得到的专利技术信息的基础上，把它们作为现有技术，就可对某些发明的技术新颖性或创造性进行判断，以帮助判断一件新发明是否满足新颖性或创造性标准。相关的专利检索也可称为新颖性检索或创造性检索，其中新颖性检索一般通过与现有技术中的对比文献进行比对得出结论，而创造性检索除涉及比对现有技术中的对比文献外，还需从本领域的普通技术人员角度出发，判断是否具有非显而易见性即创造性。检索人可以分别是发明人、专利申请人、专利代理人、专利审查员或其他相关人员。

当与专利侵权相关时，专利检索可有被动侵权检索和防止侵权检索。被动侵权检索是指当事人在被别人指控侵权时进行的专利检索，目的是全面了解与所诉受到侵权的专利相关的技术信息和权利信息，以帮助判断和应对可能遇到的专利侵权诉讼，策划可采取的应对措施，其中包括向专利复审机构提起专利权无效宣告请求，或者积极参与无效诉讼活动等。防止专利侵权的检索是

---

[1] 我国知识产权局的专利检索地址是 http：//www. sipo. gov. cn/sipo 2008/zljs/.

[2] 参见“专利检索知识介绍”，网址为 http：//www. sipo. gov. cn/sipo 2008/wxfw/zlwxzsyd/zlwxjczs/zljszsjs/（2008 年 10 月 19 日访问）。

指为避免侵犯他人的专利权主动进行的检索，目的是确认可能对哪些专利造成侵权，从而事先避免造成对他人的专利侵权，以及在遭受可能的侵权警告或侵权诉讼时可采取哪些应对措施。[1]

专利文献检索和专利文献分析是一项非常专业的工作，可因不同的检索种类需要不同的检索技巧和背景技术知识，尤其在需要判断发明的新颖性、创造性和是否构成侵权的情况下，更是需要非常专业的知识、经验和技能。它也是一项费时和辛苦的工作。建议科研技术人员能够初步熟悉相关检索技能。在判断发明或专利是否构成侵权的情况下，除当事人自己的判断外，最好请熟悉本技术领域的专利代理人或律师帮助分析判断，以掌握主动权，避免更大损失。

科研人员在借鉴专利文献的基础上，确定具有先进性和实用性的选题，通过科研活动得到发明等科研成果，就可通过申请专利的形式及时保护自己的科研成果。技术成果可以是新产品，也可以是新方法（包括新用途）。应注意，并非一定要等到整个发明完成后再申请专利，因为那样也可能贻误了专利申请的最佳时机，让他人抢先，使自己的发明丧失新颖性。这体现了专利申请较强的时效性。为鼓励发明人尽早申请和后续研究，专利法规定在递交专利申请之后，发明人可以继续就此主题进行深化研究，并通过后续申请的方式更新原来的专利申请，这就可以既保证专利申请的时效，又能保证针对最新技术成果的专利保护。我国专利法规定，针对相同主题的改进型发明可以享有 1 年的优先权，称为国内优先权。[2] 美国专利法还规定后续专利申请可以是部分后续申请（continuation-in-part application，CIP），其中享有优先权的是有在先申请的后续部分。

---

[1] 参见“专利检索知识介绍”，网址为 http://www.sipo.gov.cn/sipo 2008/wxfw/zlwxzsyd/zlwxjczs/zljszsjs/（2008 年 10 月 19 日访问）。

[2] 《专利法》第 29 条第 2 款。

第二节 专利申请

专利申请是利用专利保护技术成果的必经之路。在研发过程中，如果尚未到申请专利的时机，一般可通过技术秘密的形式对科研成果予以保护，或者当技术秘密的形式可能对科研成果提供更多的合理保护时，也可通过技术秘密的形式加以保护，而未必一定要通过专利给予保护。

与专利相比，利用技术秘密进行保护既有优点也有缺点。技术秘密的优点包括技术信息不用公开和保护期不受限制，因为只要权利人能够保持技术信息的秘密性，就可享有相应的独占权利，如可口可乐饮料配方等。技术秘密保护的缺点主要有两点：第一，技术秘密的权利人不能排除他人依据合法手段合理开发和使用相同的技术信息，如他人可通过反向工程等方式解析一种饮料或药品配方，然后加以利用，这在分析化学水平越来越高的情形下越来越不是难事；第二，他人在通过正当渠道获悉、破译或获得一种技术秘密后，还可以再去申请专利，在满足相应条件之后还可能获得专利授权，并在授权后再来限制原技术秘密拥有人的超范围行使。在第二种情形下，原技术秘密拥有人或可证明它原来的使用构成使用公开，因此该专利不能满足新颖性要求，并以此向专利复审委员会请求宣告专利无效。

对于生物技术发明尤其是 DNA 序列发明而言，技术秘密的保护可能具有一定意义。鉴于遗传密码的简并性，若仅知道蛋白质的氨基酸序列，并不能够容易地反推出其编码基因的 DNA 序列，这时就可通过技术秘密的形式对编码基因的 DNA 序列进行临时的或过渡性的保护。但随着生物技术的快速发展，也有可能发展出快速反推 DNA 序列的技术，那么再依靠技术秘密的形式保护基因 DNA 序列就不可行，因此仍需主要依靠专利保护的形式。

在专利申请中应注意几个原则。第一是专利申请的单一性原则，即一件发明应递交一件专利申请，或者反过来说，一件专利申请只能涉及一件发明，不能包含一件以上的发明，否则就可能被要求分案申请，如果仍不能满足要求，就可能被驳回或者即使在授权后也可能被宣告无效。第二是先申请原则，即对于相同主题的两个或多个专利申请，专利权将授予最先申请专利的人，这样可保障专利权的独占性，对于发明人或申请人来说，他就应在发明完成后尽早提起专利申请，以免贻误专利申请时机，丧失新颖性。此外还有前面已经叙述的优先权原则等。这些原则直接与专利申请及专利申请文件撰写有关，申请人应注意遵守，对于生物技术专利申请而言也是如此。

专利申请前期最重要的工作是专利申请文件撰写，其中主要是说明书和权利要求书的撰写。说明书的主要用途是充分公开发明，使本领域的普通技术人员能够实施发明，其要点已在第二章第五节有所介绍，这里主要说明权利要求书的主要形式与内容。

权利要求书（Claims）的基本目标在于划定申请人要求享有独占权的技术范围，一旦获得授权，权利要求就成为为法律所认可和支持的独占性技术方案，未经权利人许可他人不得为商业性目的使用该技术方案。为清晰划定申请人要求享有的权利范围，避免混淆，权利要求书的撰写应清楚明白、简明扼要。我国《审查指南》对于不同种类的生物技术发明的权利要求书撰写都给出了具体要求。

《审查指南》规定，对于涉及基因的生物技术发明，权利要求可以：

（1）直接限定基因的核苷酸（碱基）序列。

（2）对于编码蛋白质的结构基因而言，可限定由所涉基因编码的蛋白质的氨基酸序列。

（3）当基因序列或蛋白质序列记载在说明书所附的序列表或附图中时，可采用直接参见序列表或附图方式描述，如“一种基因分子，其特征是该基因具有如 SEQ ID NO：1 所示的核苷酸序列”。

（4）对于已知具有特定功能的基因可采用如“取代”、“缺失”或“添加”等表示基因突变的术语与功能结合的方式进行限定。例如，已知一种基因编码一种细胞因子受体，该受体的蛋白质序列已知是 A-B-C-…-D-E（A、B、C、D、E 和以下的 X 可代表任何氨基酸），那么对于通过其编码基因突变得到的衍生蛋白质而言，如果说明书（包括实施例）中公开了此衍生蛋白质及其制备方法和证明其功能的方法，就可以以蛋白质序列 A-B-C-…-D-E 及其突变的蛋白质序列来定义其编码基因，如编码蛋白质 A-B-C-…-D-E 或其突变蛋白质 A-B-C-…-D-X（取代）的基因、或者编码蛋白质 A-B-C-…-D-E 或其突变蛋白质 A-B-C-…-E（缺失）的基因、或者编码蛋白质 A-B-C-…-D-E 或其突变蛋白质 A-B-X-C-…-D-E（添加）的基因。

（5）对于编码具有特定功能的蛋白质的基因，可采取它能够与已知核苷酸序列杂交并结合其特定功能的方式进行限定。例如已知某编码冰核活性蛋白的基因，如果说明书公开了它能够与之杂交的某 DNA 序列如 ATGAGTCTC…GGGGGA 以及相应的严格杂交条件，就可以以该已知 DNA 序列、严格杂交条件和产物功能来限定该基因。

（6）对于无法使用以上各种方法描述的基因，可通过限定基因的功能、理化特性、来源或生产方法等方面描述基因。[1]

《审查指南》关于基因的权利要求书的规定也可基本适用于对蛋白质或多肽的权利要求书的限定。此外，指南还规定了对 DNA 重组所使用的载体、重组载体、转化体、融合细胞和单克隆抗体的限定。载体应限定其 DNA 序列，或者利用 DNA 的裂解图谱、分子量、碱基对数量（大小）以及载体来源、生产方法、

[1] 《审查指南》第二部分第十章第 9.3.1.1 节。

功能或特征等进行限定性描述；重组载体可通过限定一个或多个基因和载体的形式进行限定性描述；转化体可通过限定宿主和导入基因（或重组载体）的方式进行限定性描述；融合细胞可通过限定亲本细胞、融合细胞的功能与特征或产生方法等形式进行描述；单克隆抗体可用产生该抗体的杂交瘤来限定，如“一种抗原A的单克隆抗体，其特征是该单克隆抗体是由保藏号为CGMCC NO：XYZ的杂交瘤产生”。❶

涉及微生物的生物技术发明具有特殊性，《审查指南》对此给予特别规定。要求对于权利要求书中涉及的微生物，应按微生物学分类命名法表述，有确定中文名称的应当用中文名称，并在首次出现时注明拉丁文学名；如果微生物已在保藏单位保藏，还应当以保藏单位简称和保藏编号表述微生物。值得特别注意的是两种特别情形：第一，如果说明书中没有公开某微生物的具体突变株，或者虽提及具体突变株但未公开相应的具体实施方式，这时如果要求保护该突变株的，不应允许；第二，对于要求保护微生物的“衍生物”（derivatives）的权利要求，因为衍生物不仅可指由该微生物衍生的新微生物菌株，也可延伸指向由该微生物产生的代谢产物等，含义不确定，要求保护的技术范围不清楚，因此应予驳回。❷

第三节　专利代理和专利代理机构

一、专利代理的必要性

专利申请文件的准备，其中尤其是说明书和权利要求书的撰写，是非常专业的技术工作。一般而言，专利申请文件撰写人员

---

❶ 《审查指南》第二部分第十章第9.3.1.2～9.3.1.7节。

❷ 《审查指南》第二部分第十章第9.3.2节。

应至少具备以下多个领域的专业知识、经验和技巧：发明主题所属技术领域；专利法、知识产权法和相关法律领域；专利文件撰写；专利申请程序和授权后的无效程序；与专利审查员或复审审查员的交流和沟通。这些专门的知识和技巧远非单纯的技术领域或法律领域的人员所能全部掌握，因此在很多情形下专利申请都需通过委托本专业的专利代理人实现。例如，对于生物技术发明的专利申请而言，电子或机械领域内的专利代理人就似乎不能保证高质量地完成。

在专利权行使过程中，还可能涉及专利权许可、转让、专利权属纠纷或专利侵权纠纷等，这些都是专利权人所未必熟悉的，因此他可能还需要委托知识产权代理人或执业律师处理专利权许可、转让、技术转移或专利侵权诉讼等事务。如果把专利申请、复审、许可和侵权诉讼等所有可能的专利事务考虑进来的话，就很难保证一个专利代理人或律师能够胜任或精通所有这些事项，因此在很多时候都是由当事人、代理人和律师组成团队，共同处理相应的专利技术问题和法律问题，对于技术含量相对较高的生物技术（包括生物医药）专利而言更是如此。

委托专利代理机构办理专利申请等专利事务还有一个看似较小但却非常重要的原因，就是保证程序上不出问题或更有效率。举例来说，在专利申请和审查过程中，在专利审查员和申请人之间有很多信息往来，如专利审查员会视需要发出申请文件补正通知书或审查意见通知书（可有多次），并且会限定时间答复，如果不通过代理机构，而申请人又不能及时收到和答复的话，就可能由此导致专利申请被视为撤回。在实际工作中，尤其是在大学或科研院所，由科研人员自己撰写申请文件和办理专利申请事务的不在少数，而科研人员又可能分不清申请人和发明人之间的关系，从而把本属于单位的发明以自己的名义申请专利，并且在通讯地址改变时也不能及时办理变更手续，导致不能及时收到相关文件。

在现实中就曾有这样的教训。我国某研究机构的研究人员在完成一个较好的生物技术发明后交给他的博士生去办理专利申请业务，由于该博士生不了解专利知识，就把发明人作为申请人，并且后来由于博士生毕业离开，专利局寄来的要求修改专利文件的通知没能按时收到和答复，这最终导致专利申请被视为撤回。对于被视为撤回的专利申请，即使有可能通过一定程序恢复申请人的相应权利，但申请人需要付出的时间和经济成本也是较大的。

二、国民待遇原则及其例外

我国专利法规定，我国的申请人在国家知识产权局申请专利或办理其他专利事务，可以委托专利代理机构办理，也可以自己办理，由申请人视自己情形自由选择；如果我国申请人要把在国内完成的发明向外国专利局申请专利，或通过 PCT 递交国际申请，就应当在首先向我国知识产权局申请专利后，委托由国家知识产权局指定的专利代理机构办理对外申请业务。[1] 这里所指的指定代理机构就是通常所说的涉外代理机构，它们经国家知识产权局进行资格审查，然后获得涉外代理资格。截止到 2008 年 10 月，我国已有涉外专利代理机构 180 多家，其中约一半在北京。以后随着我国专利制度的完善，国家知识产权局将不再指定涉外代理机构，届时所有专利代理机构将都有资格办理涉外专利代理业务。

在依据《巴黎公约》为外国人提供国民待遇方面，各国专利法一般都规定，外国人要在本国申请专利，需要委托本国专利代理机构办理相关专利事务，这在一定程度上是为了保证程序的高效率运行，因为在专利申请或办理其他专利事务中，会涉及书面文件往来，对于通讯地址位于国外的申请人来说就难以保障及

---

[1] 《专利法》第 19～20 条。

时收到往来函件并及时答复。这是《巴黎公约》允许的国民待遇例外，因为国民待遇原则的贯彻除涉及国家主权外还会涉及效率问题的考虑。❶ 与此相对应，我国专利法规定，在我国申请专利或办理其他专利事务的外国人（包括自然人、法人或其他组织），如果他们在中国没有经常性居所或营业场所，就需要委托国家知识产权局指定的涉外代理机构办理。❷ 当然，我国公民去外国专利局申请专利也需委托当地国的专利代理机构办理。

要求外国申请人委托本国代理机构办理专利申请等业务的另一点考虑是，尽管世界多个国家的专利法都在朝着统一的方向演化（尤其是在 WTO 的 TRIPs 协议要求下），但各国或各地区之间尚保留不少差异，接受委托的本国代理机构和代理人会依据本国专利法的具体要求，在技术和程序方面对专利申请的质量和成功率有所保障。

以上这两方面就是多数国家要求来自国外的专利申请人应委托本国专利代理机构办理专利申请等业务的原因。用一句话概括，就是一为审查效率，二为技术正确。这和司法程序中的一些保留性质类似。

《审查指南》对于来自我国港澳台地区的申请人是否需要和如何委托专利代理机构给予专门规定：

（1）来自港澳台地区的个人向国家知识产权局提出专利申请或办理其他专利事务，需委托专利代理机构办理，可以委托涉外专利代理机构，也可委托普通专利代理机构。

（2）来自港澳台地区的法人（企业或其他组织）向国家知识产权局提出专利申请或办理其他专利事务，应当委托国家知识产权局指定的涉外专利代理机构办理。

（3）来自港澳台地区的个人与法人共同申请专利或者办理

❶ Paris Convention，Article 2（3）.
❷ 《专利法》第 18 ~ 19 条。

其他专利事务，按照对法人的规定执行，应当委托涉外专利代理机构办理手续。

（4）来自港澳台地区的个人或法人与内地（大陆）的个人或单位共同申请专利或办理其他专利事务的，第一申请人是港澳台个人或法人的，按照以上规定办理委托手续。这和对国外申请人作为第一申请人的要求一致。

（5）若港澳台地区的个人或法人在申请专利时，未按规定委托专利代理机构，而是通过在内地的其他单位或个人办理申请手续，申请人应在申请日起 2 个月内或在收到专利局通知书后 1 个月内按规定委托专利代理机构，在规定期限之内未按规定办理委托手续或未答复的，申请视为撤回；陈述意见或补正后仍不符合规定的，专利申请将被驳回。❶

三、对专利代理机构和代理人的要求

专利法规定，专利代理机构应当遵守法律、法规，按照被代理人的委托，办理专利申请或其他专利事务，对被代理人的发明内容，除专利申请已公布或公告的以外，专利代理机构和代理人负有保密责任。❷ 国务院于 1991 年 3 月 4 日颁布《专利代理条例》，对专利代理问题给予专门规定。条例把专利代理机构解释为接受委托人的委托，在委托权限范围内办理专利申请或其他专利事务的服务机构。❸ 条例规定，专利代理机构可以承办的专利申请事务和相关事务包括：（1）提供专利事务咨询；（2）撰写或帮助撰写专利申请文件，办理专利申请（包括请求实质审查）或复审；（3）请求宣告专利权无效；（4）办理专利申请权或专利权转让、专利权许可；（5）指派专利代理人担任专利顾问；

---

❶ 《审查指南》第一部分第一章第 6.1 节。

❷ 《专利法》第 19 条。

❸ 《专利代理条例》第 3 条。

（6）办理其他有关专利事务。❶

专利代理人如果不履行其法定义务或约定义务，或者履行职责不称职，致使委托人利益受到损害，或者泄露、剽窃委托人的发明创造，或者超越代理权限损害委托人的利益，或者私自接受委托承办专利代理业务并收取费用，视其情节轻重，可分别由其所属专利代理机构批评教育或解除聘任关系并收回专利代理人工作证，或者由省级专利管理机关给予警告，或者由国家知识产权局吊销专利代理人资格证书。如果因专利代理人的行为给委托人造成经济损失，专利代理机构应承担赔偿责任，然后可按一定比例向专利代理人追偿。❷

随着技术研究越来越趋于专业化，跨技术领域的交流变得越来越困难。与之相对应，具有一种技术背景的专利代理人不太可能同时精通几个技术领域的专利申请文件撰写。例如，电学领域的专利代理人似乎不太可能同时精通化学或生物技术领域内的专利文件撰写，化学领域内的专利代理人也似乎难以精通计算机软件技术领域的专利申请文件撰写。对于属高新技术领域的生物技术或生物医药发明而言也是如此。因此在专利代理领域，专业分工越来越细和专利代理人对本专业知识掌握的程度也越来越高是必然要求。

例如，在专利代理机构年检中，有对专利代理人业务专长的统计，其中涉及的技术领域分类就包括电子元器件、光电一体化、航空航天、化工技术、环境保护、计算机硬件、数字视听技术、通信技术、新材料技术、新能源与节能、农业技术、中医药和生物医药共 13 个领域，非常广泛。截至 2005 年年底，在北京市执业的专利代理人约有 1 700 人，其中生物和医药技术领域中

❶ 《专利代理条例》第 8 条。
❷ 同上，第 25 条。

的代理人才仅约140人，比例还不到总人数的1/10。[1] 这些生物医药技术领域中的专利代理人对相关技术知识的理解和掌握应该能够令人信赖，但也需申请人认真选择。

应该强调，无论专利代理人对技术的掌握如何专业，在专利文件撰写或申请过程中，在专利代理人和发明人之间保持良好的沟通和交流是重要的。除此之外，专利代理人还应该注意保持与专利审查员等相关人员的沟通与交流，以确保专利申请程序能够顺利走向授权以及专利权的完整与无瑕疵，以避免尽管专利被授权，但实质部分却未能获得保护或极易被规避的空壳专利现象。

第四节 专利审查

专利审查包括初步审查和实质审查两个环节。实用新型专利和外观设计专利经过初步审查合格后就可获得授权，而发明专利必须经过实质审查合格后才可获得授权。生物技术专利大多属发明专利，因此需要经过两步审查才可得到授权。

一、初步审查

在递交或补正了符合条件的专利申请文件后，专利局就首先开始对专利申请文件进行初步审查。初步审查的范围包括申请文件的形式审查和明显的实质性缺陷审查。对于生物技术发明来说，明显的实质性缺陷可包括不满足《专利法》第5条道德条款的发明，或者属于《专利法》第25条规定的明确排除主题的情形。例如，根据《专利法》、《专利法实施细则》和《审查指南》的解释，克隆人的方法和克隆的人就属于违背道德条款的情形。在此情形下，审查员可能发出审查意见通知书，限期答复，如果

---

[1] 郝青："论专利获权代理的法律责任"（中国政法大学硕士学位论文），2006。

答复后仍不合格者驳回申请。❶

应注意，无论是针对专利申请文件的补正通知书，或者是关于专利审查意见的通知书，申请人都应在指定期限内及时补正文件或陈述意见。指定的期限一般为1个月至4个月不等。如果申请人无正当理由逾期不答复通知书，专利申请就可能被视为撤回。对专利申请文件的补正应提交一份补正书和两份修改文件替换页，对专利申请文件的修改应按照补正通知书的要求进行，并且应切实注意，对专利申请文件的修改不得超出原始说明书和权利要求书的范围，否则就可能被驳回专利申请，或者在授权后被宣告专利权无效，或者在以后的专利侵权纠纷中处于不利地位。❷

在形式审查方面，生物材料保藏是生物技术发明可能涉及的特殊要求。根据《专利法实施细则》的规定，需要提交保藏的生物材料应是发明所涉及的新的、公众不能得到的、仅仅依靠其说明或描述不足以使所属领域的技术人员实施其发明的生物材料。按照当今的生物学发展水平，无论说明书的描述多么详尽，人们尚难以从头合成一种具有细胞结构或其他高级生命结构的微生物或其他生物材料，因此保藏生物材料的目的是为了发明的充分公开和帮助本领域的技术人员实施发明。如果不按规定提供保藏就可能被视为未充分公开，从而面临被驳回的可能（关于生物材料的保藏详见第五章第六节）。

二、实质审查

专利实质审查就是对专利申请能否满足可专利性等实质条件给予审查。只有通过实质审查，发明专利申请才可能被授予专利。专利申请需满足的实质条件除“三性”即实用性、新颖性

---

❶ 《审查指南》第一部分第一章第1、3节。

❷ 同上书，第一部分第一章第3.4节。

和创造性外，还包括不属专利法排除之客体、充分公开和单一性等要求。相对于其他技术领域内的发明而言，生物技术发明更有可能因涉及道德伦理或影响公共秩序而成为专利法排除的客体。这些实质性条件已在前文有所叙述，本节主要涉及专利实质审查程序。

发明专利的实质审查程序一般会持续1年以上，长的还可能持续3～5年甚至更长。在实质审查过程中，如果审查员认为专利申请不符合《专利法》、《专利法实施细则》和《审查指南》的规定，就可能会视情形发出审查意见通知书，要求申请人在指定期限内陈述意见或对申请文件进行修改。审查员发出的通知书还可能包括针对不满足单一性要求的专利申请的分案通知书和要求提交相关资料的通知书等。审查员可根据实际需要发出多次审查意见通知书，分别称为“一通”（第一次审查意见通知书）、“二通”（第二次审查意见通知书）和“三通”等。经过审查没有发现驳回理由，或者经过申请人陈述意见或修改，消除了原有专利申请中的缺陷，审查员就应发出授予专利权通知书。如果经申请人陈述意见或修改，专利申请仍然不能克服原有缺陷而满足专利法要求，专利申请就可能被驳回。[1]

可能导致专利申请被驳回的情形包括：

（1）违反道德伦理条款的发明，如克隆人的方法或由此得到的克隆人、人和动物的胚胎嵌合体、改变人类生殖细胞遗传同一性的方法等。

（2）属于《专利法》第25条明确排除的主题，如植物品种、动物品种、实质生物学方法（essentially biological processes，《审查指南》称之为“主要是生物学的方法”）、疾病的诊断或治疗方法等。例如，如果一件发明专利要求保护的是一种通过检测人体内BRAC基因进而诊断乳腺癌的方法，就可能被认为是属于

---

[1] 《审查指南》第二部分第八章第2.1节。

疾病的诊断方法而被驳回专利申请。

（3）不能满足新颖性、创造性、实用性等可专利性条件。

（4）专利申请的说明书不能满足充分公开要求，不能让本领域的普通技术人员能够实施本发明。

（5）专利申请的权利要求书不能从整体上反映发明的技术方案、记载解决技术问题的必要技术特征，或者不能以说明书为依据。

（6）违反先申请原则或单一申请原则，或者分案申请不能满足要求。

（7）在专利申请或审查中，申请人对说明书或权利要求书的修改超出了原说明书和权利要求书记载的范围。[1]

专利申请的实质审查需遵循三个基本原则，分别是请求原则、听证原则和程序节约原则。请求原则是指实质审查程序的启动一般需经过申请人的主动申请才可进行。听证原则是指专利审查员在决定驳回专利申请前，应给申请人至少提供一次针对驳回所依据事实、理由和证据陈述意见、修改申请文件的机会。程序节约原则是指审查员应视情形尽可能地缩短专利审查程序，如对于在专利审查中发现的不符合专利法规定的所有问题，都应在第一次审查意见通知书中明确告知申请人，让申请人一并作答或解决，避免时间和程序的浪费。但节约原则的适用不得影响请求原则和听证原则的贯彻。[2]

对于审查员发出的审查意见通知书，申请人应积极答复，并针对其中涉及的问题对专利申请文件进行适当修改。如果申请人对审查意见提出反对意见，应在意见陈述书中详细陈述具体意见。如果对专利申请文件进行修改，就应该对修改内容是否符合专利法及其实施细则的规定以及如何克服原申请文件的缺陷给予

---

[1] 《专利法实施细则》第 53 条；《审查指南》第二部分第八章第 2.1 节。

[2] 《审查指南》第二部分第八章第 2.2 节。

详细说明。例如，如果审查意见认为申请没有充分公开技术方案，但申请人对此结论不予认可，申请人就需在意见陈述书中详细解释技术方案如何得到了充分公开，从而使本领域的普通技术人员能够实施本发明。如果审查意见认为发明不具创造性，而申请人对此结论不予认可，就应在意见陈述书中给予详细解释；或者，如果申请人试图在权利要求书中引入新的技术特征以克服创造性缺陷，就应在意见陈述书中详细说明该技术特征可从说明书的哪些部分具体得到以及如何能够满足创造性要求。对审查意见的所有答复等往来文件均应提交给国家知识产权局受理部门，而不能直接提交给专利审查员，否则没有法律效力。提交的答复等文件应有所有申请人或代理机构签章。❶

申请人有权在一定条件下对专利申请文件进行修改，但无论是申请人的主动修改，还是应审查员要求进行修改，都一定要在原说明书和权利要求书记载的范围内进行。❷ 该范围既包括由原说明书和权利要求书的文字记载的内容，也包括根据文字记载的内容及说明书附图能够直接地和毫无疑义地确定的内容，但是不包括申请人可能提交的专利申请文件的外文文本或者优先权文件中包括的内容（但 PCT 国际专利申请在进入国家阶段时提交的外文文本除外）。如果修改超出了原有范围，例如通过删除技术特征的方式或增加新的独立权利要求的形式，导致权利要求范围扩大，或者使专利申请不满足单一性等，都可能不被允许，由此修改得到的专利申请文本可能不被接受，从而导致进一步修改或被驳回。❸

经过实质审查程序，审查员将视情形作出授权或驳回的决定。至此专利审查程序终止，申请人得到专利授权或专利申请被

❶ 《审查指南》第二部分第八章第 5.1 节。

❷ 《专利法》第 33 条；《专利法实施细则》第 51 条；《审查指南》第二部分第八章第 5.2.2 节。

❸ 《审查指南》第二部分第八章第 5.2.1、5.2.3 节。

驳回。[1]

第五节　专利无效和诉讼程序

如果申请人对国家知识产权局的驳回决定不服，可在3个月内向专利复审委员会提起复审请求，进入复审程序。除复审外，复审委还负责专利无效宣告请求程序。这是一种重要的授权后异议程序，设置目的是为了纠正因各种原因导致的错误授权，撤销不符合专利法规定的专利权。在复审程序中适用的原则包括公正执法原则、合法原则、请求原则、依职权审查原则、听证原则和公开原则等，以保证复审程序的公平和效率。[2]

依据专利法规定，自专利授权公告之日起，任何人认为专利权的授予不符合专利法的规定，都可向复审委请求宣告专利无效或部分无效。请求宣告专利权无效者需要提供必要的证据，并结合证据具体说明请求宣告无效的理由，也可在提出请求之日起一个月内增加无效理由或补充相关证据，逾期增加理由或补充证据者可能不被接受。[3]

对于发明专利而言，请求宣告其专利权无效的理由可包括但不限于以下各项：（1）专利主题不属于专利法意义上的发明；（2）发明违背了国家法律、公共秩序和道德伦理；（3）发明主题属于《专利法》第25条所明确排除的客体；（4）不满足“一发明一申请”的单一性原则；（5）违背了先申请原则，即两人或多人分别就同样的发明申请专利，专利权却授予了后申请之人；（6）说明书没有对发明作出清楚、完整的描述，即没有充分公开，本技术领域的普通技术人员不能够实施本发明；

[1] 《审查指南》第二部分第八章第6、7节。

[2] 同上书，第四部分第一章第2节。

[3] 《专利法》第45条；《专利法实施细则》第64、66条。

(7) 权利要求书没有以说明书为依据；(8) 申请人对专利申请文件的修改超出了原说明书和权利要求书记载的范围；(9) 发明不满足新颖性、创造性和实用性等可专利性要求。[1]

经过审理（其中可包括口头审理），复审委可决定维持专利权有效或者决定宣告专利权无效。对于宣告专利权无效的决定，应由国家知识产权局登记和公告。一旦宣告某专利权无效，该专利权就被视为自始不存在，但该决定对于以前已经执行的专利侵权判决或裁定、已履行或强制执行的专利侵权纠纷处理决定、已履行的专利实施许可合同或专利权转让合同，不具追溯力。但如果按此规定处理可能显失公平，则原专利权人应返还或部分返还相关许可费或转让费，而如果因原专利权人的恶意给他人造成损失者，原专利权人应予赔偿。[2]

如果无效宣告请求人或专利权人对复审委的决定不服，可在收到复审决定之日起 3 个月内以复审委为被告向具有管辖权的北京市第一中级人民法院提起行政诉讼，进入司法救济阶段。如果法院判决撤销复审决定并要求复审委重新作出复审决定，复审委就不得以相同理由和证据作出与原来决定相同的决定。[3] 当事人如果对一审法院的判决不服，也可在上诉期限内向北京市高级人民法院提起上诉。在行政救济后面设置司法救济，以纠正行政措施中可能存在的错误、失误或不公，也正是 TRIPs 协议的要求。[4]

对于生物技术专利或生物医药专利而言，熟悉相关的无效宣告请求程序和诉讼程序都是重要的。例如，发生在我国的辉瑞公司万艾可专利申请和无效案就先后经历了专利申请、专利权被宣告无效和司法诉讼等几个阶段，在程序上较为典型，也较有影响。

---

[1] 《专利法实施细则》第 64 条。

[2] 《专利法》第 46 ~47 条。

[3] 《专利法》第 46 条；《审查指南》第四部分第一章第 8 节。

[4] TRIPs，Article 41. 4.

第六节　专利的国际申请

专利权的授予、行使和保护都具有地域性，都仅在授权国家内有效，如果申请人认为一件发明在其他国家也有潜在的市场价值，并且这种价值有可能超过专利申请和维持所需费用的话，他就可能决定向一些国家申请专利，这就涉及专利的国际申请。在TRIPs协议下，虽然世界各国或各地区的专利法各有自己的特点，但各国对发明专利的可专利性要求已基本一致，一般都需满足新颖性、创造性、实用性和充分公开等条件，因此可认为在实体条件方面已经没有根本的差别，尽管在具体专利审查实践中还存在较多差异。

在申请程序方面，申请人可根据具体需要选择不同的申请途径。如果一项发明可能仅在几个主要的发达国家有较大的应用市场，申请人就可选择分别去这些国家申请专利的途径，如分别在美国、英国、法国、德国和日本申请专利，这样可节省相应的成本和程序。鉴于这些国家和我国同是《巴黎公约》的成员国，因此我国的申请人在这些国家申请专利时可享有1年的优先权（发明或实用新型专利）。如果发明的潜在市场涉及国家较多，申请人希望在更多国家得到专利保护，他就可选择通过PCT途径向很多国家申请专利，以节约时间和成本。

PCT途径是一种便捷的国际申请程序，它的依据是WIPO管理的《专利合作条约》（Patent Cooperation Treaty，PCT）。PCT专利申请可指向多个成员国，申请人可实现同时向多个国家申请专利的目标。PCT专利申请有国际申请和进入国家两个阶段。在进入国家阶段后，申请人应在自优先权日起20个月内，分别向打算申请专利的国家的专利局办理进入该国家阶段的手续；或者，国际申请在优先权日起19个月内选定一个国家且选定继续有效的，申请人应在优先权日起30个月内向该国专利局办理进入手续。

专利的国际申请进入国家阶段（如中国）需办理的手续包括：

（1）提交其国际申请进入中国国家阶段的书面声明，应当写明国际申请号、要求获得的专利权类型、发明名称、申请人名称、申请人地址和发明人姓名，这些信息应当与国际局的记录一致。

（2）缴纳申请费、申请附加费和公布印刷费。

（3）国际申请以外文提出的，应提交原始国际申请的说明书、权利要求书、附图中的文字和摘要的中文译文；国际申请以中文提出的，应提交国际公布文件中的摘要副本。

（4）有附图的国际申请应提交附图副本。

如果不能满足这些要求就可能导致国际申请在我国效力终止。对于20个月和30个月的办理期限，PCT和我国专利法又规定了2个月的宽限期，但是在宽限期内办理手续者需缴纳宽限费。[1]

我国专利法规定，我国申请人如果就其在国内完成的发明向外国申请专利或提起PCT国际申请，需要首先向我国专利局申请专利，然后委托涉外代理机构办理相关涉外申请手续。[2] 因此在涉外专利申请中，申请人主要依靠涉外代理机构办理相关手续，但也需在技术等方面积极配合代理机构的工作。

---

[1] 《专利法实施细则》第101~102条。

[2] 《专利法》第20条。

第四章　生物技术发明的可专利主题

第一节　专利保护对于生物技术产业的重要性

在现代社会，专利保护对于高新技术研发及产业发展已是必不可少，对于生物技术（biotechnology）来说尤其如此。与其他高新技术如信息技术（information technology，IT）相比，生物技术研发及产业发展有自身的特点。这些特点造就了生物技术及其产业的特殊性，也说明了专利制度对于生物技术研发和产业化的重要意义，以至于有研究者认为，还没有其他经济领域能够像医药和生物技术领域这么依赖专利等知识产权的保护。❶

生物技术及其产业化的特点包括：

第一，生物技术研发有很高的不确定性。生物技术产品本身较为复杂，也可能涉及应用活的生物体，其中的很多生物学过程可能尚不被完全了解，因而也难以控制。这可导致生物技术研发的不确定性或不可预测性，增加研发成本，加大失败的可能性。

第二，生物技术研发需要较大的资金投入，属研究密集型和资金密集型产业。据统计，在化学产业中，研发资金一般占公司总收入的5%；在医药产业中较高，但研发资金占总收入的比例一般也不高于13%；而在生物技术产业中，研发投入却可高达公司总收入的40%~50%。❷ 与较高的研发成本相比，生物技术

---

❶ See R. M. Cook-Deegan and S. J. McCormack, Patents, Secrecy, and DNA, *Science*, 293 (5528), July 13, 2001, at 217.

❷ Esteban Burrone, *Patents at the Core: the Biotech Business*, at http://www.wipo.int/sme/en/documents/patents_biotech.htm（最后访问日期为2008年10月20日）.

产品的仿制成本很低，且当今生物技术领域中的任何技术或化合物大多可很快地被反向工程仿制，从而可能造成生物技术公司多年的研发投入不能得到预期的利润回报。

第三，生物技术产品研发和进入市场需要较长周期。除通常的实验室研究外，还需考虑生物安全和食品安全等方面，需涉及特别管理要求，如药品需药品管理机构（如美国 FDA 和我国国家食品药品监督管理局）批准才可进入临床试验，杀虫剂或遗传修饰（GM）作物可能需要环保部门或农业部门批准才可获准大田试验或环境释放。这些管理性审查可能非常耗费时间，这无疑会增加产品成本，增加产品失败风险，降低产品的市场预期，加长投资回收周期，也因而增加了技术研发和产品的不确定性。

第四，公共研究机构和生物技术公司联系密切，可能互有交叉，互有投资。很多生物技术中小企业可能建立在一件或多件专利之上，该专利可能是公司自己开发，也可能是与公共研究机构合作开发。另一些生物技术公司的产业模式可能是自己研发技术或产品，申请专利后许可或转让给大公司，收取许可费。对于这些经营模式而言，若无专利保护，其利润将无法保证，专利保护对于生物技术公司命运的影响可想而知。

第五，在电学或机械等其他技术领域，一种新方案的研发可能会导致一种新产品，但在生物技术领域，由于生物技术方法、物种和代谢途径的多样性，能够完成同一种生物学功能的产品或方法可能并不属于同一种类，因而可能出现生物技术发明种类繁多，发生多项发明范围交叉、重合或包围等现象，也更有可能引导公司对发明实施连续申请（continuing applications）策略，也可能导致出现封锁专利（blocking patent）或专利灌木丛（patent thicket）等情形。

第六，尽管有很多困难，但生物技术产品一旦获得成功，将可能给开发人带来非常丰厚的利润，会出现一件专利改变一个公司命运或带动一个产业的情形。美国 Amgen 公司开发成功转基因产品促红细胞生成素 EPO（Erythropoietin），于 1983 年 12 月 13 日获得专利，于 1989 年 6 月 1 日获得美国 FDA 批准上市，上市后利润丰厚，仅 1999 年就为 Amgen 公司赢得了 17.6 亿美元的销售收入，成为世界上销售额最大的生物工程药物之一。另一个著名事例是由 Kary Mullis 完成的 PCR 发明，该 PCR 专利由 Cetus 公司转让给 Roche 公司，转让费高达 3 亿美元。当然在计算公司的销售收入和利润时，不仅需要考虑到 EPO 等营利产品，也需考虑公司在研发其他产品中的失败和投资。

第七，生物技术产业与风险投资市场联系密切，从种子基金到规模融资，有无专利保护和是否可能涉及专利侵权就成为投资者需要考虑的重要方面。他们通常会考虑公司的专利状态，例如专利是否被授权，是本国专利还是也有外国专利，专利权保护范围是什么，保护期还有多长，专利技术在多大程度上领先竞争对手，如果自己没有专利是否获得专利使用许可，许可的条件和期限是什么，是否可能涉及侵犯他人专利权，是否可能会有专利纠纷或冲突等，以尽量避免或减少投资风险。充足的资金融入对于生物技术产业的健康发展至关重要。欧洲的资本运作机制不如美国健全，2003 年在所需资金和融资额之间有 10 亿美元的差额，这可能会制约生物技术产业的快速发展。❶

基于这些原因，专利保护和激励创新之间的互动关系在生物技术领域表现得直接和强烈，专利保护对于生物技术产品研发和产业化发展都极为重要，不可缺少。事实上，从 20 世纪 90 年代开始的知识经济就是以信息技术产业和生物技术产业为主导。据欧洲委员会（European Commission）预测，到 2010 年左右，世

❶ See Qin Zhang, Patent Law and Biotechnology: a Proposed Global Solution for the Public and the Biotechnology Industry, 9 *Sw. J. of L. & Trade Am.* 195, 2002 / 2003, at 195-210; Esteban Burrone, *Patents at the Core: the Biotech Business*, at http://www.wipo.int/sme/en/documents/patents_biotech.htm（最后访问日期为 2008 年 10 月 20 日）.

界生物技术产业市场额将超过2万亿欧元（约合20万亿人民币）。生物技术产业主要集中在医药、农业（包括农业化学）、能源和环保领域。[1]

第二节 生物技术专利的特点

知识产权是生物技术产业的核心，与生物技术产业的飞速发展相对应，生物技术的知识产权也在不断发展和完善之中，其中尤以生物技术专利为突出。与其他技术领域内的专利申请和专利相比，生物技术专利有自己的显著特点。

第一，从20世纪90年代初至今，生物技术专利申请和授权都在不断增长，其增长速度显然高于一般技术领域的专利增长速度。据统计，1990~2000年期间，在USPTO和EPO（欧洲专利局）授权的专利中，一般技术领域的年平均专利增长率是5%，但生物技术专利的年增长率分别是15%（USPTO）和10.5%（EPO），远高于平均水平。[2] 生物技术专利的增长从1994年开始加速。在此后至今的这段时期，大多数国家的生物技术专利比例都在增长，只有极少数国家如丹麦和比利时例外。近期由于EPO严格控制专利审查标准，在EPO的生物技术专利增长率才有所

---

[1] See Esteban Burrone, *Patents at the Core: the Biotech Business*, at http://www.wipo.int/sme/en/documents/patents_ biotech.htm（最后访问日期为2008年10月20日）.

[2] See OECD, *Patents and Innovation: Trends and Policy Challenges*, 2004, p.22, at http://www.oecd.org/dataoecd/48/12/24508541.pdf（最后访问日期为2008年10月20日）. OECD研究的生物技术专利涉及以下国际专利分类类别：A01H1/00、A01H4/00、A61K38/00、A61K39/00、A61K48/00、C02F3/34、C07G（11/00、13/00、15/00）、C07K（4/00、14/00、16/00、17/00、19/00）、C12M、C12N、C12P、C12Q、C12S、G01N27/327、G01N33/（53*、54*、55*、57*、68、74、76、78、88、92）。

下降。❶

第二，在世界生物技术专利申请和授权中，发达国家占据大部分，其中尤以美国、欧盟各国和日本占据绝对主流地位。如2002年在EPO提起的5 800个生物技术专利申请中，美国约占40%，欧盟国家约占35%，日本约占14%，所有其他国家约占12%（其中中国为0.8%）。从1997年以来，欧盟和日本的生物技术专利比例在逐年升高，美国在逐年降低。

可利用“专业化指数”（specialisation index，SI）来考察一个国家是否“专于生物技术专利”（specialisation in biotechnology patents）。SI（专业化指数）是通过比较生物技术专利比率和所有技术领域中的专利比率而得，如果SI大于1表明生物技术专利的比例大于所有技术领域，如果SI小于1就表明其比例小于所有技术领域中的专利比率。研究表明，美国是专于生物技术专利的国家，欧盟和日本还不是；与之相比较，丹麦、加拿大、新西兰和澳大利亚是最专于生物技术专利的国家，以色列、中国和印度也是较为专于生物技术专利的国家，而意大利、土耳其和卢森堡是最不专于生物技术专利的国家。❷

第三，在生物技术专利权人中，最重要的专利权人是生物技术公司，尤其是跨国生物技术公司，它们在生物技术专利中占据重要地位，而启动型（start-up）公司也占有较大的专利数量比例。据统计，在OECD成员国中，1986~1997年间，共有约270个Bt（苏云金芽孢杆菌）基因专利，其中的60%为6个跨国公司所占有，各跨国公司之间可容易地形成交叉许可，降低交易成本，但中小公司要获得许可就较为困难，成本也可能较高。

---

❶ See OECD, *Compendium of Patent Statistics* 2005, p. 21, at http://www.oecd.org/dataoecd/60/24/8208325.pdf（最后访问日期为2008年10月20日）.

❷ See OECD, *Compendium of Patent Statistics* 2005, p. 22, Annex B, at http://www.oecd.org/dataoecd/60/24/8208325.pdf（最后访问日期为2008年10月20日）.

第四，生物技术专利申请在所有专利申请中所占的比例在不同国家可有较大不同。以 2002 年在 EPO 提起的专利申请为例，生物技术专利申请占全部专利申请的比例为 5.3%，其中新西兰、丹麦和澳大利亚三国的生物技术专利比例超过 10%，中国约为 9%，以色列、加拿大、巴西、俄罗斯、美国、挪威、印度、英国和新加坡的比例都超过平均比例 5.3%，芬兰和意大利的比例约为 2%。这些比例显示出较大的国别差异。[1]这种差异可能和各国的生物技术研发水平、科技政策、投资融资环境、知识产权保护水平等各种因素有关。

第五，除生物技术公司外，公共研究机构也是重要的生物技术专利所有者。公共研究机构（public research organization）包括大学和由公共资金支持的研究机构，它们是生物技术研发的重要力量，也拥有很多重要的生物技术专利，如著名的重组 DNA 技术专利就分属于美国的加州大学和斯坦福大学，克隆羊专利属于英国爱丁堡的 Roslin 研究所。

第六，比较而言，生物技术专利对于发展中国家可能更为不利。这一方面是因为生物技术专利增加了发展中国家对发达国家的依赖性，另一方面发达国家又可能通过专利的方式把取自发展中国家的遗传资源占为己有，此即“生物海盗”（bio-piracy）行为。例如印度楝树（neem tree，*Azadirachta indica*）主要产于印度，是桃花木属（mahogany family）植物，用途多种多样，与印度文化密不可分。在 USPTO 和 EPO（欧洲专利局），围绕着楝树有上百个专利，产品涉及农业、医药和化妆品等多个领域，其中很多专利都是由来自发达国家的跨国公司。印度曾成功地于 2000 年 5 月请求 EPO 撤销由美国 Grace 公司和美国农业部拥有的一件欧洲专利（EP 0436257）。但类似的生物海盗行为数不胜

[1] OECD，*Compendium of Patent Statistics* 2005，at http：//www.oecd.org/dataoecd/60/24/8208325.pdf（最后访问日期为 2008 年 10 月 20 日）.

数，能够成功撤销或被宣告无效的只占据其中的极小部分。

第七，随着技术发展和权利体系逐步完善，对生物技术发明的多种保护形式正在形成，除主要涉及专利外，还可能涉及植物新品种权、著作权、商业秘密权和数据库权（database right）等，这些权利互为补充，能够为生物技术发明提供更为完善的保护。从权利人和产业角度来说，各种权利的互补能够进一步加强权利人对于生物技术及其产品的占有；但若从社会公共利益角度出发，这些权利的交叉或加强可能妨碍正当竞争行为，危及社会公共利益。[1]

第八，生物技术专利及其应用可能涉及活生物体等生物材料，在合适的条件下它们能够自我繁殖，再加上生物材料生产方法的多样性等原因，就可能造成生物技术专利侵权中的举证困难和认定困难。此外，由于种子等生物繁殖材料的使用还可能涉及农民权（farmers' right）等弱势群体的利益，就更增加了侵权认定中的不确定性。这些原因促使生物技术专利侵权认定与救济成为令专利权人感到棘手的难点。

第九，为解决生物技术专利侵权认定和救济中的困难，生物技术产业逐步重视利用技术手段保护生物技术专利等知识产权。较为成熟的技术包括遗传应用限制技术（genetic use restriction technologies，GURT）。共有两种 GURT 技术，分别是品种水平遗传应用限制技术（variety-level GURT，V-GURT）和性状水平遗传应用限制技术（trait-level GURT，T-GURT），其中 V-GURT 又被称为终止子技术（详见本书第九章第二节）。

第十，生物技术专利保护的各方面都充满了争论和批评。争论涉及多个方面。如过多的专利保护可能对上游的基础研究和下

---

[1] See OECD，*Patents and Innovation*：*Trends and Policy Challenges*，2004，at http：//www.oecd.org/dataoecd/48/12/24508541.pdf（最后访问日期为 2008 年 10 月 20 日）.

游的临床应用都会产生不良影响，增加研究机构获取和使用研究工具的难度（在一些国家如美国等科学研究并不当然构成专利权侵权的例外）；专利局对生物技术专利的审查标准较低，授权范围较广，一些专利申请未必能够满足新颖性和创造性等要求却被授权；由公共研究机构完成的由公共基金支持的研究成果本应归于公有领域，但现在也一般申请专利，这可能成为科研成果应用的障碍。面对各种问题和争论，人们已采取或已提议采取多种应对措施，包括：严格审查水平，提高专利质量；鼓励在公共或私有机构中广泛实施专利许可，研究完善技术转移机制，促进生物技术专利在产业、大学和企业之间转移；明确规定和加强科学研究例外；开发和争取其他技术获取途径，如专利联盟（patent pools）、专利信息交换所（patent clearinghouses）和公共数据库（public databases）等。[1]

鉴于生物技术专利的诸多特点，人们在积极适用现代专利制度为生物技术提供完善保护的同时，也研究如何能够让社会公共利益获得最大回报，这不仅涉及科技研究者，也涉及其他产品开发者和最终消费者。因此，研究如何达到和保持生物技术时代的“专利—公共利益”平衡，从而既能保证研究者和投资者获得合理回报，也能保证社会公共利益的充分实现，将是生物技术专利制度的一个重要目标。

第三节 生物技术可专利主题的确定与发展

对于生物技术发明的专利保护而言，首要且关键的事情是确定可专利主题。只有可专利主题得以确认，进一步探讨生物技术

[1] See OECD, *Patents and Innovation: Trends and Policy Challenges*, 2004, at http://www.oecd.org/dataoecd/48/12/24508541.pdf（最后访问日期为2008年10月20日）.

发明的可专利性等问题才有意义。关于生物技术可专利主题有确认和排除两个方面。从20世纪70年代初至今，伴随着现代生物技术发展史，关于生物技术可专利主题的确认和排除有较为曲折的经历，在不同的国家或地区也有不同的认识和实践。美国是现代生物技术的发源地，其生物技术研发和产业化最为发达，与此相对应，美国在生物技术专利保护方面也最为积极。

虽然早在1873年7月22日，USPTO就授予法国微生物学家巴斯德一件“不含有机体致病细菌的、作为一种产品的”纯化酵母专利（USP 141，072），但直到20世纪70年代以前，USPTO都一直认为生物体属于自然产品，不是美国专利法下的可专利主题，因此基本拒绝给予生物体专利，只是分别在1967年、1968年曾分别授予两件活微生物专利。[1] 1980年美国最高法院对Diamond v. Charkrabarty案的判决，才真正揭开现代生物技术专利保护的序幕，本案也因而被称为生物技术专利保护的里程碑案件。本节主要通过Charkrabarty案讨论生物技术可专利主题在美国的确认和发展。

一、Chakrabarty案的基本案情

Ananda M. Chakrabarty（“查氏”）出生在印度，在印度获得生物化学博士学位后去美国从事博士后研究，曾受雇为美国通用电气公司（General Electric Co.，GE）的研究人员，后来成为美国伊利诺斯大学医学院（University of Illinois College of Medicine at Chicago）的微生物学和免疫学系教授。20世纪60年代末科学家已经发现某些假单胞菌（pseudomonas）能够分解多碳化合物，这种性质是由细菌中的质粒（plasmid）决定。质粒是细菌染色体外的一种遗传物质。

20世纪70年代初正是环保事业开始兴起之时。查氏在GE

[1] See Diamond v. Charkrabarty，447 U. S. 303，Footnote 9（1980）.

工作时，在从事公司研究任务的同时也一直研究利用假单胞菌的这种性质分解石油。他发现一种假单胞菌只能分解少数几种碳氢化合物，但石油中的碳氢化合物种类繁多，因此只得使用多种细菌混合培养才能分解，但混合培养的结果却是优势菌株大量繁殖而排斥其他菌株生长。查氏尝试使用质粒重组和结合等方法把不能在一种细菌中存在的不相容质粒结合在一起，然后把多种相容质粒转移到一种假单胞菌株中，使之成为能够分解多种石油碳氢化合物的“超级细菌”，用以消除环境中的石油污染。[1]

GE 对查氏的发明很感兴趣，就由发明人查氏于 1972 年向 USPTO 提交专利申请，并把权利转让给 GE。该发明的主题是“一种来自假单胞菌属的细菌，至少含有两个稳定的产能（energy-generating）质粒，每个质粒都能提供一种单独的碳氢化合物分解途径”。围绕该主题共有 36 个权利要求，分别涉及三类请求保护的主题：第一是生产该细菌的方法；第二是接种物（inoculum），用来承载细菌和水上漂浮物，用途是给细菌在清除水上石油污染时提供附着物；第三就是这种新细菌本身。

专利审查员认可前两类主题，但驳回了针对第三类主题即细菌本身的权利要求。审查员的驳回理由是：第一，微生物是自然的产物（products of nature）；第二，在《美国专利法》第 101 条下有生命的物体是不可专利的主题。案件上诉至 USPTO 的申诉委员会（Patent Office Board of Appeals），委员会认为该细菌不是自然的产物，因为它含有两个或多个产能质粒，这并不是自然发生的。申诉委员会分析了美国专利法的立法历史，认为美国国会在 1930 年通过《植物专利法》把专利保护延伸至无性繁殖植物，这已表明《美国专利法》第 101 条不覆盖活生物体，如在实验室中创造的微生物，因此委员会认可了审查员的第二项驳回理由，

---

[1] 瞿礼嘉、顾红雅、胡苹、陈章良：《现代生物技术》，高等教育出版社 2004 年版，第 204 ~ 207 页。

维持其驳回决定。[1]

案件再上诉至当时管辖专利上诉案件的关税与专利上诉法院（Court of Customs and Patent Appeals，CCPA）。CCPA 是现在的美国巡回上诉法院（CAFC）的前身。CCPA 曾于 1977 年在 *In re* Bergy 案中判决认为微生物是活的对于专利法而言并不具有显著的法律意义，即具有活性的微生物并不影响专利法的相关判断。在 Bergy 案件中，Bergy 的发明涉及一种微生物维洛链霉菌（*Streptomyces vellosus*）的纯化培养物，该放线菌能够用于生产林可霉素（lincomycin）。但在对查氏上诉案的判决中，CCPA 却推翻了它自己在 Bergy 案中的认定。

案件最后上诉至美国最高法院。最高法院于 1978 年撤销 CCPA 判决，发回 CCPA 要求依据最高法院审理的 Parker v. Flook（437 U. S. 584，1978）案进行重审。CCPA 于 1979 年重审后，重又回到 Bergy 案的结论上来，认为经查氏改造后的细菌是美国专利法第 101 条下的可专利主题。USPTO 局长 Diamond 又针对此判决结论上诉至最高法院，最高法院最后以 5：4 的比例维持 CCPA 判决。首席大法官 Burger 主笔出具判决意见。

二、美国最高法院对 Chakrabarty 案的判决

最高法院认为，本案并不涉及新颖性和创造性的判断问题，而主要涉及判断查氏通过生物工程途径发明的假单胞菌是否属于美国专利法第 101 条规定的“产品”（manufacture）或“物质组成”（composition of matter）。法院试图对该法条给出一般解释，也因而得出本案的结论。它重申最高法院此前确定的法律解释准则：法律解释应使用法律的语言；除非明确申明，文字意义应理解为它的普通、现代和通常的意义；不应试图理解立法机构没有明确表达的限制和条件。

[1] Diamond v. Charkrabarty，447 U. S. 303（1980）.

最高法院考察了法院此前在 American Fruit Growers，Inc. v. Brogdex Co. 案和 Shell Development Co. v. Watson 案件中对产品和物质组成的解释，认为立法者选择含义如此广泛的词语，并用“任何”作修饰语，显然是希望专利法有广泛的视角。法院考察了美国专利法的立法历史，也得出相同结论：托马斯·杰弗逊起草的 1793 年美国专利法中规定的专利权客体是“任何新的和有用的技艺、机器、产品或物质组成，或其任何新的或有用的改进”（Act of Feb. 21，1793，1，1 Stat. 319）；其后 1836 年、1870 年和 1874 年的美国专利法也使用了同样宽泛的语言；1952 年美国专利法修改时，国会用“方法”（process）代替了“技艺”（art），国会在委员会报告中告知人们国会意欲使专利主题“包括太阳下人造的任何事物”。[1]

但法院也强调，美国专利法第 101 条并非没有限制，它并不能够包括所有发现，如自然规律、物理现象和抽象概念都不是可专利的主题，因此无论是发现了一种新矿石还是发现了一种新的野生植物都不可申请专利，爱因斯坦的质能方程（$E = MC^2$）和牛顿的引力定律等也不能申请专利，这些发现仅是自然的展现，不应被任何人独占。[2]

基于这些理由，法院认为，在一般的意义上来说（plainly），查氏的微生物有资格作为可专利的主题：因为他主张的不是一种未知的自然现象，而是一种非自然发生的产品或物质组成，它是一种人类聪明才智的成果，有自己独特的名称、特征和用途；这与 Hartranft v. Wiegmann 案（121 U.S. 609，1887）中涉及的自然根瘤菌不同，这些根瘤菌与其自然状态下功能一致，它们独立地完成其自然功能而无需申请人的努力，与之相比较，查氏的假

---

[1] S. Rep. No. 1979，82d Cong.，2d Sess.，5（1952）；H. R. Rep. No. 1923，82d Cong.，2d Sess.，6（1952）. Citing in：Diamond v. Charkrabarty，447 U.S. 303（1980）.

[2] Diamond v. Charkrabarty，447 U.S. 303（1980）.

单胞菌显示了与自然状态不同的特征，并可有潜在的巨大用途，因此其发明不是自然的工艺，而是发明者自己的杰作。因此，查氏的细菌是美国专利法第 101 条下的可专利主题。

上诉人 USPTO 局长 Diamond 有两个重要主张。第一个主张是希望最高法院澄清专利法第 101 条下的“产品”或“物质组成”概念是否包括活生物体在内。Diamond 主张，美国于 1930 年通过《植物专利法》（Plant Patent Act，PPA）保护无性繁殖植物，于 1970 年通过《植物品种保护法》（Plant Variety Protection Act，PVPA）保护有性繁殖植物但却同时排除对细菌的保护，[1]这表明依据国会的理解，“产品”或“物质组成”不包括有生命的物体在内，否则 PPA 和 PVPA 就没有通过的必要。最高法院通过分析 PPA、PVPA 和专利法等反驳了此主张。

法院认为，在 1930 年之前，有两个因素阻碍了对植物的专利保护：第一个因素是当时认为在专利法下植物是自然的物品因而不是可专利的主题，即使那些人工培育的植物也是如此，这反映在 1889 年的 *Ex parte* Latimer 案中；第二个因素是人们认为植物不能满足专利法要求的“书面描述”标准，因为新植物与原来的植物可能仅在颜色或气味上有所差别，这些差异不太可能用文字给予清楚描述。在 1930 年 PPA 立法时国会就解决了这两个问题：首先，国会解释植物育种者在自然的帮助下所完成的成果是可专利的主题；其次，PPA 仅要求对植物的书面描述应“尽可能合理的完整”。在此过程中，国会议员或法律委员会并没有表示“产品”或“物质组成”应把活生物体排除在外。

法院发现，仅有的证据是当时的农业部长 Hyde 在给众议院和参议院委员会主席的信中提到当时的专利法被理解为仅涉及没

---

[1] See 7 U. S. C. 2402 (a).

有生命的发明或发现，[1] 但是农业部长的意见并没有法律效力，并不能用于解释可专利主题的范围，因为这已超出了他作为农业部长的权限。并且即使是在当时，众议院和参议院报告也表明其并不认为农业部长的二分法具有说服力：在一种植物新品种和一种无生命的物体如矿石之间有清楚的和具有逻辑的区别，矿石完全是由自然创造，没有人类参与，而人工培育的植物新品种却是惟一的、单独的、自然界不可重复的和没有人类帮助也不可能生产的。[2] 国会因此认识到区分有无可专利性的界限不是看主题有无生命，而是看它是否属人为的发明。

通过对专利法立法历史的回顾与解释，美国最高法院就确定了美国国会对可专利性界限的划分原则，即它不是位于有生命的和无生命的物体之间，而是位于自然的物品（不管是否有生命）和人为的发明之间。法院以此认为查氏的微生物是人类聪明才智和研究的结果，它不是自然的产物，而是人为的发明。因此最高法院认为上诉人 Diamond 的第一个主张并没有得到国会于 1930 年立法通过 PPA 的支持。通过进一步分析，最高法院也认为上诉人的本主张也不能得到国会于 1970 年通过 PPVA 的支持，即使 PPVA 明确排除了对某些微生物的保护。

上诉人 Diamond 的第二个主张是，除非国会明确授权，否则微生物不能作为合格的可专利主题。他认为，在国会创设专利法第 101 条时还不能预见到基因工程的出现，因此像查氏微生物这样的发明能否被授予专利应交给国会决定，从立法程序才可最好地平衡经济、社会和科学方面的考虑，从而决定是否应授予活生

[1] See S. Rep. No. 315, 71st Cong., 2d Sess., at Appendix A (1930); H. R. Rep. No. 1129, 71st Cong., 2d Sess., at Appendix A (1930). Citing in: Diamond v. Charkrabarty, 447 U. S. 303 (1980).

[2] See S. Rep. No. 315, 71st Cong., 2d Sess., at 6 (1930); H. R. Rep. No. 1129, 71st Cong., 2d Sess., at 7 (1930). Citing in: Diamond v. Charkrabarty, 447 U. S. 303 (1980).

物体专利。上诉人在此还引用最高法院在1978年刚刚判决的案件Parker v. Flook中的陈述，即当司法机构被请求把专利权延伸至国会未曾预见的领域时一定要小心行事。❶

对此最高法院论述到，的确是国会而非法院来决定可专利性的界限，但一旦国会通过了立法，解释法律是什么将是司法机构的权力范畴和责任。这是1803年著名的Marbury v. Madison案确定的重要原则。因此在专利法中确定什么是可专利主题是国会的宪法职责，而法院的职责是依据其理解来解释国会的用语，在出现模糊时，法院将以立法历史和立法目的作为指导。为促进"科学和有用技艺之进步"的宪法目标和专利法目标，以保证实现杰弗逊憧憬的社会和经济利益，专利法第101条使用了非常宽泛的用语以定义可专利主题，但一般性的宽泛用语并不一定就是不确定的，尤其当国会的目标就需要宽泛的用语时，因此在专利法第101条中没有模糊性。至于Flook案，该案涉及一种新的计算方法，依据先例，它不是《美国专利法》第101条下的可专利主题。最高法院一直强调对法律的理解不应局限于立法者预期的特别应用，对于专利法尤应如此，不然就可能与专利法的中心概念"预见性削弱可专利性"（anticipation undermines patentability）相冲突，❷ 因为按照上诉者的逻辑，凡是国会未能预见的发明种类就不能获得专利权保护，其实正因为发明经常是不可预见的，专利法第101条使用的词汇才是宽泛的。

最高法院还列举了历史上曾获得专利保护的一些重要发明，如莫尔斯的电报（美国专利号USP 1，647）、贝尔的电话（USP 174，465）、爱迪生的电灯（USP 223，898）、莱特兄弟的飞机（USP 821，393）、Bardeen与Brattain的晶体管（USP 2，524，

❶ Parker v. Flook，437 U. S. 584，at 596（1978）. Citing in：Diamond v. Chakrabarty，447 U. S. 303，pp. 315～316（1980）.

❷ 本中心概念由美国最高法院在Graham v. John Deere Co.（383 U. S. 1，1966）案中确立。

035)、费米和 Szilard 的中子反应堆（USP 2，708，656）、Schawlow 和 Townes 的激光（USP 2，929，922），以此说明发明的不可预见性、不可预见的发明对于社会的重要意义以及给不可预见的发明授予专利权的必要性。❶

Diamond 为支持其上诉，还引用了专家证词，其中包括一些诺贝尔奖获得者，试图说明遗传工程研究的严重后果，如对人种的威胁、污染环境、传播疾病、造成生物多样性减少、降低人类生活的价值等。最高法院说，这些强有力的、富有激情的论证提醒他们，人类的聪明才智似乎已经不能完全控制它所创造的力量，就像哈姆雷特，有时忍受着病痛比飞向未知更好。上诉者还认为，法院在决定查氏的微生物是否属于可专利主题时应衡量可能的危险，最高法院不同意这种说法，认为是否授予微生物专利都不太可能影响基因研究的命运，因为人们在尚不知晓能否获得专利保护时就已进行了很多研究，这表明立法者或司法者的决定都不足以阻止人们对未知世界的科学探知，因此，查氏微生物是否可被授予专利可能会影响研究的加速（出于对经济奖赏的期望）或减缓（缺乏激励机制），但也仅是如此而已，不会涉及更多方面。至于本话题涉及的其他多种社会利益方面，包括对社会利益的平衡，那是立法者或行政管理机构的事情，法院对此无能为力，既不能斥之为对未知的恐惧性空想，也不能奉此行事，并且立法者和管理者也都针对此话题实施了相应措施。❷

最高法院总结说，法院的任务是依据法律的用语解释法律，一旦完成，法院的权力就用尽了；立法者可以任意修改法律以明确排除通过基因工程方法生产的生物体的可专利性；但在国会采取这样的行动前，法院必须按照专利法第 101 条的规定解释法律；而按照该法条的规定，查氏发明的微生物包括在内，属可专

---

❶ Diamond v. Charkrabarty, 447 U. S. 303, Footnote 10 (1980).

❷ Diamond v. Charkrabarty, 447 U. S. 303, 318 (1980).

利的主题，因此维持 CCPA 的判决。❶

美国最高法院在查氏案中的判决使该案成为现代生物技术专利的里程碑案件，从此开启生物技术专利保护的序幕，也推动了生物技术产业的飞速发展。但该案的判决也引发了很多争论，即使在最高法院内部，也有四名大法官不同意法院的判决意见，并出具了不同意见。但支持者积极评价此案，如有人曾认为美国最高法院对此案的判决是“知识和权力新星座出现的象征”。❷

三、USPTO 对 Chakrabarty 案的总结

查氏案件的判决对美国专利法的影响是巨大的，这种影响主要体现在对可专利主题的判断上。从最高法院的判决中总结出来的可专利主题现已被纳入 USPTO 的专利审查手册中。根据 USPTO 的总结，最高法院在查氏案的判决中有如下认定：

第一，遵照法律解释原则，法院要求应按照字典定义理解美国专利法第 101 条中的“产品”概念，即“通过手工或机器赋予原材料新的形式、质量、品质或其结合且为使用目的而制造的产品”。

第二，国会选择如“产品”和“物质组成”这样的宽泛概念，并用“任何”加以修饰，明显地期望专利法的范围是宽泛的。

第三，美国专利法体现了托马斯·杰弗逊的哲学“聪明才智应得到慷慨的奖励”，美国历史上的几次专利法修改都使用了宽泛的概念，在 1952 年的专利法修改说明中，国会明确申明其立法目的是让美国专利法保护“太阳下人造的任何事物”。

第四，专利法第 101 条并非没有限制，它也不能包含每种发

❶ Diamond v. Charkrabarty, 447 U. S. 303, 319 (1980).

❷ See Heather H. Ramirez, Defending the Privatization of Research Tools: an Examination of the “Tragedy of the Anticommons” in Biotechnology Research and Development, 53 *Emory L. J.* 359, 2004, pp. 359 ~389.

现，如自然规律、物理现象和抽象概念都是不可专利的。

第五，一种新发现的矿石、野生植物或科学理论都是不可专利的主题。

第六，查氏的权利主张不是指向一种自然现象，而是指向一种非自然发生的产品或物质组成，即一种由人类才智创造的产品，它有自己的名称、特征和用途。

第七，国会认可的可专利性界限不是在有生命和没有生命的物体之间，而是在自然的产品（不管有无生命）和人为的发明之间。

第八，查氏的微生物是人类才智和研究的成果，它显然不同于已在自然中发现的任何微生物，它有显著的潜在用途；他的发明不是自然的创造，而是他自己的发明，因此落入专利法第 101 条定义的可专利性主题中。

USPTO 的归纳可作为对本案的一个总结。USPTO 根据美国最高法院的解释和对查氏案的判决意见，认定以下三个方面是重要的：（1）最高法院并没有把判决限制于基因工程改造的活生物体，因此非基因工程改造的人为的活生物体也属可专利的范畴；（2）法院对专利法第 101 条中的“产品”和“物质组成”给予了非常宽泛的解释；（3）法院给出了几个测试方法以帮助确定某发明是否为专利法下的可专利主题，其中心论点是，是否可专利的界限不是在有生命和没有生命之间，而是在自然的产品（不管有无生命）和人为的发明之间。

具体测试方法包括：

第一，自然规律、物理现象和抽象概念是不可专利的主题。

第二，作为人类聪明才智的产品，一种具有独特名字、特征和用途的非自然存在的产品或物质组成是可专利的主题。

第三，新发现的矿石或野生植物，或者爱因斯坦的质能方程 $E=MC^2$ 或牛顿的引力定律，都是不可专利的主题，这些发现是自然的展示，应为所有人使用，不应为任何人独占。

第四，通过手工或机器赋予原材料新的形式、质量、性质或其结合且为使用目的而制造的产品，属美国专利法第 101 条之下的产品。[1]

若希望用一句话来概括查氏案的结论，那就可表达为“非自然发生的产品或物质组成是美国专利法下的可专利主题”。当然，这些测试标准仍相对抽象，仍需结合具体案件进行具体分析，USPTO 强调审查员应视个案需要分别适用以上的测试标准，并特别指出，试图对于所有专利申请都事先给出精确的审查标准是不合适的。

USPTO 还强调，尽管查氏案在一定程度上扩展了美国专利法的可专利主题，但这并不代表可专利性标准降低了或不存在了。事实上，美国专利法第 102 条、第 103 条和第 112 条等规定的条件仍然适用，仍需得到满足才可能最终获得专利授权。[2]

四、生物技术可专利主题的发展

可以说，Chakrabarty 案至今仍是生物技术专利领域最重要的案件之一，在此后至今约四分之一世纪的时间里，它不仅直接影响了美国专利法的适用，也影响了欧洲、日本和其他多个国家的专利法改革。查氏案奠定了美国生物技术可专利主题的基础，在其后的年代里，USPTO 按照最高法院在查氏案中确立的原则，主动扩展了生物技术领域中的可专利主题。

1985 年，USPTO 的专利申诉与冲突委员会（PTO Board of Patent Appeal and Interference）在 *Ex parte* Hibberd 案中认定，非自然发生的、人造的多细胞植物是美国专利法第 101 条下的可专利主题。本案涉及一种经过基因工程改造的高含量氨基酸玉米的专利申请，审查员认为已经存在《植物品种保护法》（PVPA）

[1] USPTO, *Manual of Patent Examing Procedure* (MPEP, 2004), Section 2105.

[2] 同上。

为有性生殖植物提供植物品种权保护，就驳回了该专利申请，但专利申诉与冲突委员会对此不予认可，认为无论是植物专利法（PPA）还是PVPA都没有在专利法第101条下明确排除任何生物主题。❶

1987年引人注目的是*Ex parte* Allen案。在本案中，Ellen申请一件专利，涉及一种诱导产生多倍体（含有多套染色体的生物体）太平洋牡蛎的方法及其最终产品牡蛎，审查员以自然发生的主题不可专利和发明产品不具非显而易见性为由驳回该专利申请。❷ 申请人向申诉与冲突委员会提起复审请求。委员会认为，申请人的发明所使用的方法已经在现有技术中公开，本发明是显而易见的，因此认可审查员就显而易见性理由作出的驳回。但委员会又表明，尽管驳回了申请人的专利申请，但审查员所使用的自然的产品不是可专利主题的驳回理由并不能成立，因为审查员没有证据表明多倍体牡蛎是没有人工因素参与的自然产生的产品。因此，如果它能够满足其他条件，一个人工多倍体牡蛎是可专利的主题。❸

复审结论公布后，USPTO于1987年4月7日发布公告，明确表明专利审查将依据最高法院在查氏案中的判决恰当地给“太阳下人造的任何事物”授予专利，并进而申明，USPTO认为包括动物在内的、非自然发生的、非人类的多细胞生物体，是美国专利法第101条下的可专利主题。❹ USPTO把人类排除在新规则之外是因为考虑到授予人类或其组成部分以一定期限的排他性财产权违背了美国宪法。虽然公告没有具体指明宪法中的哪一条款禁止针对人类或其组成部分授予专利，但据研究者认为引用的应当

---

❶ *Ex parte* Hibberd, 227 U. S. P. Q. 443 (Bd. Pat. App. & Inter. 1985).

❷ 牡蛎（oyster）属贝类动物，瓣鳃纲，牡蛎科。

❸ *Ex parte* Allen, 2 USPQ2d 1425 (Bd. Pat. App. & Inter. 1987).

❹ USPTO, Animals - Patentability, 1077 *Off. Gaz. Pat. Office* 24, April 21, 1987.

是禁止人类奴隶制的第13修正案。❶

USPTO的这个公告引来很多争论，无论是在国会还是在法院都经历了挑战。“动物合法权益保护基金会”（Animal Legal Defense Fund）曾向联邦巡回法院起诉当时的USPTO局长Quigg，诉由包括USPTO在发布公告前没有向公众提请注意和听取公众评论，违反程序要求，并且授予动物专利违反了动物保护法律。法院认为原告没有举证法定的、可认知的损害，没有诉讼资格，因此驳回原告起诉。❷

在USPTO发布公告一年后的1988年4月12日，USPTO授予哈佛转基因鼠专利。该小鼠被转入人类癌基因，使之容易被诱发肿瘤，成为人类实验抗肿瘤药物的工具模型。在活生物体不断获得专利的同时，来自多种生物甚至人类的细胞系也开始获得专利，如在Moore v. Regents of the Univ. of Cal. 案中，涉及来自John Moore的T淋巴细胞的一株细胞系，该细胞系由他的医生在为他治疗白血病时分离而得，最后申请了专利，专利权人是美国加利福尼亚州立大学。❸

在2001年的J. E. M. Ag Supply，Inc. v. Pioneer Hi-Bred Int'l，Inc. 案中，美国最高法院审理认为，对于植物品种保护而言，即使已有《植物专利法》（PPA）和《植物品种保护法》（PPVA），有关的植物发明仍是可专利的主题，即针对一个主题的其

---

❶ See Elizabeth Joy Hecht，Beyond Animal Legal Defense Fund v. Quigg：The Controversy Over Transgenic Animal Patents Continues，41 *Am. U. L. Rev.* 1023，at 1024 (1992).

❷ Animal Legal Defense Fund v. Quigg，932 F. 2d 920 (Fed. Cir. 1991).

❸ Moore v. Regents of the Univ. of Cal.，51 Cal. 3d 120 (1990) (en banc)，cert. denied，499 U. S. 936 (1991). See also Jeremy Zhe Zhang，In re Ochiai，in re Brouwer and the biotechnology process patent act of 1995：the end of the Durden Legacy，37 *IDEA：The Journal of Law and Technology* 405，1997，pp. 405 ~447.

他保护手段的存在并不必然导致否认该主题的可专利性。[1] 这样，无论是微生物，还是植物或动物，只要满足美国专利法规定的条件，都可能被授予美国专利。

尽管持如此开放的态度，但美国专利审查却并没有把可专利的主题扩大到包括人类的发明。事实上，USPTO 曾反对授予人体专利，它颁布的《专利审查程序手册》（MPEP）规定，如果在其最宽泛的、合理解释的意义上，一件发明在总体上包含一个人体，审查员必须予以驳回，指出它不是美国专利法第 101 条下的合法主题；进一步地，审查员必须审查与可专利性有关的所有方面，并且必须作出在专利法第 102 条、第 103 条或第 112 条下所有可适用的驳回。[2]

除了涉及生物体等生物材料外，可专利的生物技术发明主题还包括生物技术方法。在美国专利法中，生物技术方法（biotechnological process）被定义为：（1）遗传改变或诱导一种单细胞或多细胞生物的方法，使之：表达一种外源核苷酸序列；抑制、消除、增加或改变一种内源核苷酸序列的表达；或者表达一种非自然发生的特别生理特征；（2）表达一种特别蛋白质（如单克隆抗体）的细胞系的细胞融合方法；（3）应用上述 1 或 2 所述方法的一种或二者的结合所产生的产品的方法。[3] 这基本相当于现代生物技术的概念。

第四节 哈佛转基因鼠的不同命运

被称为“哈佛转基因鼠”的转基因小鼠是 USPTO 授权的第一件哺乳动物专利，它在美国率先获得专利，但在欧洲专利局和

---

[1] J. E. M. Ag Supply, Inc. v. Pioneer Hi-Bred Int’l, Inc., 534 U. S. 124, 122 S. Ct. 593, 605-06, 60 USPQ2d 1865, 1874 (2001).

[2] MPEP, Section 2105.

[3] 35 U. S. C. 103 (b) (3).

加拿大的命运则一波三折。这说明在关于生物技术发明的可专利主题方面，在世界各国仍有不少差距。本节比较哈佛转基因鼠在三个国家或地区的经历，分析各国或地区在动物发明的可专利性主题方面的异同。

一、美国：在 USPTO 顺利授权

在 Chakrabarty 案打开美国生物技术发明的可专利性大门之后，在美国授予生物技术发明专利已基本没有法律上的障碍。只要相关发明能够满足专利法规定的条件，包括新颖性、非显而易见性、实用性和充分公开等，就能够期望获得专利授权。这归功于美国最高法院在查氏案总结的“非自然发生的产品或物质组成是可专利主题”这一结论。如上节所述，USPTO 依据查氏案的判决主旨，主动声明或澄清了相关生物体的可专利性，其中就包括非人类的多细胞生物，当然也包括动物在内。

1984 年 6 月 22 日，哈佛大学的 Philip Leder 和 Timothy A. Stewart 共同向 USPTO 递交一件转基因动物专利申请，专利申请人是哈佛大学（President and Fellows of Harvard College），发明题目是“非人类的转基因哺乳动物”（Transgenic non-human mammals）。这就是被称为“哈佛肿瘤鼠”（Harvard Onco-Mouse）的转基因小鼠发明。从发明题目可知，本发明并不局限于小鼠，它要求覆盖的范围包括所有转基因的非人类哺乳动物。该专利申请共有 12 个权利要求，其中独立权利要求只有权利要求 1：“一种转基因非人类哺乳动物，其所有生殖细胞和体细胞中含有一种在胚胎期转入该哺乳动物或其祖先中的重组活化癌基因序列”。接下来的 11 个权利要求进一步限定该转基因哺乳动物，其中包括：癌基因（oncogene）转录可由启动子控制，启动子可诱导；转入的癌基因是人 c-myc 基因；哺乳动物是啮齿类动物和小鼠等。[1]

[1] See USP 4，736，866.

这种转基因动物可用于致癌物或抗肿瘤药物实验等。显然本发明直接指向一种哺乳动物，并且特别强调是非人类的哺乳动物。该专利申请于 1988 年 4 月 12 日获得 USPTO 授权，专利号是 USP 4，736，866。

作为世界上第一件哺乳动物专利，同时也是第一件转基因动物专利，哈佛转基因鼠的授权引起人们的极大关注和争论，在得到支持者赞誉的同时也引起社会各界的广泛批评。这主要有四个原因：第一，人类本身就是哺乳动物，对小鼠等哺乳动物实施转基因操作，把人类癌基因转入其体内，诱发肿瘤发生，导致小鼠等哺乳动物痛苦，会涉及动物权利、动物伦理和人类道德情感，可能会让人类更不容易接受；第二，转基因操作尤其是对哺乳动物的转基因操作，涉及生物安全问题，可能带来不可测或不可控的生物安全隐患；第三，对转基因哺乳动物授予独占性的专利权，就是专利生命（patenting life），在道德伦理上不可接受；第四，哈佛转基因鼠作为研究肿瘤发生和治疗的实验模型，是一种实验工具，在实验室应用广泛，授予其专利可能会妨碍生物学研究和医学研究的正当开展，从而影响社会公共利益。

面对从未遇到过的哺乳动物专利，人们表达了各种忧虑、担心和反对，这是容易理解的。事实上，从 1988 年至今，在美国、加拿大、欧洲各国和广大发展中国家，对专利动物表达质疑、争论和反对的声音从没有停息过，所不同的是，该专利在 USPTO 获得顺利授权，并在授权后没有遇到法律上的重大挑战，但在欧洲和加拿大该专利遭遇的挑战就层出不穷。哈佛转基因鼠在 JPO（日本专利局）的命运和在 USPTO 的相似，都是顺利授权，并且没有遇到法律上的重大挑战。

二、欧洲：在 EPO 的曲折经历

围绕着转基因哺乳动物专利的争论在欧洲表现得最为彻底，经历的过程也最曲折。哈佛大学于 1985 年 6 月 24 日向 EPO（欧洲专利局）提交哈佛转基因鼠专利申请，要求享有的优先权日为1984年6月22日。[1] 在EPO的专利申请题目改为“生产转基因动物的方法”（Method for producing transgenic animals），其权利要求书也有所调整，独立权利要求除涉及含有活化癌基因序列的非人类转基因真核动物（eukaryotic animal）外（权利要求17），还把生产该种动物的方法列为权利要求1。在审查过程和后续过程中，权利要求书也得到多次修改。

1989年EPO审查部驳回该专利申请，理由包括：第一，本专利申请涉及动物品种，这为EPC（欧洲专利公约）第53条（b）款所明确排除；第二，说明书仅公开了技术方案在小鼠中的应用，但不能保证它能够推广到所有其他哺乳动物中，因此不能满足EPC第83条规定的充分公开要求。EPC第53条（b）款规定，欧洲专利不应授予植物或动物品种或生产植物或动物的实质生物学方法，但微生物学方法不受此条款约束；第83条规定，欧洲专利申请一定要以充分清楚和完整的方式公开发明，使本领域的技术人员能够实施发明。审查员还提到EPC的道德条款即第53条（a）款，该条款强调欧洲专利不应授予其公开或应用有违于公共秩序和道德伦理的发明，[2] 但却得出结论认为，专利法并不是解决道德伦理争端的适当机制。[3]

申请人就此审查结论提起上诉。EPO的上诉委员会（Boards of Appeal of EPO）于1990年10月3日作出决定（T 19/90）认为，EPC第53条（b）款的排除仅适用于特定动物品种（animal varieties）而非所有动物（animals as such）；当没有能够为事实所证明的严重怀疑时，就没有理由拒绝把小鼠的情形推广到一般

[1] 依据《巴黎公约》的规定，要求优先权的期限是首次申请日起1年。该专利在美国的申请时间是1984年6月22日，但由于1985年6月22日为星期六，因此申请可延至下星期一即1985年6月24日。

[2] EPC，Articles 53（a），（b）；83.

[3] See Boards of Appeal of EPO，T 0315/03，6 July 2004.

哺乳动物中，这并不违背充分公开的要求。上诉委员会在T 19/90号决定中解释，“品种”（varieties）的概念相当于生物学分类中的“种”（species，race）的概念。这推动了欧洲生物技术专利保护中的理论突破：EPC 第53条（b）款排除的仅是一种具体的“植物或动物品种”，而没有排除一般意义上的植物或动物。因此如果某项技术不局限于特定的植物或动物品种，则该技术或与其相关的植物或动物不应被当然地排除其可专利性，如果它们能够满足相应条件，则应获得专利保护。❶

至于是否应适用道德条款问题，上诉委员会强调，对于像本发明这样的涉及把活化癌基因转移至动物体内的基因操作的专利申请，有显著的理由考虑适用道德条款。基于这些原因，上诉委员会把案件发回审查部进一步审查。在权利要求得到进一步修改后，EPO 审查部于1992年5月13日授予哈佛转基因鼠专利，专利号是EP 0169672。随后在1992年12月18日至1993年2月13日期间，共有17个异议（opposition）被提起，异议人既有NGO（非政府组织）也有个人，异议人主张的意见和主张该专利违背的条款也多种多样，如发明缺乏实用性、新颖性和创造性等可专利性条件，没有充分公开，发明实施违背道德伦理等。❷

异议审查一直持续到2001年11月才结束，审查结论是在修改权利要求的情形下维持该专利权有效，权利要求的修改主要是把转基因动物的范围缩小为转基因啮齿类动物（rodent）。异议人对此决定不服，上诉至EPO的上诉委员会，委员会于2004年7月6日作出决定（T 0315/03），在新修改的权利要求下维持专利有效。这次修改的权利要求进一步把转基因动物的范围缩小为转基因小鼠：权利要求1修改为“一种提高了肿瘤发生概率的转

❶ Directive 98/44/EC of the European Parliament and of the Council of 6 July 1998 on the Legal Protection of Biotechnological Inventions, Article 4.2.

❷ See Boards of Appeal of EPO, T 0315/03, 6 July 2004.

基因小鼠的生产方法，该方法包括在染色体水平把活化癌基因序列插入到小鼠的基因组中”；权利要求 19（原申请中的权利要求 17）修改为“一种转基因小鼠，作为癌基因在染色体水平插入到动物或其祖先的基因组的结果，其生殖细胞和体细胞含有活化的癌基因序列，其中所述的癌基因优选地被权利要求 3～10 中的任一权利要求所定义”。相应的说明书部分也进行了修改。上诉委员会本次决定讨论的焦点主要集中在对 EPC 第 53 条（a）款即道德条款和（b）款即对动物品种排除的讨论上。[1]

从哈佛大学于 1985 年 6 月 24 日向 EPO 递交专利申请，到 2004 年 7 月 6 日 EPO 上诉委员会作出第二次上诉决定，前后约 19 年，专利权即使得以维持也将期限届满。[2] 本专利案在 EPO 经历过的程序依次包括：专利申请被审查部驳回；申请人上诉；上诉委员会发回审查部重新审查；审查部重新审查后授权；专利权被提起异议；在修改权利要求的情形下异议决定维持专利权；异议结论被上诉；上诉委员会决定在进一步修改权利要求的情形下维持专利权有效。可以说哈佛转基因鼠在 EPO 经历了最为完整的复杂程序，耗费的时间之长也足以创下历史记录。上诉委员会在第二次上诉决定中曾诙谐地说：本案关注的焦点只是非常小的一种动物——小鼠，然而从所有其他方面来看，本案并不小。[3]

在此复杂而漫长的过程中，EPO 的审查部门和上诉委员会一方面力图保证 EPC 的有效性，另一方面又需调整对生物技术发展的适应，在发明人的利益和社会公共利益之间维持合理平衡。它们的具体做法是，要求专利权人逐渐缩小权利要求范围，从要求独占所有的含癌基因的转基因动物缩小至仅涉及转基因啮齿类

---

[1] See Boards of Appeal of EPO, T 0315/03, 6 July 2004, para. XVI.

[2] 根据 EPC 规定，欧洲专利的保护期最长为 20 年，从申请日起算。See EPC, Article 167（2）（c）.

[3] See Boards of Appeal of EPO, T 0315/03, 6 July 2004, para. 1. 1.

动物，最后再缩小至仅涉及转基因小鼠，不再涉及其他啮齿类动物或其他哺乳动物；在这样逐渐缩小保护范围的过程中，授予专利权或维持专利权的理由也逐渐得以成立，因为若考虑到该转基因小鼠模型对于生物医学研究和临床应用的重要意义，尤其是对于严重威胁人类健康和生命的癌症研究的重要意义，授予它专利应是可以理解和可以接受的。

对于这一点，在EPO的审查部于1992年授予哈佛转基因鼠专利时就已经表明："在本案中涉及三种不同的利益需要平衡：治疗广泛的和危险的疾病符合人类基本利益，但另一方面又需防止不可控的有害基因扩散以保护环境，并且需避免对于动物的残忍。后两方面可适当地证明本发明是不道德的，因而是不可接受的，除非其优点即对于人类的益处超过了其消极方面。"❶

在本专利案在EPO的漫长历程中，欧洲社会公众的力量得以充分展示。无论是提起异议还是提起上诉，其中坚力量都是社会公众，其中包括NGO等社会团体和个人等。这一方面显示欧洲公众积极参与公共事务的传统，也显示生物技术发明的专利问题及其争论已经进入寻常百姓的生活，成为大家共同关注的一个公共话题。科技、经济、伦理、法律乃至宗教等各方面在此都有切实体现，生物技术时代的复杂性也由此可略见一斑。

三、加拿大：方法授权、动物驳回

哈佛转基因鼠专利在加拿大知识产权局（CIPO）提起的申请日是1985年6月21日，要求享有的优先权日也是1984年6月22日即在美国的申请日，申请人也是哈佛大学，申请题目修改为"转基因动物"（Transgenic Animals）。该申请于2003年10月7日被授权，专利号是CA 1341442，先后经历18年，授权日也

---

❶ Grant of European patent No. 0 169 762 (Onco-mouse/Harvard), *O. J. EPO* 1992, 588, pp. 591～592.

已接近其专利期限届满日。并且，最后授权的权利要求仅涉及生产转基因哺乳动物的方法，涉及转基因哺乳动物的权利要求被删除。这背后也有一段很长的故事。

加拿大专利法对“发明”的定义是指任何新的和有用的技艺、方法、机器、产品（manufacture）或物质组成（composition of matter），或者它们新的和有用的改进。[1] 该定义与美国专利法中的定义很类似。加拿大专利局的审查员认为，哈佛鼠专利申请的第13~26项权利要求涉及转基因动物的生产方法，可被授予专利，但其第1~12项权利要求却指向转基因动物，不属于加拿大专利法第2条定义的“产品”或“物质组成”等发明范畴，因此于1993年3月24日决定驳回第1~12项权利要求。在经过专利上诉委员会（Patent Appeal Board）听证后，加拿大专利局局长于1995年8月4日决定支持审查员对权利要求第1~12项的驳回。

哈佛大学上诉到加拿大联邦法院，联邦法院于1998年驳回其上诉，支持专利局的决定。哈佛大学再上诉至加拿大联邦上诉法院（Federal Court of Appeal），上诉法院于2000年判决支持哈佛大学的上诉，认为转基因鼠等转基因哺乳动物属于一种物质组成因而是可专利的主题。加拿大专利局局长遂上诉至加拿大最高法院。最高法院于2002年12月5日作出判决，撤销上诉法院的决定，支持专利局对第1~12项权利要求的驳回，理由是转基因哺乳动物不属于加拿大专利法规定的“物质组成”范畴，不能认为是一种发明。在加拿大最高法院的9名大法官中，赞成与反对的比例是5∶4，与美国最高法院在Chakrabarty案中的比例正好相同，只不过在Chakrabarty案中美国最高法院的大法官们多数支持授予微生物专利，而在哈佛转基因鼠案中加拿大最高法院的大法官们多数支持驳回转基因鼠的权利要求。

---

[1] *Canadian Patent Act*, Section 2.

加拿大知识产权局根据加拿大最高法院的判决于 2003 年 10 月 7 日授予哈佛转基因鼠专利，但权利要求书仅涉及该转基因动物的生产方法而非转基因动物本身，哈佛转基因鼠在加拿大历时 18 年的漫长历程终于谢幕。

加拿大最高法院解释说，加拿大专利法对发明的定义不包括高等生命形式在内，但它也指出在加拿大尚缺乏调控高等生命形式可专利性问题的框架，这样的诉讼以前也未曾遇到。法院强调，判决的作出不是基于道德伦理的考量而是出于对技术因素的考虑。法院也指出，高等生命形式的可专利性问题将由立法者给予解答。[1]

在加拿大的哈佛转基因鼠专利申请程序和其后的司法程序中，也有很多社会公众和 NGO 积极关注案件进展，并主动参与到诉讼中来。在加拿大最高法院审理的哈佛转基因鼠上诉案中，以独立第三人（Interveners）的身份参与到案件中的组织就包括：加拿大环境法协会（Canadian Environmental Law Association）、加拿大绿色和平组织（Greenpeace Canada）、加拿大医师和环境协会（Canadian Association of Physicians for the Environment）、ETC（Action Group on Erosion，Technology and Concentration）、加拿大环境法和政策研究所（Canadian Institute for Environmental Law and Policy）、加拿大动物联盟（Animal Alliance of Canada）和动物福利国际基金（International Fund for Animal Welfare）等 11 个团体，其中一些是国际知名的 NGO，这和欧洲的情形类似。

从 1984 年到 2004 年的 20 年间，尽管哈佛转基因鼠或其生产方法或多或少、或完整或部分地在美国、日本、欧洲和加拿大获得了专利，但仍可看到在几个国家或地区的专利局以及相应的司法机关之间，它们判断生物技术发明的可专利性标准以及处理

[1] See Harvard College v. Canada（Commissioner of Patents），2002 SCC 76，[2002] 4 S. C. R. 45.

策略的不同。虽然哈佛转基因鼠案体现的主要是高等动物是否为可专利主题这一问题，但鉴于生物技术发明的特殊性，对其可专利性的判断已不可避免地涉及生物安全和道德伦理等多个方面。USPTO 在 Chakrabarty 案引导下，积极应对生物技术时代的新发明，态度开放，不预设限制，主动申明对于非人类多细胞生物体的专利保护。EPO 对围绕在生物技术专利周围的多种矛盾并不回避，积极应对，试图在保护发明人利益和社会公共利益之间保持合理的平衡。加拿大最高法院虽然回避适用道德条款并强调仅考虑技术方面，但在具体的审判活动中也不可避免地涉及这些方面或受到它们的影响。

本书无意比较各国或各地区的专利机关或司法机构所采取的策略的优劣之处，但想强调一点，各国或各地区的专利机关或司法机构在管理活动或司法判决中采取的行动，可能是综合考虑了本国或本地区实际情况的最佳策略。正如没有绝对的法律移植一样，也肯定没有绝对的管理政策或司法策略移植，一切立法、行政和司法活动都应以本国的实际情形为背景加以考虑，否则就可能因为脱离本国或本地区的实际反而对社会生活产生不良影响。

第五节　关于生物技术发明的可专利专题的共识

从美国 Chakrabarty 案揭开世界生物技术专利保护的序幕，到哈佛转基因鼠 20 年间在世界范围引发多方面的争论，生物技术时刻在发展，生物技术产业也一直在快速进步，生物技术的可专利主题范围也在不断发展和完善之中。这既有美国的引导和示范作用，也有日本、欧盟各国和一些发展中国家的跟随效应。尤其是进入 20 世纪 90 年代以来，由于 WTO 的推动和 TRIPs 协议的最低保护标准要求，生物技术发明已基本和其他技术领域中的发明一样，在满足专利法规定的条件后就可获得专利保护。

在世界范围内，美国对于生物技术专利的保护程度最高，除去人体及其组成部分之外，美国专利法对生物技术发明的可专利主题几乎没有限制，提供的保护也最为彻底。相比较而言，发展中国家一般提供较基础的保护水平（在满足TRIPs协议的要求下），欧盟各国基本处于中间位置。本节主要依据第98/44号欧洲指令、EPC以及美国和我国等国家的现行规定，概述当今世界在生物技术的可专利主题方面的共识。

一、从生物学的角度理解可专利主题

第98/44号欧洲指令规定，生物材料是指任何带有遗传信息并且能够自我复制或在生物系统中被复制的材料。该定义为我国专利《审查指南》所接纳。[1] 此定义反映了生物材料的两个基本特征，即含有遗传信息和可复制性，并且考虑到了自我复制和在生物学系统中被复制两种可能性，基本上涵盖了当今生物技术发展的各层次和各领域，具有相当的概括性，可以作为生物材料的定义。当然也不排除特定环境下的例外，例如在细胞的体外操作中，去除细胞核的细胞被认为基本不含遗传信息（在一些细胞器，如线粒体或叶绿体中仍有少量DNA是细胞质遗传物质），但无疑它仍属于生物材料。

生物材料种类繁多，虽然不同研究者曾以不同形式列举了当今可以获得专利保护的主题，如基因、DNA和微生物等，但大多显得有些无序。本书依据生物材料的生物学层次，把可作为专利保护主题的生物材料分为五类，分别为：

（1）分子：主要是核酸分子（包括基因、DNA分子和质粒等）、蛋白质分子（包括蛋白质分子和多肽分子）、糖类分子、脂类分子、上述分子的修饰物或结合物（如糖蛋白分子和脂蛋白分子）。生物大分子是极为广泛的一类物质，在实际专利申请中

---

[1] See European Directive 98/44/EC, Article 2.1 (a);《审查指南》第二部分第十章第9节。

占的比例也很大。

（2）细胞：包括胚胎干细胞、动物细胞、植物细胞、微生物细胞或其转染细胞、转化细胞和灭活细胞等。虽然病毒（包括减毒或灭活的病毒疫苗）没有细胞结构，但在生物学分类上属微生物，也具有一般生物大分子没有的组织结构，因此也可归入此类。

（3）组织：如离体培养的动物胚胎组织、上皮组织或神经组织等。

（4）器官：如离体培养的器官如血管、视网膜等。

（5）生物体：包括动物体、植物体或其胚胎、胚胎嵌合体（chimera），如转基因动物和植物等。

这些不同生物学层次的材料构成了生物材料的主要内容。但仅有这些生物材料还不足以构成全部的生物技术发明主题，还需加上：

（6）方法：包括所有涉及上述五个层次的生物材料的生物技术操作方法，如分离、纯化、合成、复制、测序、培养、转化、转染、融合、杂交、移植、克隆等。

这些都是专利法可能涉及的生物技术发明主题，如果相应的技术方案能够满足专利法规定的条件，它们就有可能获得专利授权。

二、关于生物技术发明的可专利主题的共识

美国国会号称美国专利法要保护“太阳下人造的任何事物”，这似乎并不可取，事实上也做不到，例如 USPTO 曾经明确表示拒绝授予人类和动物胚胎嵌合体专利。虽然各个国家和地区各有特点，但针对生物技术专利问题已形成一定共识。这种共识基本体现在第 98/44 号欧洲指令中。该指令长达 10 年的立法进程很好地反映了欧洲社会对于生物技术专利的共识，该共识在很大程度上也反映了当今世界对于生物技术专利的共识。

早在1985年就有人提议欧盟制定专门处理生物技术法律保护的指令，欧洲委员会（European Commission）从1988年开始起草指令初稿，于1995年被欧洲议会（European Parliament）驳回，委员会于几个月后提交第二稿，该稿于1998年7月6日获欧洲议会通过，于1998年7月30日生效。根据该指令规定，欧盟成员国应使其国内法律、条例和行政政策与之一致，这些法律法规最晚应于2000年7月30日生效。[1] 但届时仅有爱尔兰和丹麦两国按时把指令转化为国内法。

1998年年底，荷兰下议院（Lower House of Parliament）拒绝把指令纳入荷兰国内法，认为指令内容违反了一系列基本权利。荷兰政府以指令违背《欧共体条约》（Treaty establishing the European Community）第173条（修正后的第230条）为由向欧洲法院（European Court of Justice）提起诉讼，请求欧洲法院废除该指令。欧盟成员国意大利和非成员国挪威支持荷兰的诉讼。欧洲法院于2000年7月25日驳回荷兰请求安排临时措施的请求。欧盟总顾问（Advocate General）于2001年6月14日发布意见认可该指令，欧洲法院遂于2001年10月9日驳回荷兰的诉讼，认定指令与欧共体的法律是一致的。[2]

第98/44号欧洲指令一波三折，在十余年的时间里，经过反复讨论，几易其稿，最后才获批准，这足可表明意见的多样性和难于协调，但这同时也反过来证明通过的欧洲指令基本可反映各方利益的平衡。[3] 比起激进的美国专利法，欧洲标准在世界范围内更易获得广泛认同。这从EPC对TRIPs协议和其他国家专利法

---

[1] European Directive 98/44/EC, Article 15. 1.

[2] See Tade M. Spranger, Europe's Biotech Patent Landscape: Conditions and Recent Developments, 3 *Minn. Intell. Prop. Rev.* 235, 2002, pp. 235 ~ 249.

[3] See Robin Nott, "You Did It!": The European Biotechnology Directive At Last, *EIPR.*, 1998, Issue 9, pp. 347 ~ 351; Review: The Biotechnology Patenting Directive, *EIPR.*, 1998, Issue 8, News Section, N-140-N-141.

的影响上就能看出：无论是对可专利性的规定，还是对可专利主题的排除或道德条款，TRIPs 协议都似乎直接是从 EPC 移植而来。我国专利法也借鉴了 EPC 的相关内容。❶

在生物技术专利问题上，在世界范围内，第 98/44 号欧洲指令和随之修订的 EPC（1998 年 12 月 10 日修订）、《EPC 实施条例》（Implementing Regulations to the European Patent Convention）及《欧洲专利局审查指南》（Guidelines for Examination in the European Patent Office，2005）等所确定的具体审查标准，逐步成为多个国家接受的共识。这点从第 98/44 号欧洲指令和《欧洲专利局审查指南》对我国知识产权局颁布的《审查指南》（2006）的影响中就可看出。

当今世界关于生物技术专利主题的共识主要包括以下七个方面：

第一，如果能够满足专利法规定的可专利性条件，在不属于专利法明确排除的可专利主题的前提下，生物技术发明可被授予专利权。在这方面，生物技术专利和其他技术领域内的专利相同，具有一般性。❷

第二，如果能够满足专利法规定的可专利性要求，有关微生物的发明或其相关方法可被授予专利。对此，TRIPs 协议、EPC、第 98/44 号欧洲指令和多个国家的专利法都给予认可。❸

第三，对生物材料的简单发现，如一种微生物或一个基因，只是科学发现，不具可专利性；但若该生物材料是从自然界或生物体中分离而得或由技术方法生产，则不应排除其可专利性，即

---

❶ See EPC Articles 52 ~ 57；TRIPs，Article 27；《专利法》第 5 条、第 22 条和第 25 条。

❷ European Directive 98/44/EC，Articles 1. 1，3，4. 3，5. 2.

❸ See TRIPs，Article 27. 3（b）；European Directive 98/44/EC，Article 4. 3；EPC Article 53；Implementing Regulations to the EPC（last amended of 13 December 2001），Rule 23c（c）；《审查指南》第二部分第十章第 9. 1. 2. 1 节。

使该生物材料的结构与自然状态中此生物材料的结构完全相同。[1]

第四，违背道德伦理条款的生物技术发明应被排除可专利性。[2] 被明确排除的主题包括：克隆人的方法；改变人的生殖系遗传同一性（the germ line genetic identity）的方法；为工业或商业目的使用人的胚胎；可能导致动物痛苦而对人类或动物没有任何实质性医疗利益的改变动物遗传同一性的方法和由这些方法产生的动物。[3] 除此之外，我国《审查指南》还明确排除了“改变了生殖系遗传同一性的人”和“克隆的人”的可专利性，比第98/44号欧洲指令和EPC实施条例规定的更为明确；还排除了人类胚胎干细胞及其制备方法的可专利性，认为它们属于违反道德条款的发明。[4] USPTO的《专利审查程序手册》（Manual of Patent Examining Procedure, MPEP）也明确规定，违反公共政策为不满足实用性要求的具体情形，可据此驳回专利申请。[5] 针对人与动物胚胎嵌合体的专利申请，USPTO曾发布意见认为，“部分是人类的发明”（part-human inventions）不符合实用性要求中的“公共政策和道德方面”，不可以被授予专利。[6]

第五，植物品种、动物品种和生产植物或动物的“实质生物

---

[1] See European Directive 98/44/EC, Articles 5.1, 5.2; Implementing Regulations to the EPC, Rule 23c (a); 《审查指南》第二部分第十章第9.1.2.1和第9.1.2.2节。

[2] TRIPs, Article 27.2; EPC, Article 53 (a); European Directive 98/44/EC, Article 6.1;《专利法》第5条。

[3] European Directive 98/44/EC, Article 6.2; Implementing Regulations to the European Patent Convention, Rule 23d.

[4] 《审查指南》第二部分第一章第3.2节、第二部分第十章第9.1.1.1节。

[5] Manual of Patent Examining Procedure (MPEP, 8th Edition, August 2001, Latest Revision May 2004), 706.03 (a).

[6] E. Marshall, Legal fight over patents on life, *Science*, 284 (5423): 2067, 1999.

学方法”不具可专利性。[1] 按照EPC实施条例的解释，“品种”（variety）的含义基本相当于生物学分类上“种”（species，race）的概念。[2] 相同的意见也可见于EPO上诉委员会的决定（T 0315/03）。第98/44号欧洲指令又规定，如果发明的技术可行性（technical feasibility）不限于特定的植物或动物品种，则有关的植物或动物发明可被授予专利。[3] 这点也为EPC实施条例采纳。[4] 此规定是EPO上诉委员会在哈佛转基因鼠专利案中的解释的延续，是对欧洲原来概括性地排除动、植物品种可专利性的突破，也是在现有法律框架下对生物技术发展的包容。

“实质生物学方法”（essentially biological processes）是指某方法在实质上属于人工不可控的生物学方法，如胚胎的自然发育过程或方法。这种方法因为在实质上是属于“生物学的”即“自然的”或由生命的内在程序控制的，因此不具可专利性。我国专利《审查指南》把“essentially biological processes”称为“主要是生物学的方法”。本书认为，无论是在词义还是在整句语法方面来看，“主要是生物学的方法”都不如“实质生物学方法”更为恰当，因此本书采用“实质生物学方法”一词。判断一种方法是否属于“实质生物学方法”，需要判断在该方法中人工的技术介入程度：如果人工技术介入对该方法要达到的目的或效果起主要的控制作用或决定性作用，则该种方法就是非生物学的方法或非“实质生物学方法”，就可被授予专利。因此，如果一种生产植物或动物的方法不是“实质生物学的方

---

[1] TRIPs, Article 27.3（b）; European Directive 98/44/EC, Article 4.1; EPC, Article 53（b）;《专利法》第25条、《审查指南》第二部分第一章第4.4节。

[2] Implementing Regulations to the EPC, Rule 23b（2）.

[3] See European Directive 98/44/EC, Article 4.2.

[4] Implementing Regulations to the EPC, Rule 23c（b）;

法”，就可获得专利。[1]

第六，对于人体及其组成因素的特别规定：（1）所有形成（formation）或发育阶段的人体都不是可专利的主题，对于人体组成因素（包括基因、细胞、受精卵和胚胎等）的简单发现也不是可专利的主题；（2）从人体中分离得到的或通过技术方法生产的人体组成因素，如基因序列或其部分序列，是可专利的主题，即使其机构与自然因素的结构相同；（3）基因序列或其部分序列的实用性一定要在专利申请中公开。[2] 这些方面都是针对人体及其组成部分的专利申请的特别规定，既涉及道德伦理方面的考虑，也有对实际专利申请中出现的问题的弥补。不仅在 EPC 实施条例中有这些规定，在其他国家也有类似规定。如我国专利《审查指南》就明确规定，处于各个形成和发育阶段的人体，包括人的生殖细胞、受精卵、胚胎及个体，都属于不能被授予专利权的发明。[3]

第七，对植物新品种的选择性保护。TRIPs 协议规定，成员应为植物品种提供专利保护或有效的特别（*sui generis*）权利保护或二者保护的结合。[4] 此规定主要是为协调不同国家在保护植物新品种权方面的不同做法（植物新品种保护的具体内容请见本书第八章）。

这些方面就是当今世界关于生物技术的可专利主题的共识。应该认识到，本书归纳的这些方面仅是国际上大致认可的一些观点，而在具体的管理和司法实践中，不同的国家或地区都会有自己的特点，并且都一直处于不断的变动之中。

---

[1] See TRIPs, Article 27.3 (b); European Directive 98/44/EC, Article 4;《专利法》第 25 条第 2 款、《审查指南》第二部分第一章第 4.4 节。

[2] Implementing Regulations to the EPC, Rule 23e.

[3] 《审查指南》第二部分第十章第 9.1.1.2 节。

[4] TRIPs, Article 27.3 (b).

第五章　生物技术发明的可专利性

第一节　生物技术发明的一般性与特殊性

在发明不属于专利法明确排除的主题前提下，一个发明要获得专利，就必须具备可专利性，即满足专利法规定的必要条件，这主要指“三性”即创造性、新颖性与工业实用性。可专利性是发明专利必须满足的条件，也是专利实质审查的主要内容。此外，专利申请还应充分公开。

当今世界多数国家的专利法对可专利性的规定基本一致：EPC 规定欧洲专利应授予任何新颖的、涉及发明步骤（inventive step）即创造性的、可工业实用的发明；我国专利法也有类似规定；类似的要求也体现在美国专利法中，只不过在那里用“非显而易见性”（non-obviousness）代替了创造性，用“实际的应用”代替了工业实用性；TRIPs 协议对可专利性的规定与 EPC 几乎一致，并且还强调发明不得因发明地点和技术领域受歧视。❶

因此，和其他技术领域中的发明一样，如果能够满足新颖性、创造性和实用性等条件，生物技术发明也可获得专利，从这方面来看生物技术发明并无特殊之处，具有技术发明的一般性。但另一方面，与其他技术领域内的发明相比，作为涉及生物材料（包括生物技术方法，下同）和生命现象的发明，生物技术发明毕竟有自己的特点。

---

❶ EPC，Article 52（1）；35 U. S. C. 101 ~ 103.；TRIPs，Article 27. 1；《专利法》第 22 条。

第一，生物材料含有遗传信息，可自我复制，这是其他技术领域内的发明不具备的特点，为生物技术专利（也包括植物新品种权）的授予与实施带来了新问题。

第二，根据进化论，在漫长的生命进化过程中，鉴于代谢途径（如细胞呼吸中的柠檬酸循环）、代谢分子（如细胞色素 C 和三磷酸腺苷 ATP）、基因和细胞结构的保守性，现在的生物技术发明能够涉及的生物材料（如人的肥胖基因、猪的瘦肉基因、胰岛素分子、土壤中能够产生抗生素的微生物等）都肯定至少存在了上百万年甚至更长的时间，这样的时间尺度远非专利法视野所能企及，因此无论怎样估计，都会涉及生物材料的新颖性判断问题，这种现象在其他技术领域中也不可能遇到。

第三，生物技术发明涉及生命现象及其必要组成部分，从基因、细胞到器官与个体，与生命的完整性、安全性和尊严等环境、伦理、道德和宗教问题密切相关，因此生物技术发明和生物技术专利涉及社会生活的众多方面，为其他技术领域内的发明和专利所不可想像。

第四，一些生物材料可能涉及重要的动物资源（包括牛、羊等重要的畜牧资源）、植物资源（包括如水稻、玉米和大豆等重要的作物资源）、微生物资源和人类遗传资源，与农业、畜牧业、卫生健康事业和环境保护事业等国计民生息息相关，对这些生物材料授予独占性的专利权可能会激起人们对国计民生的担忧，带来很多争论与反对。

以上四点构成了生物技术发明的特殊性，它们让生物技术专利论坛充满了争论，争论的参与者不仅有立法者、执法者、司法者、生物技术研发者和生物技术产业界人士，也有环保组织、宗教界人士和一般民众。从 20 世纪 70 年代至今，现代生物技术经历了 30 多年的发展历程，关于生物技术专利问题的争论也持续了 30 多年之久。

面对生物技术发明的新特点，美国曾有人提出应为生物技术发明修改原有专利法的要求，还有人提出为生物技术发明创造一套新专利制度，也有人提出发明人应利用版权保护 DNA 序列等。针对创设新的生物技术专利制度的提法，USPTO 表示不予认同，因为如果每发展一种新技术就创设一种新专利制度的话，显然是不合适的。[1] 无论表现出怎样的特殊性，生物技术发明也都同时具有一般性，如能满足专利法规定的条件，它们就应该获得专利保护。

在第四章分析了生物技术发明的可专利主题。在可专利主题问题基本解决之后，本章探讨生物技术发明需满足的可专利性条件。按照专利审查顺序，可专利性条件依次包括实用性、充分公开、新颖性和创造性等。

第二节　实用性

实用性也称工业实用性，是指发明能够被制造和使用，并能够产生积极效果。因此实用性要求有两个要点，首先是发明能够实现，其次是实现的发明能够产生有益效果，这两个要点都以能够实际发生作为基本的判断原则。此外，实用性标准还隐含地要求发明不应违背公共秩序和道德伦理，否则就可能因不满足实用性标准而被驳回。由此可见，实用性是可专利性的一个核心条件，因为任何发明要服务于社会，首先就要能够实现，然后有一定的有益效果，不能满足这两点，任何玄妙的发明都仅属空想。

根据《审查指南》的要求，在实质审查程序中，对实用性的审查应在审查新颖性和创造性之前进行。这是因为，一些发明可能会满足新颖性或创造性要求，但却未必能够满足实用性要求，要是不先在实用性方面把关从而尽早驳回不满足条件的申请

---

[1] Donald L. Zuhn, Jr., DNA Patentability: Shutting the Door to the Utility Requirement, 34 *J. Marshall L. Rev.* 973, 2001, pp. 995 ~996.

的话，就会浪费审查成本。应注意，实用性与发明的过程或是否已经实施无关，对实用性的审查也需以说明书和权利要求书公开的整体技术内容为依据，而不应局限于权利要求。[1]

在实用性标准审查中，有几种情形可能与生物技术发明有关。

首先是对有无再现性的判断。再现性是指本领域技术人员根据说明书公开的技术内容能够重复发明的技术方案，重复不得依赖任何随机因素且再现的结果应相同。如不能满足再现性就表明没有实用性。但应注意，发明有再现性并不意味着相应产品的成品率一定很高，因为产品的成品率可能与多种因素有关，其中也可能受到一些不可控因素的影响。但是如果在确保发明所公开的全部技术条件下，本领域的技术人员仍不能再现技术方案及其效果，就可能被判不满足再现性，从而面临被驳回的风险。[2]

例如，当今哺乳动物体细胞克隆成功率较低，如果一种新的体细胞克隆方法能够较大幅度地提高成功率，就可能获得专利，尽管使用新克隆方法仍然不能保证每次克隆都能够成功。换句话说，在满足说明书公开的技术条件的基础上，即使在100次重复中有10次成功，就应理解为发明具有再现性，就不应以成功率低为由驳回专利申请。

《审查指南》特别列举了两种生物技术发明由于不能重现而不具有工业实用性的例子。第一种是从自然界筛选特定微生物的方法。传统的微生物筛选方法多是在土壤等自然环境中进行，但是因为在同一块土壤中存在一种特定微生物的现象具有偶然性，再加上自然环境不断变化带来的不确定性，申请人就不能保证在专利有效期内人们能够重复地筛选出该特定微生物，因此该方法不具再现性，也因而不具实用性。此时除非申

[1] 《审查指南》第二部分第五章第3节。

[2] 《审查指南》第二部分第五章第3.2.1节。

请人能够有充足的证据证明筛选方法可重复实施，否则专利申请就可能被驳回。

第二种是通过物理或化学方法人工诱变生产新微生物的方法。这类方法主要依赖在DNA水平上随机改变一个或几个碱基，然后把表现出某种特征的微生物筛选出来。这种过程一方面依赖于相应的物理或化学诱变条件，是可控的，另一方面又依赖于微生物在诱变条件下的自然诱变过程以及微生物的抗诱变和诱变修复能力等，在当今是不可控的，得到的结果也因而是随机的，不能保证具有再现性或可重复性，因此除非申请人能够有足够证据证明在一定的诱变条件下经过诱变必然得到该种微生物，否则关于该类方法的专利申请就可能被驳回。❶

其次是对违背自然规律的判断。例如永动机因违背能量守恒定律而不可能实现，不具实用性，应予驳回。❷ 但应注意，所有自然规律都由科学理论描述，而所有科学理论都有边界，在对发明的判断中不应超越理论的边界，在边界附近也应格外小心，在对待不断发展完善的新理论时更应如此。例如，在分子生物学领域有描述基因信息流动的中心法则（Central Dogma），它由克里克（Francis Crick）于1958年提出。中心法则的内容是基因信息的传递方向主要是从基因（DNA）分子到RNA分子，再到蛋白质分子。但随着分子生物学研究的深入，人们发现在一些RNA病毒或在实验室环境下也可有反向的基因信息传递模式。在此情形下，如果仅依据传统的中心法则判定关于反向基因信息流动的发明违背了自然规律，显然就会出现错误。

《审查指南》还列举了3种不能满足实用性的情形：其一是利用独一无二的自然条件的产品，它因发明不能够重复而不具实用性；其二是非治疗目的之外科手术方法，它因针对的对象是有

---

❶ 《审查指南》第二部分第十章第9.4.3节。

❷ 《审查指南》第二部分第五章第3.2.2节。

生命的人体或动物体，无法在产业上使用而不具有实用性；其三是测量人或动物体在极限情况下生理参数的方法，它因威胁人或动物的生命且无法在产业上使用而不具实用性。这 3 种情形都有可能涉及生物技术发明，因此申请人应主动予以避免。对于明显没有积极效果的发明也可能因不具实用性而被驳回。[1]

为帮助专利审查员审查发明是否具有美国专利法第 101 条要求的实用性，USPTO 在《专利审查程序手册》（MPEP）中综合了美国最高法院和 CAFC 的相关判决，要求发明应具有“特定的实质用途”，总结出“现实实用性”（practical utility）、“特定实用性”（specific utility）、“实质实用性”（substantial utility）和“可信实用性”（credible utility）等标准供审查员参考使用。现实实用性是指发明对于真实世界的贡献，要求发明能够为社会公众提供现实的益处；实质实用性与现实实用性基本等义；特定实用性是指对于特定主体而言，发明应有特定的用途和益处；可信实用性与不可信的实用性相对应，如果发明明显违背了客观规律，如永动机的发明，该发明的实用性就是不可信的。[2]

这些标准与我国专利《审查指南》阐述的一些原则基本相通，但 USPTO 的《专利审查程序手册》阐述得更为详尽和清晰，值得借鉴。当这些标准应用于生物技术发明的判断时，有时就可产生便捷的判断效果。例如若仅说某段 DNA 序列可用做基因探针（probe）或染色体标记物（marker），就不能满足特定实用性要求，这时需公开该段 DNA 序列能够作为哪一种基因的探针或哪种染色体的标记物，否则就有可能被视为不能满足实用性而面临被驳回的危险。[3]

应注意，对实用性标准的判断基本是“有或无”的判断，

---

[1] 《审查指南》第二部分第五章第 3.2.3 ~3.2.6 节。

[2] See MPEP，Section 2107.01.

[3] See MPEP，Section 2107.01，I.

而非“高或低”、“多或少”的计算。换句话说，一件发明只要有特定的、实质的实用性就可以了，并不要求这样的实用性非常高或非常多。美国联邦法院的判决说：一点儿实用性就已足够；发明仅需实现一些有益的功能；并不能因为说明书公开的实例尚不尽善尽美或者它是以一种粗放的形式完成，就认为发明缺少实用性；除非能够证明发明完全没有用途，否则就不可认为发明没有实用性。[1] 这些原则当然也可适用于对生物技术专利的实用性判断。

关于生物技术发明中的表达序列标签（EST）和单核苷酸多态性（SNP）等 DNA 序列的实用性问题，USPTO 认为，它们可有不同于相关基因的独立用途，如 EST 可用于染色体鉴定和基因作图，SNP 可应用于家系或出身鉴定等。这些对于鉴定致病性基因可能是有用的，因此可满足实用性要求。[2] 应理解，这样的实用性仍应是特定的实质实用性，而不应仅是宽泛的描述。

第 98/44 号欧洲指令和我国的《审查指南》都明确规定，对生物材料的简单发现，如一种微生物或一种基因，只是科学发现，不具可专利性。这在美国专利法中被称为“自然的产品原则”（products of nature doctrine），即自然存在的物质属于自然界的产品，不应被授予专利权。[3] 但是，如果该生物材料是从自然界或生物体中分离而得或由技术方法生产，就不应排除其可专利性，即使该生物材料的结构与自然状态中此生物材料的结构完全相同。[4]

---

[1] See MPEP, Section 2107. 01, II.

[2] See John J. Doll, The Patenting of DNA, *Science*, 1 May, 1998, 280 (5364): 689 ~690.

[3] David G. Scalise and Daniel Nugent, International Intellectual Property Protections for Living Matter: Biotechnology, Multinational Conventions and the Exception for Agriculture, 27 *Case W. Res. J. Int'l L.* 83, 1995, pp. 90 ~91.

[4] See European Directive 98/44/EC, Articles 5. 1, 5. 2;《审查指南》第二部分第十章第 9. 1. 2. 1 和 9. 1. 2. 2 节。

这一点看起来像是关于生物材料新颖性的规定，其实却更多地是对生物技术发明实用性的要求：仅仅发现一种生物材料的存在而不能保障它有确实、具体或特定的实用性时，就不应认为它能够满足可专利性要求，就不能授予专利；相反，如果发明涉及的生物材料能够满足实用性要求，就不应排除其可专利性，即使其结构与自然界中该生物材料的结构相同。例如，当某种微生物经过分离、培养成为纯培养物且有特定工业用途时，或者当分离或提取的基因或 DNA 片段能够在产业上具有实用性时，这种微生物或者基因、DNA 片断就属于为专利法所认可的发明，如果它们满足其他条件，就可能被授予专利。❶

第三节 新颖性

与其他技术领域内的发明相比，生物技术发明的新颖性判断并无特殊之处。但有一点需要说明，即生物材料在自然界或人体中的自然存在并不破坏涉及该生物材料发明的新颖性。对此第 98/44 号欧洲指令已有明确规定："即使先前在自然界存在，从自然环境中分离的或通过技术方法生产的生物材料可作为发明的主题。"❷《EPO 审查指南》也有同样的内容。❸ 前面已经叙述，这看似新颖性的要求，其实却主要是实用性的要求。

分子生物学的中心法则揭示出基因信息的主要流动方向是从基因 DNA 分子经 RNA 分子到蛋白质分子，一段基因 DNA 决定一种蛋白质或多肽，这种基因决定蛋白质的行为是通过遗传密码子（genetic code）实现的。密码子是由三联体的核苷酸组成，称为三联体密码。核苷酸是由碱基和戊糖、磷酸组成。共有 4 种碱

❶ 《审查指南》第二部分第十章第 9.1.2.1 和 9.1.2.2 节。

❷ European Directive 98/44/EC，Article 3.2.

❸ Guideline for Examination in the EPO（2005），Part C，Chapter IV，2a.2（i）.

基，分别是 A（腺嘌呤）、G（鸟嘌呤）、C（胞嘧啶）、T（胸腺嘧啶）。在 RNA 中由尿嘧啶（U）代替 T。每个密码子编码决定一个氨基酸，如密码子 UUU 编码苯丙氨酸（Phe，F），密码子 GAG 编码谷氨酸（Glu，E），密码子 AUG 编码甲硫氨酸或称蛋氨酸（Met，M）。AUG 除可编码蛋氨酸外，还可充当起始密码子，所以肽链合成时第一个氨基酸总是蛋氨酸。

4 种碱基的三联体共有 64 种组合，除去 3 种终止密码子 UAA、UAG 和 UGA 外，还有 61 种密码子，由于仅有 20 种氨基酸，因此就存在多种密码子编码一种氨基酸的简并现象，如 2 种密码子 AAA 和 AAG 编码的氨基酸都是赖氨酸（Lys，K），4 种密码子 CUU、CUC、CUA 和 CUG 编码的氨基酸都是亮氨酸（Leu，L），4 种密码子 GUU、GUC、GUA 和 GUG 编码的都是缬氨酸（VAL，V），这称为密码子的简并性（degeneracy）或冗余性（redundancy）。这样的安排可在一定程度上保证遗传稳定性，因为在密码子突变的情形下，它所编码的氨基酸可能保持不变，从而保证生命活动不受影响。❶

在 DNA 序列或蛋白质序列中，为表达简洁，一般使用核苷酸或氨基酸的缩写字母表示相应的核苷酸或氨基酸，如核苷酸序列可写作 AATGCGAAGCATT。在分子生物学文献中，原来都用 3 字母的缩写表示一个氨基酸，如用 Lys 表示赖氨酸，但现在很多生物科技文献中都使用单字母表示氨基酸，如用 K 代表赖氨酸，用 V 代表缬氨酸等。应注意，在提交给我国知识产权局的专利申请文件中可用单字母或三字母中的任何一种表示氨基酸序列，但在提交给 USPTO 的专利申请文件中，需使用三字母而非单字母来表示氨基酸，如用序列“Met-Leu-Lys-Lys-Glu-Val”代表“蛋氨酸—亮氨酸—赖氨酸—赖氨酸—谷氨酸—缬氨酸”，而不能用

❶ 吴相钰主编：《陈阅增普通生物学》，高等教育出版社 2005 年第二版，第 260～265 页。

单字母“M-L-K-K-E-V”来表示。

例如，一种 Bt 基因的 N 末端具有如下的部分核苷酸序列（1～21 个碱基），它编码的蛋白质序列就相应为（1～7 个氨基酸）。

DNA：ATG ATA AGA AAG GGA GGA AGA

蛋白质：Met - Ile - Arg - Lys - Gly - Gly - Arg（三字母）

M - I- R- K- G- G- R（单字母）

蛋氨酸—异亮氨酸—精氨酸—赖氨酸—甘氨酸—甘氨酸—精氨酸

因此，按照密码子的编码规律，知道了基因 DNA 的核苷酸序列，就会容易地推导出蛋白质的氨基酸序列。但是，由于密码子简并性的存在，反向的推导却不成立，即知晓一个蛋白质的氨基酸序列却未必能够轻易地推导出编码它的基因的 DNA 序列。

根据这些分子生物学基本原理，《审查指南》对于不同的生物技术发明主题的新颖性给予了特别规定：

（1）蛋白质及其编码基因：如果蛋白质具有新颖性，则编码该蛋白质的基因的发明就具有新颖性。例如，如果新分离出一种抗衰老蛋白，这种蛋白质是新颖的，则该衰老蛋白的编码基因也具有新颖性。

（2）重组蛋白质：如果以单一物质形式被分离和纯化的蛋白质是已知的，那么具有同样氨基酸序列的重组蛋白质（即通过 DNA 重组方法生产的蛋白质）的发明就不具有新颖性，尽管该重组蛋白可能是由不同的制备方法所定义。这是把重组蛋白等同于非重组蛋白。应注意，尽管针对具有同样氨基酸序列的重组蛋白质的发明不具新颖性，但其制备方法可能具有新颖性。制备方法和由此制备的蛋白质虽然彼此相关，但却是不同的两类主题。

（3）抗原与单抗：如果抗原 A 具有新颖性，那么抗原 A 的单抗（单克隆抗体）也具有新颖性。如果已知与抗原 A 具有相同表位的某种抗原，就可推定该种抗原的单抗能够与抗原 A 结合，那么关于抗原 A 的单抗的发明不具有新颖性，除非申请人根据专利申请文件或现有技术，能够证明发明涉及的单抗与现有技术中公开的单抗不同。这里涉及抗原与其单抗之间的单一对应关系，是一种从蛋白质到蛋白质的对应关系。[1]

在美国专利法中，植物可以获得植物专利。对于植物专利而言，只有当现有技术能够让本领域中的普通技术人员繁殖该植物时才构成现有技术，而对某种植物的相关材料或信息的公开未必构成现有技术。在 *In re* LeGrice 案中，CCPA（关税与专利上诉法院）认为，仅公开一种玫瑰的照片并不能让该种玫瑰成为现有技术，因为相关的必要技术并没有公开。但如果公开出售的是一种棉花种子，本领域的技术人员就完全可以繁殖该植物，因而该行为构成现有技术的公开，可破坏关于该植物发明的新颖性。[2]

通过了新颖性标准的审查，就可进入对创造性标准的审查。

第四节　创造性

创造性是比新颖性更高一级的要求：新颖性要求发明应是新的，排除的是现有技术中已经明显存在的技术；创造性不仅要求是新的，还要求有一定的技术进步，排除的是现有技术中已经隐含存在的技术。因此二者的设置目的是一致的。不仅如此，针对二者的具体判断标准也有关联之处：新颖性的判断标准是与现有技术比较，现有技术中没有的才可满足新颖性标准；创造性的判断标准是在现有技术之上，以本领域的普通技术人员的眼光来衡量，他认为不是显而易见的发明才可满足创造性要求。

在生物技术发明领域，《审查指南》特别规定了基因、重组载体、转化体、融合细胞、单抗和微生物等发明的创造性判断。

关于基因发明，《审查指南》规定，如果一种蛋白质的氨基

---

[1] 《审查指南》第二部分第十章第 9.4.1 节。

[2] See MPEP, Section 2121.03.

酸序列已知，或者虽然蛋白质已知而其氨基酸序列未知，但在专利申请时本领域的普通技术人员能够容易地确定其氨基酸序列，则编码该蛋白质的基因的发明不具有创造性；但是，如果该基因具有特定碱基序列，且与其他编码该蛋白质的、具有不同碱基序列的基因相比，具有本领域技术人员预料不到的效果，则该基因发明具有创造性。❶

此规定有些令人费解。如以上第三节所述，基于遗传密码子的简并性，是很难依据蛋白质的氨基酸序列反推出其编码基因的DNA 序列，因此简单地规定其编码基因不具创造性可能失于偏颇。后面的但书部分规定某些具有预料不到的效果的基因序列可具有创造性，似乎也有不妥，因为对于结构基因或基因序列而言，其功能就是编码蛋白质，因此难以预期它们会有预料不到的效果。

对于结构基因而言，《审查指南》规定，如果发明涉及的结构基因是一个已知结构基因的突变基因，该突变“可自然获得”，且发明涉及的结构基因与已知结构基因源于同一物种，具有相同的性质和功能，则涉及该结构基因的发明不具创造性。❷这里规定的是涉及同一物种的同一基因的突变型发明，如矮牵牛花花色基因的突变基因发明等。《审查指南》在此处规定了“可自然获得”，但却没有对“自然获得”的含义作出解释，致使其含义和适用范围有些模糊。

在 *Ex parte* Movva 案中，USPTO 的专利申诉与冲突委员会认为有两个理由可以使一个基因不具有非显而易见性（创造性）：第一，申请专利的基因属于一个哺乳动物的基因家族，在该基因家族中至少有 3 个基因显示出高度保守区；第二，现有技术已利

---

❶ 《审查指南》第二部分第十章第 9.4.2.1 节。

❷ 同上。

用已知基因序列的探针成功地分离出类似基因。❶ 这意味着，在发明涉及的基因属保守基因家族的情形下，结合其他相关条件，就可能使该基因发明不具有创造性，不能被授予专利。

在判定基因序列的创造性方面，有两个连续且较有影响的美国案例。CAFC 在 *In re* Bell 案中认为，由于密码子简并性的存在，知道了蛋白质序列并不能让其编码基因变得显而易见。在 *In re* Deuel 案中，CAFC 又说："现有技术对蛋白质的氨基酸序列的公开并不必然导致编码该蛋白的 DNA 分子的显而易见，这是因为遗传密码子简并性的存在会让人们假定会有极多 DNA 序列能够编码该种蛋白质"。❷这些结论都被 USPTO 总结到《专利审查程序手册》（MPEP）中来。MPEP 还强调，在没有其他证据的情形下，仅在现有技术中存在的基因克隆的一般方法，并不足以使 DNA 分子变得显而易见。❸

关于重组载体发明，《审查指南》规定，如果载体与插入基因都属已知，则涉及由其结合得到的重组载体的发明不具创造性，但如果与现有技术相比，由其特定结合形成的重组载体具有预料不到的技术效果，则重组载体发明具有创造性。❹ 这里遇到的但书问题和前述对基因创造性的规定一致，因为载体的性质或功能就是要作为运载基因的载体：一般的，它们需要完成基因运载功能，但同时又不应有其他功能，否则就可能带来效率和安全性等一系列棘手问题。

转化体（transformant）就是向宿主细胞或宿主生物中转入外

---

❶ *Ex parte* Movva，31 U. S. P. Q. 2d 1027（Bd. Pt. App. & Int. 1993）.

❷ *In re* Bell，991 F. 2d 781，26 USPQ2d 1529（Fed. Cir. 1993）；*In re* Deuel，51 F. 3d 1552，34 USPQ2d 1210（Fed. Cir. 1995）.

❸ MPEP，Section 2144. 09.

❹ 《审查指南》第二部分第十章第 9. 4. 2. 1 节。

来基因后得到的转基因细胞或生物，[1]如转入了人胰岛素基因的大肠杆菌或转入了 Bt 基因的抗虫棉等都属于转化体。《审查指南》规定，如果宿主细胞或宿主生物与插入基因已知，涉及由其结合得到的转化体的发明不具有创造性，但如果转化体与现有技术相比具有预料不到的技术效果，则涉及该转化体的发明具有创造性。

关于融合细胞发明，《审查指南》规定，如果亲代细胞已知，则由亲代细胞融合得到的融合细胞发明不具有创造性，但如果融合细胞与现有技术相比具有预料不到的技术效果，则融合细胞发明具有创造性。

关于单克隆抗体发明，《审查指南》规定，如果抗原已知，并清楚它具有免疫原性，那么该抗原的单抗发明不具创造性，但如果发明由其他特征进一步限定，并产生预料不到的效果，则单抗发明具有创造性。[2] 免疫原性（immunogenicity）是指外来分子激起生物体产生抗体的性质，一般蛋白质抗原就具有免疫原性。

当发明涉及微生物时，与已知菌种的分类学特征明显不同的新种微生物具有创造性；如果发明涉及的微生物分类学特征与已知菌种的分类学特征没有实质区别，但该微生物产生了本领域技术人员预料不到的技术效果，该微生物发明具有创造性。当发明涉及微生物应用时，如果使用的微生物是已知菌种，并且该微生物与有同样用途的另一种微生物是同一属，则涉及该微生物应用的发明不具有创造性；但如果该微生物应用产生了预料不到的技术效果，那么该发明具有创造性；如果发明使用的微生物与已知菌种有明显不同的分类学特征，且发明所用的微生物属于新种，那么即使这两种微生物用途相同，涉及该新种微生物应用的发明

---

[1] See FAO, *Glossary of Biotechnology for Food and Agriculture - A Revised and Augmented Edition of the Glossary of Biotechnology and Genetic Engineering*, 2001.

[2] 《审查指南》第二部分第十章第 9.4.2.1 节。

也具创造性。❶

在 USPTO 的生物技术专利审查实践中，除适用通常的判断标准外，针对生物技术方法发明，美国专利法规定了特别的非显而易见性判断标准，并且安排了特别的权利保护期：如果一种生物技术方法应用或者产生了一种具有新颖性和非显而易见性的物质组成，针对此方法和物质组成的权利要求是在同一专利申请中或在同一天递交的不同专利申请中，并且在发明时该方法和物质组成属于同一个人或依约应转让给同一人，则该生物技术方法应被认为是非显而易见的；在此情形下，授予该生物技术方法的专利也应包括针对该物质组成的权利要求；如果针对该物质组成的权利要求是在其他专利申请中，则应安排两专利于同一天到期。❷

例如，如果发明人发现了一种具有新颖性和非显而易见性的 Bt 基因，利用该基因转化棉花能够产生具有高抗性的抗虫棉，并延缓棉铃虫对 Bt 产生耐受性，如果发明人在 USPTO 提起专利申请，则不仅该 Bt 基因有可能获得专利，利用该基因转化棉花或植物的方法也有可能获得专利。如果这两件发明（Bt 基因及其转化方法）不是在一个专利申请中，而是在同一天提交的两件专利申请中，USPTO 应安排两个专利同时期限届满。

美国 CAFC（联邦巡回上诉法院）在关于非显而易见性的案件判决中总结出"成功的预期"标准和"未预见结果"标准。"成功的预期"（predictability of success）标准也称"对成功的合理预期"（reasonable expectation of success），是指如果依据现有技术，本领域的技术人员能够合理预期一个发明能够成功的话，

---

❶ 《审查指南》第二部分第十章第 9.4.2.2 节。

❷ 35 U.S.C. 103（b）. 虽然美国专利法已经把专利保护期限由原来的从授权日起 17 年修改为从申请日起 20 年，但同时规定了例外情形及其救济措施，因此于同一天递交申请的两个专利，其保护期未必于同一天届满，因此才有如此规定。See 35 U.S.C. 154.

该发明就不具有非显而易见性。❶ 该标准可在一定情形下适用，但并不能涵盖所有情形，它需要“未预见结果”标准给予补充。

“未预见结果”（unexpected things）标准是指，即使本领域的技术人员依据现有技术能够合理预期一个发明的成功，但如果发明能够展现“未预见的结果”，就可认为发明具有非显而易见性。❷ 就生物技术发明而言，未能预见的结果可包括高纯度、高产量、高营养、高抗逆性（包括抗病毒、抗昆虫、抗低温、抗干旱、抗盐碱）、低毒性等。CAFC 总结的这些判断标准已被吸收到 USPTO 的《专利审查程序手册》中供审查员参考。

第五节　充分公开

由于实用性标准中有对再现性的要求，充分公开就成为保证实用性实现的一个必要条件。从更广泛的含义上理解，对技术方案的充分公开是发明创造服务于社会的必经之路。

一、美国专利法对充分公开的要求

美国专利法要求专利申请应通过书面描述（written description）的方式公开技术方案，又要求公开是可实施的（enablement），即让本领域的技术人员能够实施发明。❸ 这两方面其实是充分公开的两个方面：书面描述是公开的形式，可实施性是公开的标准或需达到的效果。因此这两方面可用充分公开标准加以概括。只有发明得到充分公开，本领域的技术人员才可实施，发明对于社会的具体用途才可实现，发明人以此为基础要求对技术方案的独占才能够得到专利法的支持，这正是专利法的社会契约

---

❶ *In re* Vaeck, 947 F. 2d 488, 20 U. S. P. Q. 2d (BNA) 1438 (Fed. Cir. 1991).

❷ *In re* O'Farrell, 853 F. 2d 894, 7 U. S. P. Q. 2d (BNA) 1673 (Fed. Cir. 1988).

❸ 35 U. S. C. 112, para. 1.

理论的运行基础。[1]

充分公开的目的至少有两个：证明发明人在提交申请时已经实际完成了发明和拥有发明；使本领域的普通技术人员能够实施本发明。[2] 在美国，充分公开是对专利说明书的一个首要要求，具体而言是要求说明书应该用完整、清楚、精确和准确的术语对发明及其制造与应用方法给予描述，使本领域的普通技术人员能够依据其描述实施本发明，为此说明书还应描述最佳实施方案。[3] 从法律的意义上说，充分公开还是权利要求的基础，因为申请人的权利要求应以充分公开的技术方案为基础，如果超越了公开的技术方案范围，权利要求就得不到支持。当然也不是要求说明书把发明涉及的所有方面都描述出来，例如对于本领域的普通技术人员能够掌握的知识就不用过多描述，美国专利法院也曾强调说，专利说明书也不应是产品说明书。[4]

在美国专利法中，“过度实验”（undue experimentation）是对一个发明是否充分公开的重要测试方法。它是指，如果本领域的普通技术人员能够不经过过度实验就可实现本发明，就可认为公开是充分的，否则就是不充分的。在涉及乙肝表面抗原检测方法的 *In re* Wands 案中，USPTO 认为发明人对发明的公开是不充分的，不满足充分公开要求，CAFC 却认为在申请人申请专利时，在本技术领域已有很高的技术水平，实施发明需要的所有方法在本领域都是已知的，不需要过度实验就可得到实施发明需要的抗体，因此公开是充分的。CAFC 认为，为确定是否需要过度

---

[1] 李明德：《美国知识产权法》，法律出版社 2003 年版，第 46 页。

[2] See Regents of The University of California v. Eli Lilly and Co., 119 F. 3d 1559 (Fed. Cir. 1997), cert. denied, 523 U. S. 1081 (1998); Union Oil Co. of California v. Atlantic Richfield Co. et al., 208 F. 3d 989, 997 (Fed. Cir. 2000)；罗伯特·P. 墨杰斯等：《新技术时代的知识产权法》，齐筠等译，中国政法大学出版社 2003 年版，第 182 页。

[3] 35 U. S. C. 112.

[4] *In re* Gay, 309 F. 2d 768, 135 USPQ 311 (CCPA 1962).

实验，可考虑如下因素：需要的实验数量；需要的指导或引导；是否有实践例证；发明的本质；现有技术；本领域的相关技术；本技术领域中的可预测性或不可预测性（predictability or unpredictability）；权利要求的范围宽度等。[1] USPTO 把过度实验标准及其判断因素吸收到《专利审查程序手册》中，认为实施发明需要的实验可能是复杂的，也可能不需要，但如果需要，就不应是过度的，还强调在专利审查过程中应考虑所有涉及的因素，而不应仅考虑其中的一种因素而忽略其他因素。[2]

二、我国专利法对充分公开的要求

我国专利法规定，说明书应当对发明作出清楚、完整的说明，以本技术领域的技术人员能够实现为准。[3] 这和美国专利法中的要求基本相同。对清楚的要求包括主题要明确和表述应准确。对完整的要求是指说明书应包括三方面：帮助理解发明不可缺少的内容；确定发明具有新颖性、创造性和实用性所需的内容；实现发明所需的内容。对于克服了偏见的发明还应解释为什么说发明克服了偏见，新的技术方案与偏见之间的差别以及为克服偏见所采用的技术手段。至于需要在说明书中公开什么，一个基本的判断原则是，凡是本技术领域的普通技术人员不能从现有技术中直接和惟一地得出的内容均应在说明书中描述。[4]

我国《专利法实施细则》和《审查指南》对充分公开做了进一步要求，规定说明书应包括下列内容：

（1）技术领域：写明要求保护的技术方案所属的技术领域，该技术领域应是发明所属或直接应用的具体技术领域，不应是其

---

[1] *In re* Wands, 858 F. 2d 731, at 737; 8 U. S. P. Q. 2d (BNA) 1400, at 1404 (Fed. Cir. 1988).

[2] See MPEP, Section 2164. 01.

[3] 《专利法》第 26 条第 3 款。

[4] 《审查指南》第二部分第二章第 2. 1. 1、2. 1. 2 节。

上位或相邻的技术领域，但也不应为发明本身。例如，一种涉及在转基因植物中应用的 Bt 基因的 DNA 序列的发明，就可写为“本发明涉及一种 Bt 基因的 DNA 序列，特别是涉及在转基因植物中应用的 Bt 基因的 DNA 序列”，而不能笼统地写为“本发明属于植物基因工程技术领域”。

（2）背景技术：写明对发明的理解、检索和审查有用的背景技术，在需要时尽量引征相应的参考文献。这点和一般研究论文的要求基本相同，其目的是帮助读者对本发明的技术背景有一个全面了解，便于更好地理解本发明。引征的文献应是公开出版物，应包括与专利申请最接近的现有技术文件，可包括专利和非专利文献如期刊、杂志、手册和书籍等。本部分一般还需要客观表述背景技术中存在的相关问题和缺点，帮助读者理解本发明的有益效果和意义。

（3）发明内容：写明发明要解决的技术问题以及采用的技术方案，并对照现有技术写明发明的有益效果。其中，要解决的技术问题需针对现有技术中存在的缺陷或不足；技术方案是发明的核心所在，需要详细描述发明的实施步骤，供本领域的技术人员参照；有益效果是发明直接带来的或技术特征必然产生的技术效果。

（4）附图说明：说明书有附图的，需要对各附图作简略说明。

（5）具体实施方式：也就是实施例，它应详细描述申请人认为能够实现发明的优选方式或最佳方案。可视需要在说明书中有一个或多个实施例。实施例应对发明区别于现有技术的技术特征（包括附加技术特征）进行详细描述，以所属技术领域的技术人员能够实现技术方案为准。在具体描述实施例之前，一般加上“实施例对本发明仅具解释作用而无限制作用”等话语，以事先避免侵权人将来可能的抗辩，但不加也没有关系，因为专利法已经规定，权利保护的范围以权利要求书为准，说明书仅用于帮助解释权利要求。

应注意在说明书中仅需介绍技术内容，不应涉及发明的实际或潜在市场前景，也不能够使用商业性宣传用语。发明名称一般不应超过 25 个字，在化学领域最多不得超过 40 个字。还有对于具体格式的要求等，都应在说明书撰写中加以注意。❶

三、对生物技术发明充分公开的特殊要求

生物技术发明还需满足充分公开的一些特殊要求。USPTO 的要求包括：如果发明涉及 DNA 序列，一般应直接给出该 DNA 的核苷酸序列；如果该序列未知，应公开它的制备方法、性质和其他相关方面，以便对 DNA 分子进行充分描述。但美国联邦法院认为，仅有对分离或合成 DNA 方法（如通过逆转录方法）的描述，并不能充分证明发明人在递交专利申请时发明和拥有此 DNA 分子，也不能满足对特定 DNA 分子的充分公开。❷ 对于 DNA 重组载体、由 DNA 序列编码的蛋白质来说也是如此。DNA 分子、RNA 分子、蛋白质分子以及它们之间的组合（如 DNA/RNA），都应按照 USPTO 的要求提供机读文本（computer readable form，CRF）。针对氨基酸序列的列举，USPTO 按照 WIPO 公布的标准（WIPO Standard ST. 25，1998）特别地要求用三字母表示氨基酸，而不是现代生物技术文献中常用的单字母表示法。此外，发明涉及的生物材料还应按要求及时保藏，否则就可能因为不能满足充分公开的要求而被驳回专利申请。❸

我国《审查指南》在实质审查部分也对生物技术发明的充分公开给予详细规定，其中包括涉及遗传工程的发明、核酸序列

❶ 《专利法实施细则》第 18 条；《审查指南》第二部分第二章第 2.2 节。

❷ Fiers v. Revel，984 F. 3d 1164（Fed. Cir. 1993）.

❸ MPEP，Sections 2402-2411，2422.

与蛋白质序列的列表、生物材料保藏（以下第六节叙述）等事项。

关于基因工程（遗传工程）产品的发明，《审查指南》规定涉及该类产品如基因、载体、重组载体、转化体、蛋白质（或多肽，下同）、融合细胞、单抗等的发明，说明书应包括产品确认、产品制备和产品用途三项内容。产品确认是指说明书应明确记载产品结构，如基因的核苷酸序列和蛋白质的氨基酸序列等，在无法清楚描述结构的情况下，应描述相应的理化参数、生物学特性或制备方法等。产品制备是指说明书应描述产品制造方式，除非本领域的技术人员根据发明公开的说明书（包括附图）、权利要求书和现有技术就可制备该产品。对于某些基因工程产品（如转化细胞）而言，即使说明书清楚地描述了它的制备方式，本领域的技术人员也不能制备，这时就需按规定提供生物材料保藏。产品用途也称产品效果，是指应在说明书中描述产品的用途或效果，明确获得效果所需要的技术手段和条件等，例如对于涉及基因序列的发明就需证明该基因序列具有特定功能，如编码某种具有具体生物学功能的蛋白质等。

《审查指南》规定了各种基因工程产品制备方法的描述：

（1）基因、载体或重组载体的生产方法：应描述其来源、获得方法、所使用的酶、处理条件、收集与纯化步骤、鉴定方法等；

（2）转化体生产方法：应描述导入基因或重组载体、宿主生物、把基因或重组载体导入宿主的方法、选择性收集转化体的方法、鉴定方法等；

（3）通过基因重组生产蛋白质的方法：应描述获得基因、表达载体与宿主的方法、基因导入方法、转化体的选择性收集方法、从转化体或其分泌物中收集和纯化重组蛋白质的步骤和鉴定蛋白质的方法等；

（4）融合细胞（如杂交瘤）制备方法：应描述亲本细胞来

源、亲本细胞预处理、融合条件、选择性收集融合细胞方法及其鉴定方法等；

（5）单抗制备方法：应描述获得或制备免疫原的方法、免疫方法、选择性获得抗体产生细胞的方法、鉴定单抗的方法等。

当发明是针对这些基因工程产品的制备方法时，说明书应清楚完整地描述相应方法；当涉及的产品是新物质时，说明书应至少记载该产品的一种用途。[1]

对于涉及DNA序列或蛋白质序列的专利申请，如果DNA序列是由10个或更多的核苷酸组成，或者蛋白质是由4个或更多的L-氨基酸组成，申请人应递交根据国家知识产权局发布的《核苷酸和/或氨基酸序列表和序列表电子文件标准》制作的序列表。序列表应作为单独部分描述，并附在说明书后。申请人还应提交记载核苷酸或氨基酸序列表的计算机可读形式（CRF）副本。如果机读副本记载的序列表与说明书和权利要求书中的书面记载不一致，以书面记载为准。[2] 这些具体的实践标准和USPTO的规定基本一致。

四、对充分公开的判断

判断申请专利的技术方案是否得到了充分公开，首先需要依据权利要求书确定申请人要求保护的主题及范围。换句话说，需要根据申请人要求占有什么和范围及于何处，来判断他在说明书中的公开是否足够充分以支持他所要求的占有。这是判断充分公开的前提。

USPTO的《专利审查程序手册》给出了判断说明书对发明的公开是否充分的详细方法，其中包括：针对每一个权利要求确定其覆盖范围；通过审查申请文件的整体以理解申请人如何为发

---

[1] 《审查指南》第二部分第十章第9.2.2节。

[2] 《审查指南》第二部分第十章第9.2.4节。

明提供支持；确定本领域的技术人员能否判断申请人在申请专利时就在整体上拥有此发明等。[1] 可见对充分公开的判断是一件非常复杂的工作，既需要考虑各种技术因素，也需要考虑相关的事实等。

申请人需要注意在权利要求书和说明书之间的充分配合。一般的，权利要求应有适中的范围，不宜太狭窄，也不宜太宽泛，二者都有缺陷。举物种（species）和属（genus）的例子。如果说明书公开的是单独的1个或2个种，并且没有说明各个种之间的关系，但权利要求却是要独占整个属，就可能面临没有充分公开而被驳回的风险，因为本领域的技术人员未必能够不经过过度实验就可在其他未公开的物种上实施发明。

在Enzo v. Calgene案中，发明主题是一种反义技术（antisense technology），Enzo公司主要公开了在大肠杆菌（*E. coli*）中的实施方案，对于其他物种基本没有涉及，也没给出具体指导和实施例，但权利要求却主张占有一般的反义技术。CAFC认为，说明书只公开了在大肠杆菌中的反义技术应用，却没有公开在其他种类细胞中适用的指导或实施例，这并不能让人们在所有种类的生物体中实施该反义技术。[2] 在Noelle v. Lederman案中，法院认为："生物技术发明的专利权人不能在仅描述了有限的种之后就必然地要求占有一个属，这是因为就其他没有被特别描述的物种而言，其结果可能会有不可预测性。……若专利权人仅公开了一个种，当有证据显示普通技术人员不能预测发明涉及的未公开种的可操作性时，就不能认为他发明了能够组成一个属的足够的种"。[3]

---

[1] MPEP, Section 2103, II.

[2] Enzo Biochem, Inc. v. Calgene, Inc., 188 F.3d 1362, 52 USPQ2d 1129 (Fed. Cir. 1999).

[3] Noelle v. Lederman, 355 F.3d 1343, 69 USPQ2d 1508 (Fed. Cir. 2004). Citing in: MPEP, Section 2163, II. A. 3. (a). (ii).

在分子水平也是一样，如一个发明涉及在双子叶植物烟草中生产 γ-干扰素，但却不能保证让转基因技术领域中的普通技术人员能够在所有植物细胞中生产任何哺乳动物的蛋白质，因此如果他要主张在所有植物细胞中生产所有哺乳动物蛋白质的技术方案，就得不到法院的支持。❶ 另一个关于胰岛素的案例也能说明问题。胰岛素是一种调节人类等哺乳动物糖代谢的重要物质。在涉及重组胰岛素专利的 Regents of the University of California v. Eli Lilly 案中，说明书公开了大鼠胰岛素基因的 cDNA（complementary DNA，互补 DNA）序列以及人 cDNA 序列的一般生产方法和人胰岛素 A、B 链的氨基酸序列。法院认为，说明书仅公开了大鼠的 DNA 序列，但权利要求却包括其他属和种的生物，包括哺乳动物、脊椎动物和人类，因此就权利要求来说，说明书的公开是不充分的，申请人不能享有这些权利要求。法院的理由包括："当对基因材料主张权利时，如果没有其他（信息），而仅有概括性的声明如'脊椎动物的胰岛素 DNA'或'哺乳动物的胰岛素 DNA'，并不足以构成对属的充分公开，因为除了功能之外，它并没有把要求占有的属和其他属分开。它并没有特别地定义落入其定义范围中的任何基因，没有定义由本属成员共同占有的区别于其他属的结构特征。因而本领域中的普通技术人员不能像对待完整描述的属那样来想象和认可本属成员的同一性。如上所述，利用功能的定义不能充分地定义一个属，因为它仅指示了基因做了什么，而非基因是什么。"❷

CAFC 也明确，要求充分公开并不意味着需要公开权利要求可能涉及的每种生物，即使是在尚不能预测的技术领域。对于这种公开"种"而希望占有"属"的做法，有人建议申请人应尽

---

❶ *In re* Goodman, 11 F. 3d 1046, 1050, 29 USPQ2d 2010 (Fed. Cir. 1993).

❷ Regents of The University of California v. Eli Lilly and Co., 119 F. 3d 1559 (Fed. Cir. 1997), cert. denied, 523 U. S. 1081 (1998).

可能多地公开涉及的种，并在说明书中或诉讼中强调物种之间的相似性。当然，被诉侵犯专利权者也可能采取相反的策略，请求撤销专利或宣告专利权无效。❶

为解决公开“种”而要求占有“属”的问题，USPTO 总结了 CAFC 等法院的判决，给出了此类专利申请的审查标准：申请人应充分描述具有代表性的种，以及相关的结构特征、功能特征和在结构特征与功能特征之间的相关性，从而能够使本领域的技术人员相信申请人实际拥有他所主张占有的属。所谓代表性的种（representative number of species）是指被充分描述的种是整个属的代表物种，它可有一个或多个。当在属内各个种间有差异时，说明书就应该充分描述这些差异；在代表性的种只有一个的情形下，申请人也应保证让本领域的技术人员相信他发明了能够组成一个属的足够的种。❷

第六节　生物材料保藏

在生物技术发明领域，有时文字记载难以描述生物材料的具体特征，或者说，就当今生物技术发展水平而言，即使说明书详细描述了生物材料的特征，本领域的技术人员也可能难以得到生物材料本身。原因包括：第一，现代生物技术尚不能从头（de novo）合成具有细胞结构的生物材料；第二，某些生物学过程（如土壤菌种筛选过程或随机诱变过程）不具再现性，不可重复，相应的生物材料不可得；第三，生物技术发明可能涉及部分尚难以用现代生命科学或生物技术概念或规律描述的生命现象，但使用相应的生物材料可保证发明的可再现性和重复性；第四，

❶ Scott D. Locke and David A. Kalow, Preparing for Bioinformatics Litigation: How Will the Courts Confront the Next Generation of Biotechnology Patents? 1 *Buff. Intell. Prop. L. J.* 76, 2001, pp. 76 ~94.

❷ MPEP, Section 2163, II. A. 3. (a). (ii).

即使应用现代生物技术可得到某些生物材料，但可能需要过度实验。

在所有这些情况下，本领域的技术人员就不能实施发明，或者不能不经过过度实验而实施发明，因此专利申请就不能满足充分公开要求。专利法为此规定申请人应将发明涉及的“公众不能得到的生物材料”提交保藏。如果申请人没按规定提供保藏，或者虽然提供了保藏，但未在申请日提交保藏单位出具的保藏证明，或最迟在申请日起4个月内未提交存活证明，专利申请就可能被驳回。对于保藏的生物材料，申请人应在请求书和说明书中写明其分类命名、拉丁文学名、保藏单位名称、地址、保藏日期和保藏编号等信息。

按照《审查指南》的解释，“公众不能得到的生物材料”主要包括两种：第一种是个人或单位拥有的、由不是国家知识产权局认可的保藏机构保藏并对公众不公开发放的生物材料；第二种是虽然说明书描述了制备方法，但本领域的技术人员不能重复该方法获得该生物材料，如通过不可重复的筛选或突变过程得到的微生物菌种等。据此可知，需保藏的生物材料包括：从自然界如土壤中分离筛选的菌株等生物材料；以不能保证准确重复的随机诱变过程得到的生物材料；本领域技术人员不能容易得到或重复制造的其他生物材料，如一种偶然得到的具有特定性质的菌株等生物材料等。这些生物材料都应进行保藏。

公众可以得到的生物材料不需要保藏，包括：（1）公众能够从商业渠道购买的生物材料，此时申请人应在说明书中注明购买渠道，并在必要时提供申请日（或优先权日，下同）前公众可以购买到该生物材料的证据；（2）已在各国专利局或WIPO等国际专利组织承认的保藏机构保藏，并且在该专利在我国的申请日前已在相关国家的专利公报中公布或授权的生物材料；（3）申请日前已在非专利文献中公开，此时申请人应在说明书中注明文献出处，说明公众获得生物材料的途径，并提供保证从

申请日起20年内向公众发放该生物材料的证明。❶

虽然保藏也有成本，也有可能让竞争者从中获益，但为保证专利申请的完整性，防止因保藏疏漏导致专利申请被驳回，申请人应及时保藏所有可能需要保藏的生物材料并提供证明材料。如果需要保藏的生物材料是微生物，申请人在说明书、权利要求书和相关专利文件中，应以该微生物通过分类鉴定得到的株名、种名和属名进行表述，在说明书中第一次提到该微生物时应注明其拉丁文学名。如果微生物已保藏，应在说明书中写明保藏日期、保藏单位和保藏编号等信息，然后在说明书中就可用保藏单位简称加保藏编号代表该微生物，如用“金黄色葡萄球菌CCTCC8605”代表在中国典藏中心保藏的第8605号微生物。当涉及的微生物属新种时，要详细记载其分类学性质，写明鉴定为新种的理由，给出判断的文献依据。❷

在国际上有专门规定微生物等生物材料保藏的《布达佩斯条约》（1977年制定、1980年修订），截止到2008年10月20日该条约已有70个成员国。依据该条约规定的条件被认可的保藏单位称为国际保藏单位（International Depository Authority，IDA）。❸截止到2007年4月13日，共有37个国际保藏单位，其中英国7个、俄罗斯3个、韩国3个、美国2个、日本2个、中国2个、波兰2个、意大利2个、西班牙2个、比利时1个、法国1个、德国1个、澳大利亚1个、加拿大1个、荷兰1个、捷克1个、斯洛伐克1个、拉脱维亚1个、保加利亚1个、匈牙利1个、印度1个。❹

---

❶ 《审查指南》第二部分第十章第9.2.1节。

❷ 《审查指南》第二部分第十章第9.2.4节。

❸ Budapest Treaty on the International Recognition of the Deposit of Microorganisms for the Purposes of Patent Procedure, Article 6.

❹ 有关国际保藏单位的具体情形，可参见条约网站 http://www.wipo.int/treaties/en/registration/budapest/上的有关信息。

我国有两个国际保藏单位，分别是中国微生物菌种保藏管理委员会普通微生物中心（CGMCC）和中国典型培养物保藏中心（CCTCC），它们分别位于中科院北京微生物学研究所的和武汉大学，因此 CCTCC 又称为武汉大学保藏中心。为保证生物材料能够保存良好，并随时向公众提供，《专利法实施细则》要求应在我国这两个国际保藏单位之一保藏生物技术发明涉及的生物材料。

在国内专利申请中，申请人应最迟在申请日或优先权日把生物材料的样品提交保藏单位保藏，并在专利申请时或最迟在申请后4个月内提交保藏单位出具的保藏证明和存活证明，未按时提交证明的视为未提交保藏。与之相对应，申请人还应在请求书和说明书等申请文件中，提供与保藏证明和存活证明相一致的有关该生物材料特征的资料，或者最晚在申请日后4个月内在请求书和说明书中写明或补正生物材料的分类命名（包括拉丁文名称）、保藏机构名称、地址、保藏日期和保藏编号；期满未写明或补正的，视为未提交保藏。❶

如果申请人提交了保藏，但是因保藏单位的原因未能在4个月内作出并出具保藏证明或存活证明，或者虽然提交的生物材料样品发生了死亡，但申请人能够证明不是他的责任造成了死亡，则申请人就可依据《专利法实施细则》规定的权利恢复程序实施恢复，❷ 在申请日起4个月内提供相同样品重新保藏，并以原提交保藏日为保藏日。如果没有正当理由就可能被视为未提供保藏，或者即使有正当理由，但申请人并未启动权利恢复程序，或者即使启动了恢复程序也未能恢复，则审查员就可能依职权删除专利

---

❶ 《专利法实施细则》第25条。

❷ 《专利法实施细则》第7条第2款规定，当事人因正当理由延误专利法或实施细则规定的期限或者国家专利局指定的期限，导致权利丧失的，可以自收到国家专利局的通知之日起2个月内向国家专利局说明理由，请求恢复权利。

请求书中的相关项目，从而使专利申请或其部分面临被驳回的危险。[1]

对于专利申请人依法提交保藏的生物材料样品，在专利申请公布后，任何人都可为实验目的，请求国家知识产权局给予该生物材料的使用许可。相应的请求书应包括：请求人的姓名（或名称）和地址；请求人不向其他任何人提供该生物材料的保证；在“在授予专利权前”把生物材料只作为实验目的使用的保证。[2]应注意，最终的专利审查结论可包括授予专利权和驳回专利申请两种，但现行《专利法实施细则》仅规定了授予专利权后的处理情形，没有明确驳回专利申请后的处理情形，是不全面的。

专利局授予专利权的决定可以很快生效，但驳回专利申请决定的最终生效可能需要很长时间，因为申请人如果对专利局驳回其专利申请的决定不服，可以在3个月内向专利复审委员会提起复审请求，如果对复审决定不服，还可继续向北京市一中院提起行政诉讼，如果对一中院的判决不服，还可上诉至北京市高院，整个程序下来可能需要几年的时间。因此，专利法或其实施细则应规定，在“最终的审查决定生效之前”，第三人对保藏生物材料的使用都需局限于实验目的。

在生物技术专利的PCT（专利合作条约）国际申请程序中，也涉及生物材料的保藏。《专利法实施细则》规定：第一，国外申请人按照PCT要求在原始提交的国际申请说明书中已对生物材料样品保藏作出说明的，视为满足相关要求，申请人应在进入中国国家阶段的声明中指明记载生物材料样品保藏事项的文件及具体记载位置，并应在办理进入中国国家阶段手续之日起4个月内提交保藏证明和存活证明；第二，申请人已在国际申请说明书中记载保藏事项，但没在进入中国国家阶段的声明中指明的，应

[1]《审查指南》第一部分第一章第5.2节。
[2]《专利法实施细则》第26条。

在办理进入中国国家阶段手续之日起4个月内补正，期满未补正视为未提交保藏。❶

根据《PCT实施条例》（Regulations under the PCT）的规定，对保藏的生物材料的说明应包括保藏单位的名称、地址、保藏日期和保藏编号，并且只要该说明在国际局完成国际公布准备工作前到达国际局就应认为说明已经及时提交。❷《审查指南》规定，对于遗漏、因书写错误造成的不一致或语言问题等，应限期予以补正或改正，期满未改正或补正的，视为生物材料未保藏。❸

第七节　最佳实施方案

最佳实施方案也可称为最佳模式（best mode），是发明人优选得出的最佳发明实施方案。在美国专利法、TRIPs协议和WIPO起草的《专利示范法》中都有对最佳实施方案的规定。TRIPs规定，成员可以要求专利申请公开发明人在申请日或优先权日知晓的最佳发明实施方案。美国专利法要求说明书在用完整、清楚、准确和精确的语言描述发明时，还应公开发明人知晓的最佳实施方案。❹

最佳实施方案要求最早出现在美国1870年专利法中，1952年的专利法开始要求公开所有类型发明的最佳实施方案。❺当今USPTO的《专利审查程序手册》对最佳实施方案给予了详细规定。在生物技术专利领域，对最佳实施方案的要求呈现越来越严

---

❶《专利法实施细则》第106条。

❷ Regulations under the PCT，Rule 13bis.

❸《审查指南》第三部分第一章第5.4节。

❹ TRIPs，Article 29.1；35 USC 112，para. 1.

❺ Tressa J. James，Implications of the Best Mode Requirement on Patents Involving Biotechnology，2 *Hous. Bus. & Tax L. J.* 96，2001 / 2002，pp. 102 ~ 103.

格的趋势。

国内有研究者把美国专利法中的最佳实施方案等同于最佳实施例。[1] 这似有不妥。因为虽然最佳实施例也可能反映或部分反映最佳实施方案，但最佳实施方案却未必都是以实施例或优选实施例（examples，preferred embodiments）的方式表现出来。美国CCPA曾在*In re* Honn案中判决认为，说明书中缺少特别的实施例（working example）并不必然证明最佳实施方案没有公开，同时也不证明最佳实施方案已经得到了公开。这是说，在特别实施例的有无和最佳实施方案有无公开之间没有必然联系。法院强调，最佳实施方案可以通过其他方式表现出来，如条件的优选范围或一组反应物等。[2]

按照CAFC的解释，最佳实施方案构成了专利权人就其发明获得独占性的专利权所应支付的一种法定对价：公众获知实施发明的最佳方案，申请人获得在一定时期实施发明的排他性权利。[3] 就其设置原则而言，是要求专利申请人不仅要公开他知道的次好实施方式，还要公开他已知的最好实施方式，这样社会公众才可从一个授权的专利中得到他们所应得的。[4]

因此，要求公开最佳实施方案其实是充分公开的一部分，也是充分公开的一个保证。与充分公开一样，最佳实施方案的公开也有两个目的：一是表明发明人在申请专利时拥有最佳实施方案，二是公开最佳实施方案供本领域的技术人员实施。如果发明人不知道最佳实施方案或者不知道某方案是最佳实施方案，那么未公开该方案不会导致专利权无效，但如果发明人知道最佳实施

[1] 张晓都：《专利实质条件》，法律出版社2002年版，第19~20页。

[2] *In re* Honn，364 F. 2d 454，150 USPQ 652（CCPA 1966）.

[3] Eli Lilly & Co. v. Barr Laboratories Inc.，251 F. 3d 955，58 USPQ2d 1865（Fed. Cir. 2001）.

[4] *In re* Nelson，280 F. 2d 172，126 USPQ 242（CCPA 1960）.

方案而又未公开，就可能导致专利权无效。[1]

在 Union Carbide Corp. v. Borg-Warner 案中，法院认为发明人知道某种特定物质能够成功地实施发明，但却没有公开，而是用更为宽泛的物质种类代替，这时就没有满足对最佳实施方案的公开。[2] 在 Consolidated Aluminum Corp. v. Foseco Inc. 案中，法院认为，如果是由于不公正的行为导致最佳实施方案没有公开，如说明书故意省略了一些重要成分或公开的是编造的不具可行性的材料，那么不仅本专利可能被判无效，其他使用了相同技术的专利也可能被判无效。[3] 这是对于申请人不诚实行为的处罚。此外，对最佳实施方案的公开应在提起专利申请时提出，不能以事后补正的方式提供。[4] 但是对于在提交申请时发明人尚不知晓是最佳实施方案的情形，则不认为违反了最佳实施方案要求。[5]

依据 USPTO 的《专利审查程序手册》，发明人并无义务在说明书中具体指明哪个方案是最佳实施方案。在具体的专利审查中，审查员需预设最佳实施方案得到了公开，除非他有相反的证据表明最佳方案没有公开。这时审查员需首先确定发明人在申请日（或优先权日，包括国外优先权）是否知晓最佳方案，这是主观方面；然后确定最佳实施方案是否得到了公开，是否能够让本领域的普通技术人员实施该最佳方案，这是客观方面。这两方面就构成对最佳实施方案的“主观—客观”两步判断法。这是在 Spectra—Physics, Inc. v. Co-

[1] MPEP, Section 2165.

[2] Union Carbide Corp. v. Borg-Warner, 550 F. 2d 555, 193 USPQ 1 (6th Cir. 1977).

[3] Consolidated Aluminum Corp. v. Foseco Inc., 910 F. 2d 804, 15 USPQ2d 1481 (Fed. Cir. 1990).

[4] MPEP, Section 2165. 01, V.

[5] Glaxo Inc. v. Novopharm Ltd., 52 F. 3d 1043 (Fed. Cir. 1995).

herent，Inc. 案和 Chemcast Corp. v. Arco Industries 案中确立、完善的判断步骤，已为《专利审查程序手册》吸纳。[1]一般的，在单方当事人的案件中，以最佳实施方案没有得到公开为由的案件并不多见，但在有双方当事人的冲突或诉讼中就有可能揭示出相应最佳实施方案的缺乏。[2]

如以上第六节所述，对于生物技术发明而言，它所涉及的生物材料的保藏非常重要，它与最佳实施方案的公开也有密切联系。但这也并非意味着发明涉及的所有生物材料都需保藏才可满足最佳实施方案要求。CAFC 在 Scripps Clinic & Research Foundation v. Genetech Inc. 案中认为，发明人已鉴定出抗体，并解释了如何制造抗体，因此尽管制造抗体的工作是费力和费时的，但考虑到本实验的水平较低，因而不需要对涉及的生物材料进行保藏。[3]

在 Amgen，Inc. v. Chugai Pharmaceutical Co. 案中，CAFC 又认为，对于发明涉及的转基因操作来说，其过程是把外来基因插入到一种公众可得的常见宿主细胞中，这时发明人需要做的只是对转基因方法给予足够描述，这样就可满足最佳实施方案要求，他并不需要保藏他所使用的那种常见宿主细胞，因为没有人能够绝对地重复发明人使用的那个细胞，在此需要关心的只是技术方案的公开是否充分，而不是发明能否被精确复制，因此发明人未提供宿主细胞保藏并未违反最佳实施方案要求。[4]

但在 *Ex parte* Humphreys 案中，法院认为，涉及的生物材料

---

[1] See Chemcast Corp. v. Arco Industries, 913 F. 2d 923, 16 USPQ2d 1033 (Fed. Cir. 1990); MPEP, Section 2165. 02.

[2] MPEP, Section 2165. 03.

[3] Scripps Clinic & Research Foundation v. Genetech Inc., 927 F. 2d 1565 (Fed. Cir. 1991).

[4] Amgen, Inc. v. Chugai Pharmaceutical Co., 927 F. 2d 1200, 18 USPQ 2d 1016 (Fed. Cir. 1991).

是一种基因重组用质粒，该质粒得自于经紫外线（UV）诱导的公众可得的细菌，因此不经过过度试验不可能重复此诱导过程，因此该质粒需要保藏。❶

在涉及激光发明的 Spectra—Physics, Inc. v. Coherent, Inc. 案中，发明人在专利申请中公开了一种焊接方法，但却没有公开一种优选的 TiCuSil 焊接方法，该优选方法不仅在现有技术中不存在，而且还与现有文献中对该焊接方法的描述相反，法院以此认为他没能满足最佳实施方案要求。❷ 法院在本案判决中发展出上述判断是否满足最佳实施方案要求的“主观—客观”两步判断法，并在 Chemcast Corp. v. Arco Industries 案中使之得到成熟。

在 Dana Corp. v. IPC Ltd. Partnership 案中，发明人没有公开实施发明所需要的一种特别的表面处理方法，而该方法在现有技术中已经存在，但法院认为即使该方法在现有技术中已经存在，但发明人没有特别提及该方法，就违反了最佳实施方案要求。❸联邦法院在涉及最佳实施方案的案件中总结出的这些原则，都已被吸纳进入 USPTO 的《专利审查程序手册》。❹

专利一旦被法院判决为没能公开最佳实施方案，就不仅可能导致专利权被撤销，专利权人也有可能被判构成垄断行为，法院也可能以此为理由拒绝保护权利人的商业秘密。若从专利侵权者或潜在侵权者的角度来看，通过主张专利说明书应该公开而没有公开最佳实施方案，从而主张一种专利权无效，就不失为一种可能有效的全面防御策略。因为对最佳实施方案的判断夹杂着主观

---

❶ *Ex parte* Humphreys, 24 U. S. P. Q. 2d 1255 (Bd. Pat. App. & Int. 1992).

❷ Spectra-Physics, Inc. v. Coherent, Inc., 827 F. 2d 1524, 3 USPQ 2d 1737 (Fed. Cir. 1987).

❸ Dana Corp. v. IPC Ltd. Partnership, 860 F. 2d 415, 8 USPQ2d 1692 (Fed. Cir. 1988).

❹ MPEP, Section 2165. 04.

标准，围绕着什么是最佳实施方案以及它是否得到了充分公开，都有很多诉讼技巧和可期待的辩护空间。

无论如何，最佳实施方案都是美国专利法对说明书公开的一个重要要求，发明人一定要在专利申请时予以谨慎对待。

第八节　表达序列标签的可专利性

表达序列标签即 EST（Expressed Sequence Tag），它们是完整基因的一部分，是较短的 DNA（cDNA）序列，长度从几十个碱基到数千个碱基不等，平均长度约为 240～480bp（base pair，碱基对）。EST 技术的兴起得益于人类基因组计划（Human Genome Project）：它不仅起源于该计划，还为计划的完成作出贡献，其自身也随着该计划的实施得以发展。

EST 除能够指示基因表达水平外，还有特别广泛的研究用途和实际用途，如可在基因组测序中用于基因克隆和构建遗传图谱或物理图谱，在分子生物学基础研究中用于新基因寻找、基因表达分析和基因功能研究，在群体遗传学中用于生物群体多态性研究，或者在生物技术产业中用于药物研发、农业品种改良或基因芯片研发等。随着人类基因组计划的完成和功能基因组计划的实施，EST 的技术优势正更多地发挥出来，为基因识别、克隆和表达分析提供更好的技术支持。与其技术上的辉煌相比，EST 在专利问题上一波三折，颇多争论。

一、关于 EST 专利申请的争论

1991 年 6 月，美国 NIH（国立卫生研究院）声明要把它的研究小组在实施人类基因组计划过程中得到的 337 个功能未知的 DNA 序列申报专利，这个小组由当时还在 NIH 工作的 J. C. Venter 领导。在那之前约 1 年 Venter 研发出该技术，由于它能够快速地从含有大量 DNA 片段的 cDNA 文库中鉴定出表达基因，因

此被称为“表达序列标签”。在专利申请中，NIH 不仅要求占有这些 EST 序列，还要求占有含有这些序列的全长基因序列，尽管当时还不知这些全长基因的功能。为了反驳这些 EST 缺少实用性的说法，NIH 在申请中公开了 EST 的一些功能，包括可用做人脑组织探针，可用做染色体分析、PCR 反应、疾病诊断标记和反义核酸治疗等。

反对 NIH 申请 EST 专利的人士非常多，其中既有生命科学界的研究者，也有来自生物技术产业界的代表。如著名的 DNA 双螺旋结构发现者之一、诺贝尔奖获得者 James D. Watson 曾讽刺说，用现代手段进行的 cDNA 测序是猴子都可以做的工作。重组 DNA 技术的开创者之一 Paul Berg 也说，NIH 把未知功能的 EST 序列申请专利，是打开了“潘多拉的盒子”。也有批评者从损害社会公共利益出发给予批评，认为这可能增加健康成本等。即使是美国工业生物技术协会（Industrial Biotechnology Association）也预测，给予 EST 专利可能会迫使医药公司放弃某些药品的开发研究，因而会影响社会公共利益。❶

USPTO 审查了 NIH 的 EST 序列申请，认为它们既缺乏实用性，也不能满足新颖性和非显而易见性：缺乏新颖性是因为这些 EST 序列来自于先前已在公共 cDNA 文库中存在的 cDNA 克隆；缺乏非显而易见性是因为这些序列中的一部分已经公开；缺乏实用性是因为它们的全长基因的功能尚不知晓，因此 EST 的探针功能就不清楚。基于这些原因，USPTO 于 1992 年 8 月驳回 NIH 的 EST 专利申请。后来 NIH 又提起第二次 EST 专利申请，这次有 2 421个 EST 序列，不仅包括原来的 337 个序列，还新增了 2 000 多个序列，经过审查，USPTO 于 1993 年 8 月再次驳回 NIH 的

❶ Donald L. Zuhn, Jr., DNA Patentability: Shutting the Door to the Utility Requirement, 34 *J. Marshall L. Rev.* 973, 2001, pp. 973 ~999.

EST 专利申请。至此 NIH 决定不再就 EST 序列申请专利。❶

NIH 两次 EST 专利申请被驳回并未解决未知功能的 DNA 序列的可专利性问题，却启动了公共机构和商业公司竞相开展针对未知功能的 DNA 序列的专利申请竞赛。USPTO 的立场也开始发生变化。1995 年 USPTO 发布新的《实用性审查指南》（Utility Examination Guidelines），为 EST 的可专利性扫清了部分障碍。USPTO 于 1997 年 2 月宣布 EST 序列是可专利的主题，EST 可有与其全长基因序列不同的用途，未揭示其全长基因的功能并不必然造成 EST 不能获得专利。至此，USPTO 的态度彻底改变。这没能平息关于 EST 的论争，却真正开启了 EST 专利保护的大门。❷ USPTO 于 2001 年颁布新的《实用性审查指南》，要求发明应有特定的和实质的用途，EST 当然也不能例外。

关于 EST 专利，从 20 世纪 90 年代初期至今一直存在着争论，USPTO 和美国联邦法院也一直试图平衡各方的利益。在关于 EST 的可专利性标准的争论中，一方认为，过严的实用性标准会不利于生命科学的发展，也不利于对生物技术产业的保护，因为较高的资金投入不能保证得到经济上的回报；另一方则认为，过于松懈的实用性标准可能会让本应属于公共领域内的信息纳为私有，损及社会公共利益。

二、EST 专利的实用性判断

在 USPTO 认可 EST 是可专利主题之后，接下来的问题就是如何掌握 EST 发明的可专利性标准。在 EST 发明的可专利性判断中，新颖性和非显而易见性并无特别之处，关键是对实用性标准的判断。在 2005 年的 *In re* Fisher 案中，CAFC 详细解释和评论

❶ Donald L. Zuhn, Jr., DNA Patentability: Shutting the Door to the Utility Requirement, 34 *J. Marshall L. Rev.* 973, 2001, pp. 973 ~ 999.

❷ 同上。

了 EST 发明的实用性标准，也首次认可了 USPTO 于 2001 年颁布的新《实用性审查指南》，这对其后 USPTO 审查 EST 专利申请具有指导意义。

在 *In re* Fisher 案中，Dane Fisher 和 Raghunath Lalgudi 在研究玉米时得到了一种功能未知的基因的 5 个 EST 片段，遂向 USPTO 递交专利申请，并在说明书中列举了这些片段的 7 种用途。审查员认为说明书没有公开特定的实质用途：发明人没有给出每种 EST 的确切用途，他们所描述的 EST 用途可广泛地适用于任何 EST，因此发明缺少特定用途；由于含有这些 EST 的基因功能未知，其编码的蛋白质也功能未知，因此 EST 也缺乏实质用途。因此审查员认为本发明不能满足实用性要求，驳回专利申请。

发明人向 USPTO 的专利申诉与冲突委员会提起复审请求。复审请求集中于说明书中描述的 7 种用途中的 2 种：用于多态性鉴定和用做探针或引物分子。多态性（polymorphism）即 DNA 序列中的遗传变异。专利申诉与冲突委员会全面分析了发明的实用性，认为：专利申请的宽泛性公开并未给出更多的基因信息，在此基础上发明人声称可检测多态性的有无，但发明提供的只是关于遗传的最贫乏的信息；把这些 EST 用做探针探测其他生物的功能模糊的基因，不能构成实质用途；发明公开的基因信息并不能给本领域的技术人员带来更多信息，使用这些 EST 监控基因表达或作为分子标记物也都不能构成实质用途。因此，委员会认为该专利申请不能满足实用性要求，决定驳回复审请求。[1]

Fisher 认为申诉与冲突委员会对本发明适用了更高的实用性标准，因此把案件上诉至 CAFC。在上诉中，Fisher 主张的是由 Story 法官在 19 世纪初确定的非常宽泛的实用性标准，即发明只要不对社会福利、政策和道德有害就可以了，这为 CAFC 明确驳斥。CAFC 表明，一件发明必须有实质的用途和特定的用途，即

---

[1] *In re* Fisher，421 F. 3d 1365（Fed. Cir. 2005）.

对社会公众能够提供显著的和特定的益处，这是说发明的用途不应在将来的某个时间或者在经过额外的研究之后才得以明确，相反的，在申请时就应该有特定的和实质的用途，因此仅声称有“生物学用途”、“生物学性质”或者“可用于技术目的或医药目的”并不能满足实用性要求。因此，尽管发明人得到的 EST 可作为基因研究工具用于基因分离和进行进一步的研究，但发明人的实验目标仅是为了更好地理解玉米基因组，并确定某些重要基因的功能，它并不是一个发明。

针对 Fisher 把这些 EST 分子喻为“显微镜”的说法，CAFC 也不予认可。法院认为，显微镜能够放大物体揭示其结构，为人类提供了一种特定益处，但 EST 却并不能够，它仅能检测结构相似的分子。发明人提供的其他几种作用也没能揭示特定用途。法院说，在此情形下给予 EST 专利，就像是授予发明人一张狩猎证，因为这些 EST 仅仅是沿途寻找实际用途的工具而已。CAFC 因此认可申诉与冲突委员会的决定。关于 USPTO 的《实用性审查指南》，法院申明尽管其判决不受该指南约束，但该指南对实用性要求的解释与法院是一致的。这是联邦法院尤其是 CAFC 首次对 USPTO 的《实用性审查指南》(2001) 予以肯定。❶

在案件的反对意见中，Rader 法官表达了与判决书不同的意见。他认为，这些 EST 序列具有作为研究工具的法定用途 (statutory utility)，因为研究工具也是有益的，具有实用性，尽管其用途仅限于实验室中。他还认为，EST 的作用就像显微镜，对社会是有益的，因为“二者都让研究者更接近于确定和理解原来未知的和不可见的结构”。❷ 这表明，关于 EST 的实用性标准即使在 CAFC 内部也有不同观点，更不用说在整个社会中了。

对于 *In re* Fisher 案，人们有很多争论。有人认为它增高了

---

❶ *In re* Fisher, 421 F. 3d 1365 (Fed. Cir. 2005).

❷ 同上。

EST 可专利性的门槛，减缓了 EST 专利申请趋势，可能会有利于减轻人们担忧的“反公共地悲剧”（详见本书第七章第一节），对于其他生物技术如 DNA 芯片等的发展可能产生影响，但也有人对法院的判决提出质疑。[1] 可以说 *In re* Fisher 案是关于 EST 发明的可专利性尤其是实用性标准的一个重要案件，也可视为 CAFC 在调整 DNA 序列可专利性问题上所持的平衡态度。

概括而言，无论是 USPTO 的《实用性审查指南》还是 CAFC 的判决，它们在 EST 等 DNA 序列的实用性问题上的观点可归结为一点，即一种 DNA 序列的发明在技术成熟前不应获得专利，否则就可能会让有用的信息片段化，分散在不同所有者手中，从而不利于生物技术和生物技术产业的发展。但反对者认为，法院应该在 EST 专利真正影响了社会公众利益的情况下再做决定，不然就可能在生物技术产业证明是否能够用一种经济有效的方式分享产权信息之前，用《实用性审查指南》和判决封锁了这种可能性。也有研究者为 EST 专利问题提出解决方案，其中包括：政府加大生物技术研发支持力度，让专利保护没有必要；给 DNA 序列较短的专利保护期，如 5 年，既保证投入的回收，又保证为公共领域保留足够信息，有利于下游产品研发和减少研发成本投入；专利持有者通过互惠协议组建数据库，向社会收费开放，也能够同时达到多种目的。[2]

属于可专利主题的生物技术发明，如果不违背道德条款，在得到充分公开的情形下，如果能够满足实用性、新颖性和创造性等可专利性要求，成功经历初步审查和实质审查，就可以最终获得专利授权，享有针对该生物技术发明的独占权。

---

[1] Tashica T. Williams, *In re* Fisher: Raising the Utility Hurdle for Express Sequence Tags, 21 *Berkeley Tech. L. J.* 123, 2006; N. Scott Pierce, *In re* Dane K. Fisher: An Exercise in Utility, 6 *J. High Tech. L.* 1, 2006.

[2] Julian D. Forman, A Timing Perspective on the Utility Requirement in Biotechnology Patent Applications, 12 *Alb. L. J. Sci. & Tech.* 647, 2002.

第六章　美国、欧洲和日本的生物技术专利制度比较

第一节　美欧日三方专利局合作概述

在20世纪80年代初，面对日益增多的专利申请，为了应对和处理高新技术发展带来的新专利问题，美国专利与商标局（USPTO）、欧洲专利局（EPO）和日本特许厅（Japan Patent Office，JPO）开始就共同问题探讨合作，当时探讨的问题包括如何利用新技术经济地储存数据、有效地处理数据和快捷地传递数据等。1983年10月19日，三方专利局在华盛顿召开第一次三方会议，建立“三方合作”机制（Trilateral Cooperation，JPO称之为“三极特许厅协力”）。

三方合作的目标包括：解决与工业产权保护相关的共同问题；协调USPTO、EPO和JPO三方专利局的审查实践；促进专利信息交流；加深对专利系统益处的认识；探讨三方专利局在检索、审查、文献化和利用电子工具等事务中的合作。概言之，三方合作的总目标是通过三方专利局在工业产权管理和保护中的协调和发展，努力建立一个持续增效的世界专利系统。[1]

三方合作开始仅限于交换相关技术秘密和建立互换技术数据标准，随后合作扩大到制作新的数据库和对它们的开发利用，在数字时代到来后三方合作则包括电子申请、无纸办公、电子数据

---

[1] The Trilateral Co-operation, at http://www.trilateral.net/; *Objectives*, at http://www.trilateral.net/objectives/（2008年10月20日访问）.

交换、数据对公众开放和减轻工作量等。[1] 三方合作的具体形式包括：每年举办一次三方会议（Trilateral Conference）专门讨论相关问题；每年发布《三方统计报告》（Trilateral Statistical Reports）公布三方专利局的专利申请信息等；开展相关项目合作；与 WIPO 和其他国家的专利局进行合作等。1998 年三方专利局建立联系三方的互联网络 TRINET，2000 年决定把 TRINET 上的数据向其他专利局输送，后来又分别把该网络延伸连接加拿大、韩国、澳大利亚的专利局网络以及 WIPONET 和 PatNET。[2]

三方专利局针对不同主题分别进行了比较性和对策性的专题项目研究，其中包括“电子业务、数据标准化和网络”、“文献化、分类协调、机器翻译系统”（关注专利文献分类）、“信息政策”（关注专利信息产品扩散）、“法律问题”（关注专利法和专利程序的协调）、“管理信息报告”、“生物技术专利”和“商业方法（business method）专利”等。[3]

在生物技术专利领域，三方专利局的合作和成果包括：1987 年三方专利局合作完成“化学数据标准化”项目；1988 年三方专利局在生化序列模式上达成一致，从而为创立三方 DNA 序列数据库铺平道路；1990 年针对该 DNA 数据库达成协议，至 1996 年在该数据库中已有超过 5 万个 DNA 片段；1994 年三方专利局把获得的与艾滋病有关的所有专利都集中在一个数据库中向人们免费提供。[4]

三方专利局也开展了多个生物技术专利专题项目研究，其目

---

[1] See *Historical Background*, at http://www.trilateral.net/background/（2008 年 10 月 20 日访问）.

[2] See *Historical Timeline*, at http://www.trilateral.net/background/timeline/（2008 年 10 月 20 日访问）.

[3] See *Projects*, at http://www.trilateral.net/projects/（2008 年 10 月 20 日访问）。

[4] See *Historical Timeline*, at http://www.trilateral.net/background/timeline/（2008 年 10 月 20 日访问）.

标是建立不重复的专利序列（包括DNA序列和蛋白质序列等）数据库，并对生物技术专利领域中的一些特别问题进行比较研究。项目分别包括“生物技术专利实践”“DNA片段的可专利性”“检索和审查中的相互理解：功能是基于同源检索的核酸分子的相关发明”“生物技术专利实践：延伸型权利要求（Reach Through Claims）”“蛋白质三维结构的相关权利要求”“与单核苷酸多态性（Single Nucleotide Polymorphisms，SNPs）和单元型（Haplotypes）相关的审查实践”❶“DNA检索交换研究报告”等。❷这些项目针对审查实践中遇到的生物技术专利问题，通过一些具有代表性的模拟案例，比较分析了三方的相关专利法（公约）规定和专利局的审查实践，对于理解三方专利局的审查标准具有借鉴意义。

本章主要针对三方专利局共同研讨的相关生物技术专利问题，结合三方的法律规定以及USPTO、EPO和JPO的审查实践进行分析，希望能够对我国的生物技术专利申请和审查提供借鉴。本章关注的问题主要包括：生物技术发明的充分公开、DNA序列的可专利性、SNP序列的可专利性、蛋白质三维结构的可专利性和延伸型权利要求等。其中一些问题已经分别在本书以上的内容中有所论述，本章就在此基础上，结合三方专利局对相关问题的回答和对虚拟案例的审查进行比较。应注意，本章更多的是从专利审查的角度分析相关问题。

第二节　生物技术发明的充分公开

如以上第五章第五节所述，充分公开（enablement require-

❶ “haplotype”的推荐译名为“单元型”，也可译作“单模标本”。参见科学出版社名词室（编）：《英汉生物学词汇》，科学出版社2005年版。

❷ See *Projects - Biotechnology*, at http://www.trilateral.net/projects/biotechnology/（2008年10月20日访问）.

ment，adequacy of disclosure）是专利申请必须满足的条件之一，对于生物技术发明而言尤为如此。在现实的专利审查实践中，因未能满足充分公开要求而被驳回的生物技术专利申请或被宣告无效的生物技术专利不在少数。在美国专利法、EPC（欧洲专利公约）和日本专利法中都有关于充分公开的明确规定。❶

三方研究计划（Trilateral Project）就此设计了具体问题和具体案例要求三方专利局回答，研究者通过对比分析这些答案，帮助理解三方专利局在生物技术发明充分公开方面的具体要求和判定标准。涉及该问题的研究计划和成果包括："生物技术领域内主要与微生物发明相关的专利实践的比较研究"（Consolidated Comparative Study of Patent Practices in the Field of Biotechnology Related Mainly to Microbiological Inventions，Project 12. 3）、"公开和权利要求的比较研究报告"（Comparative Study Report on Requirements for Disclosure and Claims，Project 12. 6）、"生物技术专利实践"（Biotechnology Patent Practices，Project 24. 1）、"DNA 片段的可专利性"（Patentability of DNA fragments，Project B3b）和"检索和审查中的相互理解：功能是基于同源检索的核酸分子的相关发明"（Mutual understanding in search and examination：nucleic acid molecule-related inventions whose functions are inferred based on homology search，Project B3b）等。

一、一般判断标准

在研究计划 24. 1 即"生物技术专利实践"中，研究要求三方专利局详细解释审查实践中的充分公开标准，其中包括"如何制造"和"如何使用"等。三方专利局一致认为，应要求申请人公开足够的信息，让本领域的普通技术人员通过结合申请日的公知技术信息，不经过度实验就可实施发明。EPO 强调，说明书

❶ See 35 U. S. C. 112；EPC，Article 83；Japanese Patent Law，Article 36（4）.

必须充分公开实施发明所必需的所有信息，使发明的实施对于本领域的普通技术人员而言是显而易见的。JPO 认为，如果某技术领域内的信息难于帮助推断如何制造和使用某种专利产品，申请就需包括一个或多个代表性实施例。❶

鉴于在判断创造性和充分公开两个过程中都会遇到“本领域的普通技术人员”（the person skilled in the art）这一专利法中的虚拟人，研究希望澄清在两个过程中该人员的定义及其水平有无差异。三方专利局认为在两个判断过程中此概念本身及其在判断中可能没有差异，认为“本领域的普通技术人员”具有的知识范围仅限于专利申请时“公知的一般知识”（common general knowledge）即“公知技术”，而不是包括公知技术在内的所有现有技术。❷

当确定说明书是否有对发明的充分描述时，审查员是否应考虑公知技术（如在教科书中已经公开的一种公知知识或技术）或在现有技术中的所有相关文献？三方专利局认可应把公知技术考虑在内。EPO 认为，在较新的生物技术领域，相应的技术知识可能尚未出现在教科书中，因此可把专利说明书作为公知技术的一部分。在论及如何克服发明没有充分公开的缺陷以及事后提交的、申请日后发表的证明文献应否被采用时，三方专利局都主张，如果审查员认为本领域的普通技术人员依据说明书和申请日时的公知技术能够实施发明，未充分公开的缺陷就可能被克服，这时如果申请人提交的书面证明或文献能够清楚地界定申请时的公知技术，就应当被接受，缺陷也因而被克服。对于申请日后发表的文献而言也是如此，即如果它的内容能够清楚地反映申请时

---

❶ See Trilateral Cooperation, *Trilateral Project 24.1 - Biotechnology Comparative Study on Biotechnology Patent Practices Comparative Study Report*, 1.2.1.1 (1).

❷ See Trilateral Cooperation, *Trilateral Project 24.1 - Biotechnology Comparative Study on Biotechnology Patent Practices Comparative Study Report*, 1.2.1.1 (2).

的公知技术，就可以被接受。[1] 这与我国专利审查与复审实践中贯彻的对待补充文献或证据的原则基本一致。[2]

当考查公开是否充分、确定是否需要“过度实验”或“非合理的（unreasonable）实验”时，USPTO 和 JPO 认为需要考虑如下因素：所需实验的数量；说明书中提供的指引或指导数量；有无实施例；发明的本质；现有技术情况；技术领域中的相对技术水平；该特定技术的可预测性；权利要求的宽度。EPO 认为，如果发明是以完全不可靠的方式完成，其实施依赖于偶然的几率，则充分公开的要求就不能得到满足；然而，如果能够保证重复性的成功，这时即使伴随一定比例的失败，也不应认为需要过度实验。[3]

如果发明属于开创性进展，除了在实施例中公开的技术方案外尚无替代性解决方案，如果考虑到以后其他具有同样效果的方法，则功能性的限定是否可被接受？USPTO 认为这可能导致发明未能充分公开；EPO 认为如果发明的确开创了一个新领域，可允许权利要求涵盖后来开发的所有方法；JPO 认为需具体评价发明是否得到了充分公开。[4]

二、具体问题分析

接下来，研究希望借助具体问题探讨生物技术发明的充分公开标准。研究要求三方专利局针对如下具体情形，判断申请能否

---

[1] See Trilateral Cooperation, *Trilateral Project 24.1 - Biotechnology Comparative Study on Biotechnology Patent Practices Comparative Study Report*, 1.2.1.1 (3), (4).

[2] 张珍丽：“化学发明专利的充分公开标准之研究”，中国政法大学硕士学位论文，2006；唐铁军：“关于我国专利申请“充分公开”判定标准的研究”，中国政法大学硕士学位论文，2005。

[3] See Trilateral Cooperation, *Trilateral Project 24.1 - Biotechnology Comparative Study on Biotechnology Patent Practices Comparative Study Report*, 1.2.1.1 (5), (7).

[4] See Trilateral Cooperation, *Trilateral Project 24.1 - Biotechnology Comparative Study on Biotechnology Patent Practices Comparative Study Report*, 1.2.1.1 (8).

满足与充分公开相关的可实施（enablement）要求。

（1）假设要求保护的发明是：一种重组载体；一种生产重组载体的方法；一种转化体；一种生产转化体的方法；一种生产重组蛋白质 X 的方法；一种重组蛋白质 X。如果说明书中有一个关于 cDNA 克隆的实施例，该 cDNA 编码蛋白质 X，但说明书中却没有关于这些发明的实施例，那么以上要求保护的权利要求能否满足可实施要求？

USPTO 认为，难以根据该实施例情形回答这些问题，但是如果说明书的内容合理而丰富，从而让本领域的普通技术人员能够通过应用该 cDNA 生产该蛋白质，就认为这些权利要求满足可实施要求。EPO 认为，如果 cDNA 克隆的发明在说明书中得到了充分公开，就可认为这些权利要求满足可实施要求。JPO 认为，如果本领域的普通技术人员需要过度实验才可表达结构基因生产该蛋白质，而发明又无相应实施例，就不能满足可实施要求。❶

（2）如果说明书中仅有生产一种转化体如大肠杆菌的实施例，但权利要求却包含大肠杆菌之外的其他转化体，那么该发明是否满足可实施要求？如果要求保护的转化体明显地包括动物或植物，该发明是否满足可实施要求？

三方专利局一致认为这些问题需要具体分析。USPTO 和 JPO 认为，对于动物或植物而言，与宿主相比，宿主中的转化体可能更不满足可实施要求。EPO 认为对微生物适用的标准也将适用于动物或植物。❷

（3）要求保护的 DNA 由杂交（hybridize）限定，例如一种 DNA 分子序列与一种 DNA 序列 X 杂交且编码具有生物学活性 X 的多肽分子，如果说明书公开了 DNA 序列 X 的 cDNA 序列，但

---

❶ Trilateral Cooperation, *Trilateral Project* 24. 1 - *Biotechnology Comparative Study on Biotechnology Patent Practices Comparative Study Report*, 1. 2. 1. 2（1）.

❷ Trilateral Cooperation, *Trilateral Project* 24. 1 - *Biotechnology Comparative Study on Biotechnology Patent Practices Comparative Study Report*, 1. 2. 1. 2（2）.

没有通过杂交方法克隆其等位突变（allelic mutants）的实施例，那么是否满足可实施要求？如果权利要求不仅包括自然发生的DNA，也包括人工合成的DNA，那么是否满足可实施要求？

USPTO认为，该权利要求的范围确实包括比等位突变更多的DNA序列，但要进行必要的分析就需要评估说明书是否描述了足够的方法以确定“生物学活性X”。EPO和JPO认为它们能够满足可实施要求：EPO认为，通过杂交方法克隆其他相似DNA分子属于公知技术；JPO认为，DNA分子杂交技术已经发展了20多年的时间，从1980年就开始作为获得等位突变的公知方法。关于人工合成的DNA，EPO认为在自然和人工的DNA之间没有差别，JPO指出即使在严格条件下，很多与DNA序列X具有较低同源性（identity，homology）的DNA序列也可能与序列X杂交。[1] 可见在关于DNA分子杂交、克隆和同源DNA序列方面，三方专利局存在不同判断。其中，JPO关于同源DNA序列的意见是客观的。

（4）要求保护的DNA由“置换、缺失、增加或插入”（substitution，deletion，addition，insertion）限定，例如某DNA序列是通过对DNA序列X的置换、缺失、增加或插入得到，这时如果说明书公开了X的序列，但却没有实施例描述如何通过核苷酸置换、缺失、增加或插入等方法生产DNA序列的衍生物，那么发明能否满足可实施要求？当序列非常短时，如涉及一种编码抗原决定簇（epitope of antigen）的DNA序列，发明是否满足可实施要求？

USPTO认为，如果说明书包括能够预测哪些DNA分子化合物和如何制造这些化合物的足够指导，就可认为说明书的描述是足够的。EPO认为，从一个给定的DNA序列X通过置换、缺失、

[1] Trilateral Cooperation, *Trilateral Project 24.1 - Biotechnology Comparative Study on Biotechnology Patent Practices Comparative Study Report*, 1.2.1.2 (3).

增加或插入等手段得到不同的DNA序列属于本领域的普通技术，也适用于非常短小的DNA。JPO认为，在不损失蛋白质功能和性质的情形下，一旦突变DNA的技术成为公知技术，即使没有具体的实施例，发明也可能满足可实施要求；然而当涉及非常短小的DNA序列时，对核苷酸序列的修饰可能导致该序列功能的丧失。❶

（5）要求保护的发明涉及一种病原性病毒抗原的多肽片段，它包括由病毒X的基因组编码的至少8个氨基酸的序列和一种抗原决定基（antigenic determinant），病毒X由说明书所附的具有940个氨基酸的序列限定，那么说明书是否满足可实施要求？

USPTO指出，这取决于多肽全序列是否被公开以及要求保护的是什么生物学活性。JPO认为，氨基酸片段的显著性（distinctiveness）非常重要，从疫苗的角度看，除去上述条件外，还需提供它的免疫原性。和它们不同，EPO认为这会满足可实施要求，因为这种多肽可被本领域的普通技术人员获得。❷

（6）要求保护的DNA序列是由与某特定核苷酸序列同源限定，例如一段DNA序列与说明书附图提供的一段DNA序列有至少X%的同源性，如果该同源性较低，该发明是否满足可实施要求？

USPTO认为，在“制造”该DNA序列方面应该没有问题，但在“使用”该序列方面可能有问题。JPO认为，这显然不能满足可实施要求，因为权利要求清楚地包括不能满足实用性要求的一些DNA分子。而EPO仅回答原则上能够满足可实施要求。❸

---

❶ Trilateral Cooperation, *Trilateral Project 24.1 - Biotechnology Comparative Study on Biotechnology Patent Practices Comparative Study Report*, 1.2.1.2 (4).

❷ Trilateral Cooperation, *Trilateral Project 24.1 - Biotechnology Comparative Study on Biotechnology Patent Practices Comparative Study Report*, 1.2.1.2 (5).

❸ Trilateral Cooperation, *Trilateral Project 24.1 - Biotechnology Comparative Study on Biotechnology Patent Practices Comparative Study Report*, 1.2.1.2 (6).

与此相关，如果要求保护的DNA序列仅由与某特定核苷酸序列同源限定，是否满足可实施要求？如果在此基础上，该DNA序列还被其功能限定，但它与某特定核苷酸序列的同源性却较低，是否满足可实施要求？

三方专利局的回答各有不同。USPTO认为这依赖于发明实际是什么，认为允许申请人请求保护仅与某特定DNA序列具有有限同源性的DNA是重要的，因为即使是具有较低同源率的序列也能编码和特定序列一样的蛋白质。EPO认为在这两种情形下都能满足可实施要求，而JPO则认为两种情形都不能满足可实施要求。[1] 显然，三方专利局各有自己的考虑。

（7）要求保护的DNA不是由其核苷酸序列限定而仅由其功能限定，如一种编码蛋白质X的DNA序列，是否满足可实施要求？

三方专利局的回答基本一致，都认为对于结构基因而言，如果它仅由功能限定，如编码蛋白质X，这时如果说明书能够清楚地描述该蛋白质，并且能足够地限定其结构特征，就认为是容许的。[2]

（8）要求保护的DNA既不是由其来源限定，也不是由其核苷酸序列限定，而是在说明书中仅有一个实施例涉及来自某特定来源（如小鼠）的cDNA克隆，如果权利要求涉及其他来源（如人）的DNA，发明是否满足可实施要求？

对此三方专利局有相似意见：USPTO认为需要分析说明书中的描述以及申请日的现有技术；EPO认为如果本领域的普通技术人员能够不通过创造性劳动就能从其他来源获得该DNA即可；

[1] Trilateral Cooperation, *Trilateral Project* 24.1 - *Biotechnology Comparative Study on Biotechnology Patent Practices Comparative Study Report*, 1.2.1.2 (6').

[2] Trilateral Cooperation, *Trilateral Project* 24.1 - *Biotechnology Comparative Study on Biotechnology Patent Practices Comparative Study Report*, 1.2.1.2 (7); 1.1.1.1 (1); 1.1.1.2.1 (1).

JPO 认为需要考虑申请日的公知技术。❶

(9) 要求保护的是针对一种新蛋白质的单克隆抗体，如可结合蛋白质 X 的单抗，如果说明书中没有制备该蛋白质单抗的实施例，那么什么样的说明书能够满足可实施要求？如果认识到了该蛋白质的免疫原性，说明书是否满足可实施要求？如果可以，是否通过以下描述就可证明该蛋白质的免疫原性？(a) 该新蛋白质的分子量大于 10 kDd (Dd 为分子量的计量单位道尔顿)；(b) 对于应用于诊断目的的发明而言，该新蛋白质并非起源于人类；(c) 针对与该新蛋白质相似的某种免疫原性蛋白质已制备了单抗。

(10) 要求保护的发明是一种特定的单克隆抗体，在说明书中有生产单抗的实施例，但生产该单抗的杂交瘤 (hybridoma) 没有保藏，什么样的说明书满足可实施要求？

这两类问题都涉及某种新蛋白质的单抗，三方专利局的回答也有差异。USPTO 解释说，针对这些问题并没有一般性的规则，每个申请都需单独审查。EPO 认为，由于生产单抗有广为人知的 Kohler 与 Milstein 的经典杂交瘤技术，通常不经过创造性劳动就可获得某种蛋白质的单抗。JPO 认为，对于免疫原性而言，仅有 (9) 中的 (a) 和 (b) 是不够的，而 (c) 是足够的。关于保藏，三方专利局都认为原则上需要保藏生产特定单抗的细胞。❷

由三方专利局对以上各种具体情形的分析，可知充分公开是生物技术发明在专利申请和审查过程中必须要面对的一个重要而棘手的要求，其判定和处理并没有统一标准可循，并且在各国的专利审查实践中也可能有不同要求。这为生物技术专利的国际申请带来了困难，需要发明人、申请人和专利代理人认真理解当地

❶ Trilateral Cooperation, *Trilateral Project 24.1 - Biotechnology Comparative Study on Biotechnology Patent Practices Comparative Study Report*, 1.2.1.2 (8).

❷ Trilateral Cooperation, *Trilateral Project 24.1 - Biotechnology Comparative Study on Biotechnology Patent Practices Comparative Study Report*, 1.2.1.2 (9), (10).

国的具体要求，以免造成不可挽回的失误。

第三节　生物技术发明的权利要求

以上讨论了生物技术发明的充分公开要求。其实，要求说明书清楚、完整地描述发明仅涉及问题的一方面，问题的另一方面就是对权利要求书的要求。因为发明需要公开到什么程度，需要以申请人要求保护的技术方案作为判断基准，这就是权利要求书。三方研究报告（Project 24.1）讨论了权利要求的清晰性（clarity）以及它与说明书之间的关系。

一、一般规则

首先，是否允许仅用发明效果限定权利要求？如果可以，权利要求应如何解释？它能否被称为“单一方法型”（single-means）权利要求？

三方专利局指出，仅用发明效果限定权利要求难以满足对权利要求的清晰性要求和充分公开要求。USPTO 认为权利要求不能仅以发明效果限定，因为这不能达到充分公开要求。JPO 认为，如果因为权利要求中含有仅用发明效果限定的产品而认定权利要求缺乏清晰性，就不应以此为借口驳回专利申请，但是即使考虑到说明书的公开和公知技术，本领域的普通技术人员仍不能清楚地确定要保护的发明，则权利要求缺乏清晰性。

EPO 认为，权利要求的范围必须被清楚地、无歧义地限定，利用效果限定发明的权利要求一般不应被允许，特别是当效果仅相当于发明所期望解决的问题或目标时更是如此。然而，EPO 也认为，也有允许用功能特征（functional features）限定权利要求的情形，例如发明仅能以此方式限定，或者发明不能在不限制权利要求范围的情形下被更清楚地界定。但 EPO 又强调，在这些情形下，该效果应该能够被说明书中充分描述的试验或程序所直接或实证地确认，或者它已经为本领域的普通技术人员所知晓且不需经过过度实验。这是说，发明所要达到的效果应在说明书中被充分公开或者属于公知技术领域，因而能够为本领域的普通技术人员所掌握，否则此种权利要求就可能不被允许。[1]

其次，是否允许把发明效果作为一种技术特征与其他技术特征结合使用？该判断是否依赖于该技术特征在申请日前为公众知晓？此种权利要求是否可称为“方法加功能型”（means-plus-function）权利要求？

针对这些问题，三方专利局表示允许把发明效果作为一种技术特征与其他技术特征结合使用，然而 EPO 又表示仅在该技术特征是实质特征的特别情形下才准许这样做。[2]

最后，是否允许在权利要求中提及或引用附图或表格中的有关内容（包括 DNA 序列、蛋白质序列和 DNA 酶切图等）？

USPTO 说，如果权利要求的内容是确定的，才允许引用与提及。EPO 主张，除非在绝对必要的情形下，权利要求不应依赖于对说明书或附图的引用，例外的允许情形包括列在附图或表格中的 DNA 序列、氨基酸序列或 DNA 限制性酶切图谱等。JPO 也是如此。[3]

二、具体问题判析

在一般规则的基础上，三方专利局分别针对不同的具体问题给予分析和解答。

（1）当要求保护的发明涉及结构基因时，该基因不是以其

---

[1] Trilateral Cooperation, *Trilateral Project* 24.1 - *Biotechnology Comparative Study on Biotechnology Patent Practices Comparative Study Report*, 1.1.1.1 (1).

[2] Trilateral Cooperation, *Trilateral Project* 24.1 - *Biotechnology Comparative Study on Biotechnology Patent Practices Comparative Study Report*, 1.1.1.1 (2).

[3] Trilateral Cooperation, *Trilateral Project* 24.1 - *Biotechnology Comparative Study on Biotechnology Patent Practices Comparative Study Report*, 1.1.1.1 (3).

DNA序列而是仅以其功能限定，权利要求是否清楚？例如，一种含有DNA序列的DNA提取物，该DNA序列编码特定人蛋白质X，如干扰素（interferon）或组织纤溶蛋白酶原激活因子（tissue-type plasminogen activator，t-PA）等，此权利要求是“单一方法型”权利要求还是“方法加功能型”权利要求？

对于由功能是编码蛋白质X限定的结构基因，三方专利局都认为，如果在说明书中该人蛋白质X被清楚地限定，其结构特征被足够地描述，那么仅由功能限定的结构基因的权利要求是允许的。USPTO认为，此种权利要求并不经常地被标为“方法型”权利要求。EPO也提及在实践中并不涉及此类术语。JPO认为，如果达到如权利要求所述的效果的每一种方法都属公知技术的话，就应判定该发明不具新颖性。JPO还认为在“单一方法型”和“方法加功能型”的权利要求之间并没有结构上的差别。[1]

（2）当权利要求涉及一种DNA，该DNA由“与一种特定DNA序列具有一定同源性”限定，如一种编码蛋白质X的DNA序列，它与说明书附图中所列的DNA序列有至少40%的同源，该权利要求是否得到清楚的说明？

三方专利局原则上同意，如果在说明书中给出了合适的同源性定义，该权利要求就是清楚的。但EPO强调，40%的同源性太低，不能保障与其同源DNA序列编码同一种蛋白质；JPO强调，在此情形下，应审查发明是否满足了充分公开要求，因为发明涉及的DNA与特定DNA序列具有一定程度的同源性，并不能保障该DNA与特定DNA具有相似的活性。可见EPO和JPO的观点基本一致。[2]

（3）当DNA是由“与特定的DNA序列杂交”所限定时，

---

[1] Trilateral Cooperation, *Trilateral Project* 24.1 - *Biotechnology Comparative Study on Biotechnology Patent Practices Comparative Study Report*, 1.1.1.2.1 (1).

[2] Trilateral Cooperation, *Trilateral Project* 24.1 - *Biotechnology Comparative Study on Biotechnology Patent Practices Comparative Study Report*, 1.1.1.2.1 (2).

对权利要求的要求是什么？例如，一种编码人类蛋白 X 的 DNA 序列，如果已知该 DNA 序列为自然产生的产品，并且其杂交条件已被限定，权利要求应满足什么条件？

三方专利局对此有不同回答。USPTO 认为，若仅为清晰性之目的，就没有必要对“杂交”作出限定，因为本概念虽然涉及范围宽泛但却是清晰的。EPO 认为，如果杂交条件在权利要求中得到明确说明，就可以在权利要求中通过与特定 DNA 序列杂交的方式定义一种 DNA 序列。JPO 认为，如果在说明书中描述了一种或几种核苷酸序列以及它们的性质或功能，并且描述了严格的杂交条件，在权利要求中也已声明杂交应在“严格条件”下进行，那么就能够以此限定 DNA 分子的杂交型权利要求（hybridization claim）。[1]

（4）编码具有蛋白质 X 的功能的 DNA 序列，如果它编码的蛋白质是说明书附图中公开的氨基酸序列的衍生物，是通过氨基酸的替换、缺失、增加或插入等突变形式产生，权利要求应满足什么条件？是否需要界定可以增加、缺失或替换的碱基数目？

USPTO 认为，不用为了权利要求的清晰性和特定性（specificity）来限定突变氨基酸的数目，然而对这些术语的最宽泛解释将可能导致权利要求范围非常宽泛，可包括很多 DNA 分子在内，并且由于蛋白质可能具有多种功能，那些没有被描述的功能也可能导致 DNA 分子的不确定性。EPO 和 JPO 认为，这种增加/缺失/替换型的权利要求可由以下三个条件界定：由说明书限定的一种或多种核苷酸或氨基酸序列；对“增加、缺失和替换”的清楚限定，只要突变序列与公开的 DNA 序列具有较高程度的一致性或同源性；编码蛋白质的性质或功能。[2]

---

[1] Trilateral Cooperation, *Trilateral Project* 24.1 - *Biotechnology Comparative Study on Biotechnology Patent Practices Comparative Study Report*, 1.1.1.2.1 (3).

[2] Trilateral Cooperation, *Trilateral Project* 24.1 - *Biotechnology Comparative Study on Biotechnology Patent Practices Comparative Study Report*, 1.1.1.2.1 (4).

（5）如果权利要求限定的是一种特定DNA序列的等位突变、衍生物、等价物或变异，权利要求是否满足相关要求？例如，如果在说明书附图中已经描述了一种人蛋白质X的氨基酸序列，那么对于通过编码该种DNA序列的等位突变或其衍生物形式得到的DNA序列而言，能否认为满足要求？

三方专利局对此回答不一。EPO认为，如果一种DNA序列在权利要求中得到清楚界定，并且该DNA序列的突变物也被其编码蛋白质X的相同性质较好地限定，该DNA序列的变异物就能够满足清晰性要求。JPO认为，是否满足要求要看在说明书中这些概念是否得到清楚的说明，例如是否清楚地描述了说明书中所说的标准序列与等位基因或衍生物之间的差别是在一定范围之内。然而USPTO认为，在分子生物学的现有技术中，这些代表着基因突变的概念并没有特定含义，因此在本问题中使用这些概念可能产生特定性方面的问题，需要审查说明书和现有技术以确定等位基因或等位突变的定义。❶

（6）关于通过重组DNA技术获得重组蛋白质，研究也提出了与结构基因相似的问题，其中包括仅由功能限定的氨基酸序列、同源序列（如同源率为40%如何对待）、杂交序列、突变序列和等位基因序列等。

对于仅由功能（如编码人蛋白质X）限定的氨基酸序列，USPTO和EPO都认为，由于一种蛋白质可有多种功能，因此仅知其功能不能满足对权利要求的清晰性要求。对于由序列同源性、突变序列和等位基因限定的氨基酸序列权利要求，EPO和JPO表示它们的答案与上述关于DNA序列的权利要求的答案相同。USPTO表明，如果关于蛋白质的某种功能的权利要求在DNA序列的权利要求中没有明确要求，就需审查说明书以确定

❶ Trilateral Cooperation, *Trilateral Project 24.1 - Biotechnology Comparative Study on Biotechnology Patent Practices Comparative Study Report*, 1.1.1.2.1 (5).

其意义和清晰性。关于序列同源性，USPTO 还指出，由于算法（algorithm）不同和在算法中有不同变量，因此在序列之间可能会得出不同的序列同源性。

如果克隆了一种编码某种蛋白质的结构基因，该蛋白质具有生物学功能，那么在限定该重组 DNA 和重组蛋白质之间有无差异？例如，一种权利要求为“一种 DNA，它编码蛋白质 X，它包括针对说明书附图所附的序列通过氨基酸置换、缺失、增加或插入等形式修饰得到的衍生物”，另一种权利要求为“一种蛋白质，它具有蛋白质 X 的功能，它包括针对说明书附图所附的序列通过氨基酸置换、缺失、增加或插入等形式修饰得到的衍生物”，那么在这两种权利要求之间有无不同？

EPO 和 JPO 都认为二者没有差别。但 USPTO 认为，后一种即关于蛋白质的权利要求并不清晰，因为很少有蛋白质仅有一种功能，因此如果蛋白质 X 的功能可得到清楚界定，该权利要求就是清楚的。❶

（7）除去作为结构基因编码功能蛋白质外，DNA 序列还可作为分析探针或调控序列（如基因表达的启动子等）使用，因此还有关于非结构基因的 DNA 序列的权利要求。研究给出的问题是，对于上述关于编码功能蛋白质的重组 DNA 的各种情形，如果该 DNA 序列用作探针，那么相关的权利要求是否满足相关条件？

三方专利局都认可原则上一种 DNA 片段需用技术特点进行清楚限定。USPTO 认为，与 DNA 碱基增加、缺失或置换相关的探针的权利要求很难撰写，因为权利要求包括的可能对公开序列的某一特定区域特异的探针是可变的。EPO 则强调对于探针或片段长度的精确定义，或者对蛋白质或多肽的部分氨基酸序列的精

❶ Trilateral Cooperation, *Trilateral Project 24.1 - Biotechnology Comparative Study on Biotechnology Patent Practices Comparative Study Report*, 1.1.1.2.2.

确定义。JPO 表示，分析用的 DNA 探针需有两个条件，一是该探针可与要探测的核苷酸序列严格杂交，二是它不与相似的序列杂交，因此如果用同源性、杂交或序列增加、缺失或置换限定，一般不能够满足可实施要求。❶

（8）关于转化体和融合细胞的权利要求。由于转化体不仅可意指细胞或微生物，也可意指植物或动物本身，那么在权利要求书中应用“转化体”的概念是否已清楚地描述相关发明？例如，如果一个权利要求是“用编码蛋白质 X 的 DNA 序列转化的转化体”，并且在说明书中把转化体定义为包括细胞培养物、微生物、动物和植物，这种描述清楚吗？三方专利局都认为，转化体本身是不清楚的。USPTO 和 EPO 都指出，如果在说明书中没有对转化体给予较好的定义，它就可能不被接受，并且如果把人类包括进来也是不可接受的。如果发明指向一种生产单抗的融合细胞，那么除单抗本身外，还有哪些因素是必需的？USPTO 认为可能需要明确相应生物材料的保藏。EPO 和 JPO 认为，指向一种融合细胞的权利要求可由父系细胞、功能或性质、单抗产品等各种因素的结合得到确定。USPTO 同意此判断。❷

第四节　DNA 序列的可专利性分析

以上第二节和第三节介绍的是三方专利局关于生物技术专利申请和审查标准的比较研究（Project 24. 1）。在此研究的基础上，三方专利局在迈阿密年会上同意继续就 DNA 序列发明等生物技术领域中的重要问题进行比较研究，以进一步澄清相应的专利审查问题。这就是新的三方研究计划 B3b（Trilateral Project

❶ Trilateral Cooperation, *Trilateral Project* 24. 1 - *Biotechnology Comparative Study on Biotechnology Patent Practices Comparative Study Report*, 1. 1. 1. 2. 3 (1).

❷ Trilateral Cooperation, *Trilateral Project* 24. 1 - *Biotechnology Comparative Study on Biotechnology Patent Practices Comparative Study Report*, 1. 1. 1. 2. 4.

B3b)。本研究设计了几个虚拟案例，要求各专利局给予解答或建议，目的是了解三方专利局对于生物技术专利的具体审查意见。这些虚拟案例的申请日都规定为1999年1月1日。

一、案例A、案例C

案例A的权利要求是一种由SEQ ID NO：1的核苷酸序列组成的核苷酸序列。说明书描述的内容包括：从人肝脏中应用寡聚(dT)引物构建的一种cDNA文库；核苷酸序列SEQ ID NO：1是应用自动DNA序列仪分析得到的多个序列中的一种；SEQ ID NO：1序列是某结构基因的一部分，它可在获取全长DNA序列的一个步骤中用作探针；在实施例中并未描述实际得到了全长DNA序列，也未描述DNA及其对应蛋白质的生物学功能。对现有技术的检索并未发现与SEQ ID NO：1具有高度相似性的核苷酸序列。

案例C的情形与案例A类似：希望得到保护的是从人肝脏cDNA文库中得到的500bp的cDNA，其序列如SEQ ID NO：3所示；从cDNA序列推出的氨基酸序列中具有糖基化(glycosylation)的一个潜在位点，该DNA序列是编码某种糖蛋白的结构基因的一部分；该DNA可在获取全长DNA序列的一个步骤中用作探针；没有发现与该DNA序列具有高相似性的已知DNA序列。可见，案例C和案例A一样，都是涉及EST的发明。

USPTO认为，案例A和案例C中的发明具有新颖性和创造性(非显而易见性)，但却没有实用性，也没有可实施性。就实用性而言，SEQ ID NO：1或3中所示的DNA序列缺少特定实用性。尽管公开的EST序列可用作探针获取全长结构基因的DNA序列，但由该基因编码的蛋白质的功能和结构却是未知的，即使已知该蛋白质是一种糖蛋白也并未提供足够的信息。该DNA序列唯一的实用性是用于获取全长结构DNA序列的方法，为确定该方法是否是一种特定实用性，一定需要确定该全长DNA是否具有特定的确定实用性。这种情形就是，如果一种起始材料仅能用于生产一种终端产品，该终端产品并无特定的确定实用性支持，则该起始材料就无特定的确定实用性支持。因为该 DNA 序列缺少实用性，则关于其使用的发明缺少可实施性。

EPO 认为，案例 A 的发明涉及一种新的主题，可满足新颖性。发明涉及的 DNA 序列已经给出，对于 EST 这类相对短小的核苷酸序列而言，本领域的技术人员能够利用 DNA 合成仪通过化学方法合成它们，因此说明书对发明的公开是清晰和完整的，满足充分公开的要求。EPO 还认为，从充分公开的角度看，“由……组成”（consisting of）和“包含”（comprising）并无区别。但 EPO 又认为，该发明不满足创造性，因为 EPO 申诉委员会曾在关于 AgrEvo 案的第 T939/92 号决定中指明，就“问题和方案途径”（problem and solution approach）而言，如果技术方案不是确定的，而是可变的，发明就不具创造性。[1] 对于 EST 发明而言，相关的技术问题是提供更多的或其他的 DNA 片段，因此仅一般性地声明某些 EST 具有探针功能，将不会给技术问题的解决带来益处，因为探针功能对所有 DNA 序列都是适用的，并不能带来区别性效果。此外，EPO 还认为该类发明的工业实用性也值得怀疑，因为可能并不知晓这些 EST 片段的特定功能。

对于案例 C 涉及的发明，EPO 认为它也满足新颖性和可实施要求，认为该发明的实用性是可质疑的，也认为它不满足创造性。EPO 对案例 C 给出的解释基本与对案例 A 的解释相同。就特定 DNA 序列编码的糖基化氨基酸序列位点而言，它并不代表一种未能预见的功能或一种令人惊奇的技术效果，因此该发明也不满足创造性。

无论是案例 A 还是案例 C，JPO 都主张申请应被驳回。《日本专利法》第 29（1）条第 1 款规定，如果发明能够商业性利用

[1] See Decision T939/92, O. J. EPO 1996, p. 309.

就具有工业实用性。JPO 认为，两个案例中的发明并未描述相关 DNA 片段的用途，也不能把它引申出来，因此发明不能商业性利用，不能满足实用性要求，编码的是糖蛋白对此判断并无影响。[1] JPO 还认为发明不能满足可实施要求，因为发明仅述及 SEQ ID NO：1 的核苷酸序列以及该序列可用作获得全长 DNA 序列的探针，但并未描述相关全长 DNA 序列编码的蛋白质的功能或生物学活性，因此不能从申请日的普通公知技术中得出全长 DNA 的用途，为此应用 DNA 片段获得全长 DNA 序列的发明不能工业性地应用，不能满足可实施要求，没有得到充分公开。

关于发明的新颖性和创造性，JPO 的意见和 EPO 基本一致，也认为发明虽然具有新颖性，但却不具有创造性，因为无论是从人细胞中获得 cDNA 并对它们测序，或者从肝脏等人体器官中构建 cDNA 文库和使用自动序列仪分析在文库中随机选择的 cDNA 序列，或者利用常规预测工具预测得到的氨基酸序列的功能，都是本技术领域中的公知目标或公知技术。因此即使还不知道与发明涉及的 DNA 序列类似的序列，本领域的普通技术人员仍然能够容易地利用通常的方法获得含有该序列的 cDNA 文库。如果获得的 DNA 序列具有未能预见的效果，发明就具有创造性，但本发明仅假定该 DNA 序列是一种结构基因的一部分，并且没有描述该 DNA 的功能或生物学活性，因此不认为发明公开了该 DNA 的有益效果，该发明不具创造性。

总结三方专利局对案例 A 和案例 C 的结论，可知：在新颖性方面，三方专利局一致，都认为发明满足新颖性；在实用性方面，三方基本一致，JPO 和 USPTO 认为发明没有实用性和可实施性，EPO 怀疑其实用性；在创造性方面，USPTO 认为满足，

---

[1] 但随着生物技术产业的发展，已有提供 cDNA 克隆产品的服务。这些 DNA 克隆产品中含有 DNA 片段，因此有人认为 EST 等 DNA 片段具有实用性。See *Trilateral Project B3b - Comparative study on biotechnology patent practices - Theme: Patentability of DNA fragments.*

而EPO和JPO认为不满足。由此可见，在三方专利局对可专利性的判断上，对新颖性的判断是一致的，对实用性和可实施性的判断基本一致，对创造性的判断出现分歧。这与“三性”的特性相关联，是可以理解的。由此也可看出，尽管USPTO、EPO和JPO三方专利局在DNA发明的可专利性判断方面存在较多一致，但也有不同之处。

二、案例B、案例F

案例B的权利要求是一种由SEQ ID NO：2的核苷酸序列组成的核苷酸序列。说明书描述的内容包括：从人肝脏中应用寡聚（dT）引物构建的一种cDNA文库；核苷酸序列SEQ ID NO：2是应用自动DNA序列仪分析得到的多种序列中的一种；分析的序列仅是cDNA文库的一部分（500bp）；以此形式得到的各序列可在一个DNA序列数据库中通过计算机自动检索得到；从cDNA序列推导出的多肽序列也可在一个氨基酸序列数据库中通过计算机自动检索得到；通过相似性（similarity）检索，发现含有该序列的DNA是编码某种人蛋白X的结构基因的一部分；该DNA序列与编码大鼠蛋白质X的结构基因具有95%的同源性，且已知该蛋白具有某种特定功能和生物学活性（如胰岛素）；相应的氨基酸序列也显示与大鼠蛋白质X的氨基酸序列具有95%的同源性；编码大鼠蛋白X的全长DNA为2400bp；该DNA序列可在获取全长DNA序列的一个步骤中用作探针；在实施例中并未描述实际得到了全长DNA序列。对现有技术的检索发现编码大鼠蛋白X的DNA序列已知。可见案例B的情形比案例A更为复杂。案例F的情形与案例B几乎一致，只是其权利要求是一种包含SEQ ID NO：2的核苷酸序列的结构基因。

USPTO认为，案例B和案例F中的发明具有新颖性和非显而易见性，但却不满足实用性和可实施要求。之所以具有创造性，是因为似乎不能利用现有技术把大鼠DNA序列修饰为本发明涉及的相应的人 DNA 序列。在实用性和可实施要求方面，如果说明书中表明因为大鼠和人基因之间有同源性，该序列可用于分离编码蛋白 X 的相关人基因，那么实用性条件就得到满足，反之就不满足；如果发明涉及的序列具有特定的实用性，就可满足可实施要求，反之就不能满足。

EPO 认为，案例 B 和案例 F 中的发明具有新颖性，也能够满足充分公开和可实施要求，但能否满足实用性值得怀疑。做出这些判断的理由与 EPO 针对案例 A 的陈述相同。EPO 还认为案例 B 和案例 F 中的发明不具创造性，因为与该发明最近的现有技术是编码大鼠胰岛素的 DNA 序列，为 2400bp，人胰岛素基因与大鼠胰岛素基因具有 95% 的同源性，在如此高的同源性条件下，利用大鼠胰岛素基因的 DNA 序列作为探针，从人肝脏 cDNA 基因文库中通过交叉杂交（cross-hybridisation）的方法，鉴定和分离出相应的人胰岛素基因的部分序列，是本领域中的普通技术。在此情形下，如果该发明涉及的特定 DNA 序列或其片段没有任何令人惊奇的特点或优势，该发明就没有创造性。

JPO 认为案例 B 和案例 F 中的发明具有实用性和新颖性；案例 B 中的发明得到了充分公开，满足可实施要求，但案例 F 中的发明不能满足可实施要求，因为本领域的普通技术人员需要过度试验才可能成功地获得该基因的全长 DNA 序列；案例 B 和案例 F 中的发明都不满足创造性。因此这两个发明都会被驳回。

在解释发明不具创造性时，JPO 列举了两个原因：第一，在哺乳动物编码某种蛋白质的 DNA 序列之间常有较高的同源性，利用某种哺乳动物的基因序列作为探针，分离编码同类蛋白质的人基因 DNA 序列的技术属于公知技术，因此利用大鼠蛋白质 X 的部分 DNA 序列作探针，分离编码人蛋白质 X 的基因 DNA 序列的发明是显而易见的；第二，相关的操作，包括从人细胞中获得 cDNA 并测序、从肝脏等人体器官中构建 cDNA 文库并分析其序列、通过相似性检索（利用 FASTA 和 BLAST 程序等）并依据

DNA 序列和相应的蛋白质序列预测其功能等，都是公知技术。当然，JPO 也认为，如果获得的 DNA 序列具有未能预见的优势效果，也可能具有创造性，但本发明仅涉及某结构基因的部分序列，因此不具创造性。

总结三方专利局对案例 B 和案例 F 的分析，可知：在新颖性方面，三方专利局都认为具有；在创造性方面，USPTO 认为满足，EPO 和 JPO 认为不满足；在充分公开和可实施方面，EPO 认为满足，JPO 认为案例 B 中的发明满足，案例 F 中的发明不满足，USPTO 认为可能都不满足。这和三方专利局对案例 A 和案例 C 的解释基本一致：对新颖性的判断最为一致；对充分公开和可实施的判断有一些分歧；对创造性的判断分歧最大。

三、案例 D、案例 E

案例 D 和案例 E 的发明都涉及 SEQ ID NO：4 的核苷酸序列，所不同的是案例 D 的权利要求是由该序列所组成（consisting of），而案例 E 的权利要求是包含该序列（comprising）。说明书描述的内容包括：该核苷酸序列是从一种 cDNA 文库中发现的 500bp 的 cDNA 序列，该文库得自患有疾病 Y 的病人的肝细胞，该核苷酸序列在正常人体中没有；通过 Northern 杂交（northern hybridization）证实相应的 mRNA 仅在病人的肝细胞中表达，因此该序列可作为诊断疾病 Y 的探针。对现有技术进行检索没有发现患有疾病 Y 的病人所特有的 DNA 分子，也没有发现与 SEQ ID NO：4 具有高度同源性的核苷酸序列。

在针对案例 D 的权利要求的判断上，三方专利局表现出高度一致，都认为该发明具有新颖性、创造性和实用性，也得到了充分公开。EPO 认为该发明的技术用途（technical usefulness）即发明序列可用于疾病 Y 诊断不是显而易见的，因此发明具有创造性。USPTO 认为由于该序列可用作诊断疾病 Y 的特定探针，具有实用性。

但是在针对案例 E 的权利要求的判断上，三方专利局表现出分歧。USPTO 和 EPO 都认为案例 E 的发明具有新颖性、创造性和实用性，也得到了充分公开。EPO 再次强调，在“由……组成”和“包含”两个概念之间并无差别。USPTO 则认为，虽然“包含”表达的范围要宽于“由……组成”表达的范围，但通过分析可判断发明仍满足可实施要求。JPO 虽然认可案例 E 的发明具有新颖性、创造性和实用性，但却认为说明书不能满足可实施要求。

JPO 认为，如果某核苷酸序列的部分序列对于一种特定 DNA 是特有的，但更大部分的序列对于该种 DNA 而言不是特有的，依据生物技术常识，非特有部分的序列可能阻止特有部分的序列与该种 DNA 杂交，因此该核苷酸序列将不能用作诊断疾病 Y 的探针，因此该发明不满足可实施要求。但 JPO 也表明，这并不意味着案例 E 的发明所涉及的所有核苷酸序列都不能满足可实施要求。

由此可见，虽然 USPTO 和 JPO 都认为“包含”是一种开放式表达，其范围要宽于“由……组成”的封闭式表达，但二者对相关技术的充分公开的判断仍有不同。

以上 6 个案例（案例 A ~ 案例 F）主要涉及对新颖性、创造性、实用性、充分公开和可实施要求等可专利性条件的考查。以下 3 个案例 G、案例 H 和案例 I 则主要涉及对发明单一性（unity）的考查。

四、案例 G、案例 H、案例 I

案例 G 的权利要求 1 ~ 11 分别是一种由 SEQ ID NO：1 ~ 11 组成的核苷酸序列，其说明书描述的内容包括：从人肝脏中应用寡聚（dT）引物构建的一种 cDNA 文库；每种核苷酸序列都是应用自动 DNA 序列仪分析得到的多种序列中的一种；分析的序列仅是 cDNA 文库的一部分（500bp）；SEQ ID NO：1 ~ 11 序列分别是某些结构基因的一部分，它们可在获取全长 DNA 序列的一个步骤中用作探针；在实施例中并未表明实际获得了全长 DNA，也未描述 DNA 及其对应蛋白质的功能或生物学活性；这些核苷酸之间并不高度同源。案例 H 的权利要求和案例 G 相同，说明书中描述的内容也与案例 G 基本相同，所不同的是它还描述了这 11 种核苷酸序列具有潜在的糖基化位点，因而推定相应的核苷酸序列是编码某些糖蛋白的结构基因。

案例 I 的权利要求也和案例 G 相同。其说明书中描述的内容包括：这些核苷酸序列是从一种 cDNA 文库中发现的 500bp 的 cDNA 序列，该文库得自患有疾病 Y 的人体肝细胞，该核苷酸序列在正常人中没有；通过 Northern 杂交证实相应的 mRNA 仅在病人肝细胞中表达，因此这些序列可用作诊断疾病 Y 的探针；这些核苷酸序列之间没有高度同源性。对现有技术进行检索没有发现患有疾病 Y 的病人所特有的 DNA 分子。

对于案例 G 和案例 H 的发明，三方专利局意见一致，都不认为它们能够满足单一性要求。EPO 认为这 11 种核苷酸是完全不同的 DNA 序列，其功能未知，相互之间同源性较低。《EPC 实施条例》要求在涉及一种或多种相同或相应技术特点的发明之间具有技术联系，[1] 但案例 G 的发明并不具备这些条件，案例 H 的发明中涉及的核苷酸序列虽然可能包括潜在的糖基化位点，但仍然不能改变这点，因此它们都不能满足单一性要求。JPO 认为，从人体肝脏中可得到多种 DNA 序列，虽然这些序列具有相同的来源，但这并不意味着它们具有相同的技术问题需要解决，因为技术问题必须是在申请日前未解决的问题；进一步地，因为这些序列之间不具有较高的同源性，因此也不能说它们的实质部分是相同的。

对于案例 I 中的发明，EPO 认为，这 11 条 DNA 序列都与某

---

❶ See Implementing Regulations to the European Patent Convention, Rule 30.

特定问题的解决相关，即诊断疾病 Y，这是一种单一的、共同的发明概念，它能够把不同的 DNA 序列联系在一起，因此如果没有相关的现有技术，单一性就可以得到保证。JPO 也认为，这些序列都与患有疾病 Y 的病人的特定 DNA 相联系，因此它们应用的技术领域是相同的；此外，所有这些发明都针对同一个技术问题，它们为疾病的诊断提供了多种特异的 DNA 序列，而这些序列在申请日前都是未知的。因此，EPO 和 JPO 认为案例 I 中的发明满足单一性。

对于案例 G、案例 H 和案例 I 中的发明，USPTO 都认为不满足单一性，这是因为这 11 种核苷酸序列之间缺乏较高的同源性。此外，美国专利审查实践还要求在一个专利申请中最多只能有 10 种序列，因此能否满足要求就要看审查员在具体审查实践中的自由裁量。❶

五、对 DNA 序列可专利性的总结

通过对以上 9 个案例的比较研究，可以大致得出美国、欧洲和日本三方专利局对于 DNA 序列发明可专利性的概括性意见。

第一，所有涉及核酸分子的发明，包括全长 cDNA 序列或其部分 DNA 序列即 EST，如果仅有 DNA 序列片段，而未表明其功能或特定的、实质的和可信的用途，将不能满足实用性、充分公开和可实施要求；

第二，如果公开了一种 DNA 片段的特定用途，例如用作诊断某种特定疾病的探针，就可能获得专利；

第三，EPO 和 JPO 认为，如果一种 DNA 片段是通过常规技术获得，并且是通过与某种已知 DNA 片段具有高同源性来推测其功能，并没有未可预见的效果，则不能获得专利；

❶ See Examination of Patent Application Containing Nucleotide Sequences, 1192 *Official Gazette* 68, November 19, 1996.

第四，仅属同一来源的多种 DNA 片段并不足以满足单一性要求。❶

从以上分析可以看出，面对相同的 DNA 专利申请，三方专利局可能有不同的分析判断，得出不同的审查结论。DNA 序列发明的判断条件主要包括新颖性、创造性、实用性、充分公开及可实施性、单一性等。在这些判断指标中，最容易判断也最容易满足的条件是新颖性，其次可能是单一性，再次可能是实用性和充分公开及可实施性，最后是创造性。这与各条件的内在本质要求是一致的。

应该认识到，三方专利局对 DNA 序列发明的可专利性的上述判断，仅是依据当时各自的专利法（包括专利审查指南等）给出的判断。随着时间的推移和专利法的发展，各专利局对同样的发明也可能给出不同的审查结论。并且，鉴于研究中给出的具体案例内容相对概括和简单，各专利局也只能针对这些案例给出大致的判断，并不代表着具体专利审查实践中会做出完全相同的审查结论。这是因为各个具体的专利申请都可能不同，其最后的审查结论如何，还要具体问题具体分析。尽管如此，针对三方专利局的比较研究仍有较大的实际意义，因为它能够帮助人们了解三方专利局对于 DNA 发明的审查基准。

第五节　单核苷酸多态性的可专利性分析

单核苷酸多态性（Single Nucleotide Polymorphism，SNP）是 DNA 序列的特别位置发生碱基突变产生的遗传标记，它经常是转换突变的结果（即碱基 A 与 G 之间的互换，或 T 与 C 之间的互换），但也可能是颠换（即 A 或 G 与 T 或 C 之间的替换）或单

❶ See *Trilateral Project B3b - Comparative study on biotechnology patent practices - Theme: Patentability of DNA fragments.*

碱基缺失的结果。此类突变在所有基因组中都广为存在，能够不经过电泳就可检测得到。❶ SNP 在人类疾病诊断和治疗中具有重要作用，因为只有确定相应的 SNP，才能针对不同的基因型设计不同的药物，达到制造特异性药物甚至个性化药物、提高疗效的目的。❷ 在染色体上位于一个基因内的多个 SNP 组合称为“单元型”（haplotype）。DNA 技术的快速发展帮助人们发现了很多有用的 SNP，涉及 SNP 的专利申请也迅速增多，有关问题也随之出现，三方专利局希望通过研究对此做出比较和澄清。

研究给出两个案例，提出问题供各专利局解答。问题涉及对单一性、清晰性、充分公开、实用性等可专利性标准的判断，还涉及专利检索程序和各专利局的应对策略等。

一、已知基因、新 SNP 和相关性

第一个案例涉及一种已知基因和一些新的 SNP，该基因序列 SEQ ID NO：1（即等位基因 1）已经得到公开，也已知该基因在某生物途径中具有功能。新发现该基因的等位基因 2 具有 8 个 SNP（分别标为多态性 1～8），说明书公开了这 8 个 SNP 的具体位置和各多态位点上可能的核苷酸，见表 6－1。

表 6－1　8 个 SNP 的具体位点和可对应的核苷酸

序　号	1	2	3	4	5	6	7	8
位　置	10	27	157	234	1528	3498	13524	14692
核苷酸	G	A	C	T	G	C	T	A

说明书还公开了在等位基因 2 中多态性 1～3 的存在与疾病

❶ See FAO, *Glossary of Biotechnology for Food and Agriculture*, 1999.

❷ 瞿礼嘉、顾红雅、胡苹、陈章良：《现代生物技术》，高等教育出版社 2004 年版，第 366～367 页。

X 相关，而说明书提供的数据显示在多态性 4 ~ 6 与疾病 X 之间没有相关性，说明书没有表明在多态性 7 ~ 8 和疾病 X 或其他疾病之间是否具有相关性。通过检索得知，该基因序列 SEQ ID NO：1 已知，但其多态性未知。

申请人要求享有的权利要求 1 是：一种分离的具有 SEQ ID NO：1 所示的核苷酸序列的分子，其特征是该序列在如表 6 – 1 所示的位置之一具有 SNP 变化。权利要求 2 是：一种检测如表 6 – 1 所示的一个或多个多态性位点核苷酸的方法，其特征是该方法包括以下步骤：（a）从来自病人体内的样本中分离核酸；（b）在 SEQ ID NO：1 的一个或多个位点检测核苷酸，当具有表中所列的多态性核苷酸时即可指示患有某种疾病。针对本例中列举的问题，三方专利局分别在检索的完整性、与现有技术的比较、发明的单一性、说明书的充分公开和发明的实用性等方面给予说明。

在检索的完整性方面，三方专利局认为可能遇到的问题包括：

（1）有必要首先确定该发明的实用性，以决定是否因缺少实用性而导致检索范围受限。

（2）除利用母分子（parent molecule）即 SEQ ID NO：1 进行检索外，还需在母分子范围内利用全长 DNA 序列和寡聚核苷酸序列对每一种单独的多态性进行检索。

（3）虽然通过互联网可检索到一些数据库，但这些数据库并不能保证一定能够对发明进行完全检索。

（4）既要进行序列检索，又要进行关键词检索。

（5）一种 SNP 位点的单核苷酸等位基因在现有技术中可被多种形式所定义，如通过基因序列的形式、短序列“识别者”（identifier）的形式、指出与参考序列和特异核苷酸相关的 SNP 位点的形式。

（6）现有技术中缺乏针对特定基因或蛋白质的标准命名、

编号或鉴定计划，尤其当它们是新近发现的分子时。

（7）在现有技术与说明书描述的多态性位点或参考序列之间存在方式差异，这使得利用文本数据库或序列数据库的完全检索变得困难。

（8）母序列如 SEQ ID NO：1 可能处于可检索的序列排列中，但关于多态性变异的信息经常处于数据库的注释中，或者位于科学文献的表格、图表或图形中。

（9）上述权利要求 2 要求针对在母序列、要求保护的 SNPs 和特定疾病之间的相关性进行文本检索。

在比较现有技术和权利要求的过程中，三方专利局认为可能遇到的问题包括：（1）不同的编号系统可能导致比较上的困难；（2）当母序列已知时，在确定某些特定多态性是否具有创造性时可能会遇到挑战；（3）在确定发明是否符合创造性要求时，需要考查在母序列和特定疾病之间已知的任何相关性。

在确定发明的单一性时，三方专利局表明遇到的问题较多，包括：

（1）要确定 8 个多态性是否可用一个发明联结在一起，需要考虑主张的多态性都出现在 SEQ ID NO：1 中的事实、所有主张的多态性都包括一个 SNP 的事实以及 8 个多态性是否都与同一特定疾病相关。

（2）与疾病 X 相关并不能作为把所有 8 个多态性位点联结在一起的技术特点，因为说明书已经明确表示，多态性 4～6 与疾病 X 不相关，多态性 7～8 与疾病 X 的相关性尚属未知。

（3）因为 SEQ ID NO：1 序列已知，因此不能够作为联结 8 个多态性位点的单一发明概念。

（4）在考虑是否存在能够联结 8 个多态性位点的单一发明概念时，可以考虑的方面和可能遇到的困难包括：①权利要求主张保护的都是 SNP，但三方专利局一致认为这并不足于使之成为单一发明概念；②在一个或一组 SNP 和特定表现性状（如某种疾病）之间有无相关性；但是，在确定是“正”相关还是“负”相关（区别于无相关）时可能会遇到困难；如果相关具有创造性，该发明对于所有 SNP 而言就具有单一性，但如果某些 SNP 不与该性状相关，则不属于同一发明；如果相关不具有新颖性或创造性，该相关就不足于成就发明的单一性；③一个或一组 SNP 与一般结构或显著的结构因素间的相关，该一般结构或显著的结构因素是为某特定表现性状（如某种疾病）和所有遗传可能性（genetic alternatives）所共有。

在说明书的清晰性和书面公开方面，三方专利局都没有表明遇到任何挑战。但在说明书的充分公开和发明的实用性方面，三方专利局都表示可能会遇到问题。

EPO 认为，对于本领域的普通技术人员而言，制备权利要求 1 的基因分子是很普通的技术实践；但是对于权利要求 2 来说，因为没有任何实验数据显示可通过检测多态性 4～8 得出疾病 X 的存在，并且对于普通技术人员而言，要在一个或多个 SNP 和某种特定性状之间确定相关性并非是一种通常的做法，因此权利要求 2 缺乏说明书支持。EPO 强调，除非 SNP 所处的母序列具有新颖性和创造性，否则就应认为未被鉴定出特征的 SNP（即没有显示和某种表现性状之间具有相关性的 SNP）缺乏创造性，在此情形下考查这些 SNP 是否具有实用性就变得没有必要。

JPO 认为，如果要评估包含 SNP 的等位基因和疾病 X 之间的相关性是否科学可靠，可能会遇到挑战；一种方法是通过比较人群中的 SNP 频率差异来确认基因 X 和疾病 X 之间的相关性，而要确定这种方法是否科学也可能遇到挑战。JPO 认为，如果说明书没有公布某等位突变与某种疾病的相关性，该发明可能不满足工业实用性和可实施要求。USPTO 则认为，在不需要过度试验的情形下，要判断多态性是否具有特定的、实质的和可信的实用性，可能会遇到挑战。[1]

综上，就 SNP 而言，在判断其发明的单一性、充分公开和实用性等方面可能会遇到问题，在检索和判断其新颖性方面也可能会遇到问题。但无论如何，一件涉及 SNP 的发明都应充分公开其多态性位点、改变的核苷酸以及它们所对应的确定表现性状，而不能概括性地说某种 SNP 可用于人类疾病诊断或治疗等；为保证专利申请的单一性，各 SNP 之间应至少共享一个发明点。三方专利局对 SNP 可专利性的判断标准基本一致，但也各有特点。

二、已知基因、新单元型和相关性

在已知人基因 X（序列为 SEQ ID NO：1、全长 3267bp）中有 5 个单元型；每个单元型代表 7 个不同的基因多态性位点组合，说明书在表格中列举了每个单元型中每个多态性位点的核苷酸，也指明每个多态性是否可导致该基因编码的蛋白质中的氨基酸改变；说明书公开的数据还显示，患有疾病 X 的病人如果具有单元型 1 或 5，那么他们接受药物 Y 治疗的效果要好于他们具有单元型 2、3 或 4，而在疾病 X 与单元型 2、3 和 4 之间没有相关性。除序列 SEQ ID NO：1 外，单元型 1 也属公知技术。

主张的权利要求 1 为：一种分离的核酸分子，选自单元型 1、2、3、4 和 5 组成的一组，其中单元型 1～5 分别是由 SEQ ID NO：1 所示的序列在表 6－2 所示的相关位点由特定核苷酸置换而成：

[1] See *Trilateral Project WM4 - Comparative studies in new technologies - Report on comparative study on Examination Practice Relating to Single Nucleotide Polymorphisms* (*SNPs*) *and Haplotypes*, June 10－12, 2003.

表 6-2　5 个单元型的具体核苷酸位点

位 点	单元型 1	单元型 2	单元型 3	单元型 4	单元型 5
23	A	T	A	A	A
47	G	G	C	C	G
89	G	C	C	G	C
213	C	C	C	G	G
605	T	A	T	A	T
788	A	G	A	G	A
1592	G	G	G	G	C

权利要求 2 为：一种在个体中确定基因 X 单元型的方法（haplotyping），包括如下步骤：（a）从该个体得到的样品中分离核酸分子；（b）确定该个体的 X 基因的第 23、47、89、213、605、788 和 1592 位点的核苷酸，这些位点的确定是通过与 SEQ ID NO：1 序列比较得出；（c）通过与表 6-2 所示的位点、核苷酸和序列的比较得出个体是属于哪种单元型。

针对上述第一个案例的问题也在本案例中出现，此外还有一些新问题。三方专利局都给予了解答。

关于单元型检索的完整性，可能遇到如下问题：（1）选择合适的数据库，尤其是要检索在患者对某种药物治疗的反应和一种单元型之间的相关性时更是如此；（2）与 SNP 相比，检索单元型更为复杂，因为它必须检索在一个分子中是否存在多个多态位点的核苷酸位置；（3）然而，假如某多态性位点是现有技术中所没有的，如果在多态性中发现特定位点足够使某单元型具有新颖性和创造性，这将可能导致不需要进一步检索该多态性的单元型。

关于权利要求与现有技术的比较，尤其是在确定权利要求 2

是否具有创造性时，可能遇到的问题包括：审查员需决定能够确定某个体具有某特定单元型在可专利性判断中具有多大分量，需确定本领域的普通技术人员是否可被促使寻求与疾病 X 或药物代谢相关的单元型，也需确定多少核酸序列信息足以让发明与具有相同基础步骤的现有技术方法区别开来。

在确定单元型发明专利申请的清晰性、充分公开和实用性方面，EPO 认为，对于权利要求 1 而言，本领域的普通技术人员能够通过普通方法得到相关核酸序列，因此充分公开不成问题；权利要求 2 涉及确定单元型的方法，说明书已公开了相关的 5 个特定单元型的多态性位点，本领域的普通技术人员仅需利用普通方法就可得出相关特定位点的碱基，因此也可认为它满足充分公开的要求；权利要求 1 中的核酸序列可用于权利要求 2 中确定单元型的方法，因此权利要求 1 和 2 的主题都具有实用性；最能构成挑战的问题是如何评价权利要求的主题是新颖的和具有创造性。

USPTO 认为，关于案例 2 的主要挑战是确定是否所有单元型都有特定的、实质的和可信的实用性，且它们都可不经过过度实验而实现；说明书声称这些结构中的数据可用于确定病人对药物 Y 的敏感性，然而这属于核酸信息内容的作用，而非核酸分子本身的作用。对于确定单元型的方法的实用性判断也是如此：尽管说明书公开了所主张保护的分子在治疗方案中的用途，但需要明确的是，应用这种方法可否作为个性化药物处方（individualized drug prescription）的基础；如果是的话，还需判断说明书中的数据是否为本领域的普通技术人员实现本发明提供了足够的信息。

JPO 认为，因为权利要求 1 不具创造性，因此不用审查它是否具有新颖性、实用性和是否得到充分公开；与某种疾病没有公开的相关性的某种等位突变可能缺乏实用性和充分公开；对于主张保护的核苷酸而言，其充分公开可能会遇到挑战，因为不能确定对多核苷酸的检测能否检测到不同单元型之间的差异，这是因为，每个多核苷酸都有 3 267个核苷酸，它太长因而不能与特定单元型进行特异杂交；如果主张具有某种特定单元型的、患有疾病 X 的病人对于药物 Y 的治疗具有相关性，则在如何评价该相关性的科学可靠性方面存在挑战。❶

综上，在可专利性判断方面，涉及单元型的发明比仅涉及 SNP 的发明更为复杂。但无论如何，关于 SNP 或单元型发明的单一性、新颖性、创造性、实用性和充分公开等条件的判断，都需与专利法的基本要求保持一致，这样才可最终获得专利授权。尽管三方专利局针对具体问题的回答可有不同，但在可专利性等主要条件的判断方面还属基本一致。无论涉及的是 SNP 发明，还是涉及的是单元型发明，或者其他新出现的生物技术主题，这些基本方面的判断标准都应得到坚持。

三、SNP 和单元型发明中的序列检索

由于三方专利局都表示 SNP 发明和单元型发明的序列检索可能会遇到困难，三方研究计划就此进行进一步调查研究，以便三方专利局就此议题加强交流与合作，提高检索和审查水平。❷本研究针对两个具体案例要求三方专利局对其具体序列检索方法、相关的算法（algorithm）和数据库给予说明。

第一个案例为 PCT 专利申请 WO 03/051174（即 WO/2003/051174…本书注），该申请的国际申请号是 PCT/US2002/036095，国际申请日为 2002 年 11 月 8 日，PTC 国际公开日为 2003 年 6 月 26 日，申请人为美国的 Neurogenetics 公司。该专利申请的名称是“α-2-巨球蛋白中的单核苷酸多态性和突变”（Single Nucleotide Polymorphisms and Mutations on alpha-2-Macroglobulin）。A2M

---

❶ See *Trilateral Project WM4 - Comparative studies in new technologies - Report on comparative study on Examination Practice Relating to Single Nucleotide Polymorphisms (SNPs) and Haplotypes*, June 10 - 12, 2003.

❷ See *Trilateral Project DR2 Report on Study on Single Nucleotide Polymorphism (SNP) /Haplotype Databases and Search Tools for Examiners.*

(alpha-2-macroglobulin，α-2-巨球蛋白）基因与阿尔茨海默病（Alzheimer's Disease，AD）有关。该发明可用作该疾病的诊断方法、数据分析方法和用于开发相应的药物等，其权利要求52～56涉及单核苷酸多态性，其多态性或突变位点分别位于6i、12e、14e、14i.1等。

第二个案例为PCT专利申请WO 01/79219（即WO/2001/079219…本书注），该申请的国际申请号是PCT/US2001/011853，国际公开日是2001年10月25日，申请人是美国的Genaissance Pharmaceuticals公司。该专利的申请名称是“ACHE基因的单元型”（Haplotype of the ACHE Gene）。ACHE即乙酰胆碱酯酶(acetylcholinesterase)。本发明描述了人群中该酶基因的基因型、单元型和单元型对，涉及在个体中确定单元型和基因型的组成和方法，还涉及含有一个或多个基因多态性的多核苷酸序列，其权利要求21主张的单元型包括1、4或10。

针对这两个案例，三方专利局陈述了具体的序列检索方法、相关数据库和算法。

USPTO应用的算法主要是Smith-Waterman算法，应用的数据库包括：

(a) GenBank，N-Geneseq，EST数据库，授权的美国专利和公开的美国专利申请数据库，内部核酸序列数据库（ABSS)；

(b) 化学文摘注册系统（Chemical Abstracts Registry）和文献；

(c) 文本检索应用USPTO的EAST工具（美、欧、日三方专利局的授权专利和公布的专利申请，Derwent)；

(d) 网络数据库Genecards、OnLine Mendelian Inheritance in Man（OMIM)。

JPO应用的是化学文摘注册系统和文献。EPO应用的算法是FASTA（但CAS数据库检索应用的是化学文摘在线检索算法），应用的序列检索数据库包括：

（a）核酸序列数据库：EMBL、Geneseq、HGVBase（EBI 的 SNP 数据库）、CAS 数据库；

（b）蛋白质数据库：由 EBI 提供的蛋白质数据库 UniProt，aaGeneseq，欧、美、日专利，PDB，CAS；

（c）可用关键词检索的数据库：Genecards（Weizmann Institute）、LocusLink（NCBI）、SRS（EMBL、Geneseq、HGVBase、RefSeq）；

（d）文本检索数据库：专利数据库 WPI、PAJ（日本专利摘要，Patent Abstracts of Japan）、EPO 内部数据库，一般性数据库 Biosis、Medline、Embase 和化学文摘。

在具体检索过程中，三方专利局都结合使用文本（关键词）检索和序列检索，其中序列检索包括使用含有 SNP 或突变位点的各序列片段进行检索，而不使用全长序列进行检索。此外 EPO 还使用含有突变氨基酸的蛋白质序列进行检索。

针对专利申请 WO/2003/051174 即"α-2-巨球蛋白中的单核苷酸多态性和突变"，得到的检索结果为：USPTO、EPO 和 JPO 都检索到针对 SNP 12e 的同一篇文献 GenBank BF689594；USPTO 和 EPO 还检索到针对 SNP 14e 的文献 GenBank BF880179；EPO 还检索到针对 SNP 6i、12e 和 14i. 1 的一篇论文（Bartels et al., Am. J. Hum. Genet. 52（5）：928-936，1993）和针对 12e 的一件 PCT 专利 WO 01/18250，还检索发现了一些在说明书中没有提及的其他突变。但三方专利局都没把 WO/2003/051174 列举的 SNP 作为参考文献，这是因为在该文献中并无包括突变 DNA 在内的特定序列。

针对专利申请 WO/2001/079219 即"ACHE 基因的单元型"，USPTO 检索到四篇文献，分别是 PCT 申请 WO 00/50436（针对单元型确定方法的公开）、GenBank F27586（针对 PS15 的特定多态性）、GenBank AA333722、Bartels 等的论文（针对 PS11 的特定多态性）。JPO 检索到针对单元型 2 的两篇文献，分别是本申请自身和 GenBank 中的 AC084057。

EPO 检索到下列参考文献：

（1）PS1：HGVbase/GeneCard-LocusLink：SNP002269848；dbSNPrsID record：rs3757869；EMBL：EM_ HUM：HSGNACHE/AC：L06484；

（2）PS10：HGVbase：SNP000000079；

（3）PS11：HGVbase/GeneCard-LocusLink：SNP000000080；dbSNPrsID record：rs7636；Ehrlich，Genomics 22：288 - 295，1994；EMBL：EM_ HUM：HSACHEB/AC：L42812；Bartels et al.，Am. J. Hum. Genet. 52（5）：928 - 936，1993；GenBank AA333722/EMBL：EM_ EST：HSZZ38773；

（4）PS15：EMBL：EM_ EST：HSPD15598；REGISTRY：GenBank F27586（EST，与 EM_ EST：HSPD15598 相同）。

根据三方专利局针对此单元型专利申请的检索结果可见：EPO 的检索结果最为丰富，USPTO 的居中，JPO 得到的参考文献最少，这与各专利局使用的数据库不同和多寡有关；三方专利局的检索结果多有差异，在 USPTO 和 EPO 的检索结果中也仅有 GenBank F27586、GenBank AA333722 和 Bartels 的论文属于两专利局找到的共同参考文献。由此也可推知，各方专利局依据这些不同的检索结果进行专利审查，其结论也难以保证统一。

研究报告总结了三方专利局对于 SNP 发明和单元型发明的检索，认为针对 SNP 和单元型发明的序列检索还存在不少问题。造成这些问题的原因主要包括：对变异序列的描述并不经常出现在全长序列中，而可能出现在图表、文本或注释中；很多数据库只能进行文本检索，不能进行直接的序列检索；缺乏标准命名和编号系统，使得自动检索变得如手工检索一样困难，因为可能需要对结果进行手工分析和排列检索结果。这些问题都会对 SNP 和单元型发明中的序列检索、分析和判断带来困难。三方专利局希望就此问题进行进一步的沟通和交流。[1]

第六节 蛋白质三维结构的可专利性

随着分子生物学尤其是蛋白质组学的发展，生物大分子的三维立体（3－D）结构逐渐为人们所重视，关于蛋白质3－D结构发明的专利申请也逐渐增多。蛋白质3－D结构的研究可有益于理解和使用生物大分子的功能，例如可帮助理解跨膜受体蛋白在细胞代谢和生命活动中的作用。三方专利局针对虚拟案例，对蛋白质3－D结构发明的可专利性问题进行了研究，其中主要包括相关发明是否属可专利主题、是否满足实用性、创造性和充分公开等方面。

就相关虚拟案例，三方专利局给出的审查意见包括：

第一，依据当时各自的专利法，以下发明不属于可专利主题：（1）蛋白质的计算机模型；（2）含有蛋白质原子坐标的数据分布（data array）；（3）编码含有蛋白质原子坐标的机读储存介质；（4）编码含有化合物名称和结构的数据的数据库；（5）药效基团（pharmacophore）。其中，药效基团是指通过原子和某些功能基团的结合，使药物通过特定方式与靶蛋白作用，从而较好地实现药物功能，达到药物效果。

第二，虽然现有技术中可能没有文献直接揭示蛋白质的3－D结构，但如果有足够原因相信该蛋白质与现有技术中的某种蛋白质具有显明的一致性（*prima facie* identical），就可认为以此结构定义的蛋白质不满足新颖性。

---

[1] See *Trilateral Project DR2 Report on Study on Single Nucleotide Polymorphism*（*SNP*）/*Haplotype Databases and Search Tools for Examiners.* 关于SNP和单元型发明专利申请的有关信息，也可参见：EPO，*Study on Single Nucleotide Polymorphism*（*SNP*）/*Haplotype Databases and Search Tools for Examiners*（Status Report），Trilateral Technical conference，Washington，May 17－20，2004.

第三，一种蛋白质的结晶形式属于可专利主题；如果该种晶体形式具有实用性，说明书也公布了如何制作该晶体，本领域的普通技术人员不经过过度试验就可制作该晶体，且现有技术中不包括相关技术，就可认为该发明具有新颖性、创造性和实用性，该专利申请也得到了充分公开。

第四，当某种蛋白质结构已知，一种分离纯化的、含有由该结构定义的蛋白质的结合囊（binding pocket）的分子，不满足相应的新颖性、创造性和充分公开等要求。

第五，一种分离纯化的、具有信号活性（signaling activity）部分的多肽属可专利主题；对于活性仅限于含有结合囊和具有结合活性及信号活性的多肽，如果它与整个蛋白质相比该多肽片段具有显著高的信号活性，在现有技术中也没有相关多肽及其确定方法的描述，则该多肽可满足可专利性。

第六，通过一般的计算机虚拟筛选方法得到的化合物不能满足清晰性、书面描述和充分公开要求等。虚拟筛选（*in silico* screening，virtual screening）是指针对潜在的药物化合物，利用计算机对各种药理与毒理因素进行分析判断，在去除没有可能成为药物的化合物之后，用分子对接或药效基团搜索方法等筛选出可能具有药物活性的化合物分子。

第七，当说明书没有给出利用蛋白质原子坐标鉴定化合物的实施例，且总体来看在现有技术和发明之间的差别仅限于机器贮存的或应用的原子坐标，那么该虚拟筛选方法不属于可专利主题，也不能满足新颖性、创造性、实用性和充分公开等要求。

第八，利用药物基团限定的化合物或其盐类一般不能满足清晰性、书面描述和充分公开要求等，这是因为对于本领域的普通技术人员来说，要预见一种没有在说明书中详细描述的配体（ligand）结构并制造该化合物，需要进行试验，也会出现错误，并且药物基团作为抽象概念并不能定义一种化合物。[1]

由这些结论可知，蛋白质 3 – D 结构发明要获得专利，首先要属于专利法认可的可专利主题，其次应得到充分公开，并满足实用性、新颖性和创造性等要求。这与其他技术领域内的发明并无不同。

值得注意的是，与其他研究主题不同，三方专利局在关于蛋白质 3 – D 结构发明的可专利性判断方面显示出高度一致：在三方专利局针对 8 个案例共 13 个权利要求的判断中，只有对 2 个权利要求的判断略有不同，其他都基本一致，判断的一致率高达 85% 。这说明，在蛋白质 3 – D 结构发明的可专利性判断方面存在着很多共性，它们或与现行专利法的规定有一些不协调之处，需要发明人和申请人切实注意。

第七节　延伸型权利要求

延伸型权利要求（reach-through claims）是指发明专利的权利要求对以后利用该发明的后续发明主张享有权利，其本质在于为现有发明主张对以后衍生发明的控制权，相当于把现有发明的权利要求延伸到以后的衍生发明上。延伸型权利要求主要体现在生物技术和生物医药专利领域。例如一种关于药物分子筛选方法的发明，其权利要求就可能指向以后利用该方法得到的候选化合物（candidate compound）以及这些化合物的下游用途，如用作临床药物等。

鉴于包括延伸型权利要求的专利申请呈逐年增加的趋势，三方专利局希望针对具体案例，比较各专利局对此类权利要求

---

[1] See *Trilateral Project WM4 Comparative studies in new technologies* (*biotechnology*, *business methods*, *etc.*) - *Report on comparative study on protein 3-dimensional* (3-*D*) *structure related claims*, Vienna, Austria, November 4 – 8, 2002.

的可专利性判断标准。针对以下各模拟案例，比较研究提出的问题包括：这些权利要求能否满足清晰性、书面描述和充分公开等要求？能否满足实用性？如果不能，能否通过修改避免被驳回？❶

一、案例介绍

【案例一】

本专利申请描述了序列为 SEQ ID NO：1 的一种蛋白质，它可满足新颖性和创造性要求；它与一种已知 R 受体（R-receptor）的氨基酸序列具有同源性，因此没有理由怀疑蛋白质受体是该蛋白质家族中的一个新成员；申请公布了不同 R 受体在广泛的生理过程中的重要性，但却没有公布受体的任何配体，也没有公布它所涉及的任何特定的生物或生化过程；说明书还一般性地描述了与权利要求书范围一致的系列筛选方法，但却没有应用筛选方法确定能够激活受体的激动剂（agonist）的实施例；尽管受体在动物细胞中得到了表达，但发明并没有实际得到能够识别该受体的抗体。

针对该发明的权利要求包括：

（1）一种分离纯化的、序列是由 SEQ ID NO：1 组成的受体。

（2）一种确定权利要求 1 的受体的激动剂的方法，包括如下步骤：制备候选化合物；让细胞表面表达该受体的细胞与候选化合物接触；确定候选化合物是否激活了权利要求 1 的受体，如果是，该化合物就为该受体的激动剂。

（3）利用权利要求 2 确定的一种分离纯化的受体激动剂。

---

❶ See *Trilateral Project B3b Mutual understanding in search and examination Report on Comparative study on biotechnology patent practices Theme*: *Comparative study on* “*reach-through claims*”, San Francisco, California, November 5 –9, 2001.

（4）（USPTO）一种治疗可被权利要求 2 的激动剂治疗的疾病的方法，包括给需要的患者施用有效治疗剂量的由权利要求 2 确定的激动剂。

（EPO）该受体激动剂在生产可被该激动剂治疗的疾病的治疗剂中的用途，所说的受体激动剂由权利要求 2 所确定。

（JPO）含有作为活性成分的一种受体激动剂的组合物，应用于治疗可被该激动剂治疗的疾病，其中所说的受体激动剂是由权利要求 2 的方法所确定。

（5）识别权利要求 1 的受体的单克隆抗体。

【案例二】

专利申请描述了序列为 SEQ ID NO：2 的受体的分离，受体满足新颖性和创造性，申请也描述了能够激活该受体的化合物的筛选方法；申请还公布了该受体可用于治疗肥胖症；通过实验方法可确定在缺乏该受体和发生肥胖症之间的关联性，并且发现激活该受体可治疗或抑制肥胖症；说明书一般性地描述了与权利要求书范围一致的系列筛选方法，还提供了测定特定受体 B 的生化活性和结合活性的方法，没有疑问这些活性可被检测；但说明书没有应用筛选方法确定该受体激动剂的实施例；尽管受体 B 在动物细胞中得到了表达，但发明并没有实际得到能够识别该受体的抗体。

针对该发明的权利要求包括：

（1）一种分离纯化的、序列是由 SEQ ID NO：2 组成的受体。

（2）一种确定权利要求 1 的受体的激动剂的方法，包括如下步骤：制备候选化合物；让细胞表面表达该受体的细胞与候选化合物接触；确定候选化合物是否激活了权利要求 1 的受体，如果是，该化合物就为该受体的激动剂。

（3）利用权利要求 2 确定的一种分离纯化的受体激动剂。

（4）（USPTO）一种治疗肥胖症的方法，包括给需要的患者施用有效治疗剂量的由权利要求2确定的激动剂。

（EPO）该受体激动剂在生产抑制肥胖症的治疗剂中的用途，其中所说的受体激动剂是由权利要求2确定。

（JPO）应用于治疗肥胖症的组合物，它含有作为活性成分的一种受体激动剂，其中受体激动剂是由权利要求2的方法所确定。

（5）识别权利要求1的受体的单克隆抗体。

【案例三】

本专利申请描述了序列为SEQ ID NO：3的一种蛋白质，它可满足新颖性和创造性要求；它与一种已知R受体的氨基酸序列具有同源性，因此没有理由怀疑该蛋白质受体是该蛋白质家族中的一个新成员；申请描述了可激活该受体的化合物的筛选方法，公布了不同R受体在广泛的生理过程中的重要性，但却没有公布任何特定的生物或生化过程，但有一个例外，即说明书公布了该受体的活化诱导了一种与G蛋白耦合受体相似的第二信使信号级联反应（cascade of second-messenger signal）；说明书还一般性地描述了与权利要求书范围一致的系列筛选方法，还特别地描述了确定或筛选受体激动剂的方法，其中包括当第二信使信号诱导的级联反应发生时检测受体的活化状态；没有理由怀疑本领域的普通技术人员能够利用该R受体来发现或确定受体的激动剂；说明书还公布了三个实施例，它们分别使用筛选方法确定了能够激活该受体的化合物X、Y和Z；但说明书没有说明除X、Y和Z以外的化合物的结构信息，也没有说明制造其他化合物的方法；尽管该受体在动物细胞中得到了表达，但发明并没有实际得到能够识别该受体的抗体。

针对该发明的权利要求包括：

（1）一种分离纯化的、序列是由SEQ ID NO：3组成的受体。

（2）一种确定权利要求1的受体的激动剂的方法，包括如下步骤：制备候选化合物；让细胞表面表达该受体的细胞与候选化合物接触；确定候选化合物是否激活了权利要求 1 的受体，如果是，该化合物就为该受体的激动剂。

（3）利用权利要求 2 确定的一种分离纯化的受体激动剂。

（4）（USPTO）一种治疗可被权利要求 2 的激动剂治疗的疾病的方法，包括给需要的患者施用有效治疗剂量的由权利要求 2 确定的激动剂。

（EPO）该受体激动剂在生产可被该激动剂治疗的疾病的治疗剂中的用途，所说的受体激动剂由权利要求 2 所确定。

（JPO）含有作为活性成分的一种受体激动剂的组合物，应用于治疗可被该激动剂治疗的疾病，其中所说的受体激动剂是由权利要求 2 的方法所确定。

（5）（USPTO）一种治疗可被化合物 X 治疗的疾病的方法，包括给需要的患者施用有效治疗剂量的化合物 X。

（EPO）化合物 X 在生产可被该化合物治疗的疾病的治疗剂中的用途。

（JPO）含有作为活性成分的化合物 X 的组合物，应用于治疗可被化合物 X 治疗的疾病。

（6）识别权利要求 1 的受体的单克隆抗体。

【案例四】

专利申请描述了序列为 SEQ ID NO：4 的受体的分离，它满足新颖性和创造性，也描述了能够激活该受体的化合物的筛选方法；申请还公布了该受体可用于治疗肥胖症；说明书特别描述了与权利要求书范围一致的系列筛选方法，描述了应用该筛选方法确定受体激动剂化合物 X、Y 和 Z 的三个实施例；还理论性地描述了通过受体的活化治疗或抑制肥胖症的药理机制；并且，体内实验数据证实，当给宿主动物施用化合物时至少化合物 X 能够活化该受体，施用 X 也导致肥胖症模型的总体重减少；说明书没有说明除 X、Y 和 Z 之外的化合物的结构信息，也没有说明制造其他化合物的方法；尽管该受体在动物细胞中得到了表达，但发明并没有实际得到能够识别该受体的抗体。

针对该发明的权利要求包括：

（1）一种分离纯化的、序列是由 SEQ ID NO：4 组成的受体。

（2）一种确定权利要求 1 的受体的激动剂的方法，包括如下步骤：制备候选化合物；让细胞表面表达该受体的细胞与候选化合物接触；确定候选化合物是否激活了权利要求 1 的受体，如果是，该化合物就为该受体的激动剂。

（3）利用权利要求 2 确定的一种分离纯化的受体激动剂。

（4）（USPTO）一种治疗肥胖症的方法，包括给需要的患者施用有效治疗剂量的由权利要求 2 确定的激动剂。

（EPO）受体激动剂在生产抑制肥胖症的治疗剂中的用途，所说的受体激动剂由权利要求 2 确定。

（JPO）含有作为活性成分的一种受体激动剂的组合物，应用于治疗肥胖症，其中所说的受体激动剂是由权利要求 2 的方法所确定。

（5）（USPTO）一种治疗肥胖症的方法，包括给需要的患者施用有效治疗剂量的化合物 X。

（EPO）化合物 X 在生产抑制肥胖症的治疗剂中的用途。

（JPO）应用于治疗肥胖症的含有作为活性成分的化合物 X 的组合物。

（6）识别权利要求 1 的受体的单克隆抗体。

以上 4 个案例讨论的都是关于细胞受体蛋白的确定、对其激动剂或激活剂的认识、对其生物学功能和医疗用途的探知等，涉及的主题不仅包括受体本身，还包括确定受体的筛选方法、受体激动剂或激活剂的确定、其生物学功能及临床应用、相关的单克隆抗体等。

对以上4个案例的技术要点总结如表6－3所示，其中医疗用途包括作为药物组合物、治疗方法或用于治疗剂制造等：

表6－3　4个案例的具体技术要点

技术要点	案例1	案例2	案例3	案例4
支持受体功能的方法	同源性检索方法	实验方法	同源性检索方法	实验方法
受体的生物学功能（与疾病的关系）	未知	确认	未知	确认
筛选方法的实施例	无	无	得到描述	得到描述
受体蛋白	权利要求1	权利要求1	权利要求1	权利要求1
筛选方法	权利要求2	权利要求2	权利要求2	权利要求2
受体激动剂	权利要求3	权利要求3	权利要求3	权利要求3
受体激动剂的一般医疗用途	权利要求4	权利要求4	权利要求4	权利要求4
限定的受体激动剂（化合物）的医疗用途			权利要求5	权利要求5
识别受体的单克隆抗体	权利要求5	权利要求5	权利要求6	权利要求6

二、三方专利局对案例的审查和解答

【关于受体蛋白（权利要求1）】

三方专利局都认为，案例1和案例3的受体蛋白不具有实用性，因为并没有赋予该蛋白质的氨基酸序列特定的和实质的功能，而仅主张它们在生产可被它们所治疗的疾病的治疗剂中的用途，这显然并非具体、特定和实质的功能；与之相比较，案例2和案例4中的权利要求1所要求的受体蛋白可应用于对肥胖症的相关诊断方法，具有实用性。并且，案例1和案例3中的受体蛋白也不能满足充分公开要求，因为依据说明书，本领域的技术人员仅能够知道“如何制造”该受体，而要确定“如何应用”这些受体分子还需要过度实验；与之相比较，案例2和案例4中的受体蛋白就能够满足充分公开要求。

【关于受体激动剂的筛选方法（权利要求2）】

三方专利局都认为案例1和案例3中的受体激动剂筛选方法不具有实用性，因为对于激活一种未知功能的激动剂而言，其筛选或确定方法不具实用性；案例2和案例4中的受体激动剂的筛选方法具有实用性，因为它们所主张的确定激动剂的方法在已证明的受体药物相关性（pharmaceutical relevance of the receptor）中得到应用。

三方专利局还认为，案例1和案例3并未提供针对该受体活性的任何指导，也没有相应的实施例，本领域的普通技术人员未经过过度实验不能使用所主张的方法，因此该筛选方法没有得到充分公开，也可能不满足清晰性、书面描述和创造性等方面。案例2和案例4中的筛选方法满足清晰性、书面描述和充分公开等要求，案例2虽然没有给出实施例，但给出了检测特定受体的生化活性和结合活性的方法，从而使本领域的技术人员能够按照一般知识理解如何应用该检测方法，案例4公布了相应实施例，也公开了受体和肥胖症之间的关系，因此它们都满足这几方面的要求。

【关于激动剂及其医疗用途（权利要求3、4】

三方专利局都认为案例1和案例3中的激动剂及其医疗用途不满足实用性，而案例4中的满足。对于案例2中的激动剂及其医疗用途，USPTO和JPO认为它们具有实用性，尽管EPO不认可它们的理由，但也认为它们满足实用性要求。三方专利局认为，除了案例4中的化合物X、Y和Z之外，案例1~4中的其他激动剂及其医疗用途都不能满足充分公开要求等，这是因为权利要求包括一类（genus）化合物，该类化合物仅以其功能被限定，但发明并没能在该类化合物成员的结构特征与其功能之间建立联系。缺乏这种联系和公知技术领域中的相关信息，本领域的普通技术人员将不能制造和使用这些激动剂化合物。在案例1和案例 3 中，受体的特定功能并未得到公布，而其权利要求 4 指向一种“可被治疗的疾病”，这是不清楚的。就这些技术主题，EPO 认为这样的发明在检索阶段就可能被驳回，因为对于仅由其确定方法所限定的化合物将不被检索。

【关于特定化合物的医疗用途（案例 3 和案例 4 的权利要求 5)】

三方专利局认为，案例 4 涉及特定疾病肥胖症的治疗，满足实用性要求，但在案例 3 中，除非已知一种特定的疾病，否则相关的权利要求不能满足实用性要求。同样地，案例 4 中的权利要求满足充分公开等要求，而案例 3 中的不能满足。

【关于识别受体的单抗（案例 1 和案例 2 的权利要求 5、案例 3 和案例 4 的权利要求 6)】

三方专利局认为，案例 1 和案例 3 中的单抗发明不能满足实用性要求，但案例 2 和案例 4 中的满足。对于案例 1 和案例 3 中的单抗而言，尽管本领域的普通技术人员能够利用通常方法制造该抗体，但不经过过度实验却不能确定该抗体的特定功能并决定如何使用该抗体，因此案例 1 和案例 3 中的单抗不能满足充分公开要求。

总结三方专利局对各技术主题的审查结论和分析，可知：案例 1 的 5 个权利要求和案例 3 的 6 个权利要求都不能满足实用性和充分公开等要求，因而不能获得专利；案例 2 的权利要求 1（受体蛋白）、权利要求 2（受体激动剂筛选方法）、权利要求 5（识别受体的单抗）能够满足要求；案例 4 的权利要求 1（受体蛋白）、权利要求 2（激动剂筛选方法）、权利要求 5（限定的激动剂化合物 X 的医疗用途）和权利要求 6（识别受体的单抗）能够满足要求；而案例 2 和案例 4 中的权利要求 3（受体激动剂）和权利要求 4（受体激动剂的医疗用途）都不能满足要求。

三、关于延伸型权利要求的总结

研究报告总结了三方专利局的判断，对延伸型权利要求得出如下结论。

第一，当受体蛋白的特定功能（如与特定疾病的关系）没有公布时，涉及以下主题的权利要求不满足实用性、充分公开、清晰性和书面描述中的一项或多项：（1）受体；（2）受体筛选方法；（3）使用筛选方法确定的概括性的受体激动剂；（4）概括性的使用所说激动剂的方法、用途或治疗剂；（5）使用特定激动剂的方法、用途或治疗剂；（6）识别受体的单抗。

由此可见，发明的具体功能的公布占据举足轻重的地位，缺乏具体的、特定的和实质的功能将导致相关发明主题不满足实用性和充分公开等要求，导致专利申请被驳回，或相关权利要求被要求修改。这是对延伸型专利的最大制约。

第二，如果受体的特定功能（如与特定疾病如肥胖症的关系）得到公布，则（1）关于受体的权利要求满足实用性和充分公开等要求；（2）在此条件下，对于使用该受体的筛选方法而言，如果有一个关于该筛选方法的实施例，或者在参考通用筛选标准的情形下可对成功有合理预期，且公布了一种检测特定受体的生化活性和结合活性的方法，或者本领域的普通技术人员在考虑现有技术的情形下可理解如何应用该筛选方法，则该筛选方法满足实用性和充分公开等要求。

第三，不管是否公布了一种受体蛋白的特定功能，利用所说筛选方法确定的一般性激动剂或者使用激动剂的一般性方法、用途或医疗剂，都不能满足充分公开或说明书支持的要求，因为它们涉及的是一般性范围。

这就是上面所说的情形：权利要求包括一类化合物，但该化合物仅以其功能被限定，而发明并没有在该类化合物的结构特征和所说功能之间建立联系。缺乏这种联系和公知技术领域中的相关信息，本领域的普通技术人员将不知如何制造和使用这些激动剂化合物。尽管也可能有人使用所说的检测方法检测到了一种化合物，但因为他并不能事先知晓一种给定的化合物是否落入要求保护的范围，他可能需要过度实验以非针对性地筛选未被定义的化合物，因此该条件也不能够帮助克服此缺陷。

第四，如果公布了受体蛋白的特定功能，且利用该受体筛选方法确定了特定的激动剂（如案例4中的X），如果对如何实现这些用途有足够说明，则利用该特定激动剂的方法、用途或治疗剂满足实用性、充分公开、说明书支持、清晰性和书面描述等要求；进一步地，对于利用受体筛选方法确定的或发现的特定激动剂而言，如果本领域的普通技术人员利用说明书的描述和本领域的一般知识也能够实现，则限定为特定激动剂的权利要求也可满足实用性和充分公开等要求。

第五，如果一种受体蛋白的特定功能得到公布，且该受体得到了清晰描述，则识别该受体的单克隆抗体能够满足实用性、充分公开、说明书支持和书面描述等要求。[1]

综上，对于延伸型权利要求而言，也需严格适用现有专利法框架下的所有标准。这不仅包括三方专利局研究报告所特别强调的实用性、清晰性、充分公开、说明书支持和书面描述等条件，也包括研究报告所预设满足的新颖性和创造性要求等。在这些方面，USPTO、EPO和JPO三方专利局的判断基本一致。因此，对于延伸型权利要求而言，似乎并没有足够的专利法空间容许其自由延伸。换句话说，所有类型的专利申请都应满足现有专利法的所有要求。

---

[1] See *Trilateral Project B3b Mutual understanding in search and examination Report on Comparative study on biotechnology patent practices Theme*: *Comparative study on "reach-through claims"*, San Francisco, California, November 5－9, 2001.

第七章 生物技术专利的反公共地悲剧及其对策

第一节 生物技术专利可能引发反公共地悲剧

随着生物技术快速发展和生物技术专利越来越多，人们开始担心，为生物技术发明提供太多的专利等知识产权保护，反而可能带来不利后果。这种不利后果既可体现为对社会公共利益的侵害，也可体现为对生物技术产业自身的危害。在美国，科学研究并不必然构成专利权保护的例外，未经许可使用某种专利技术就可能构成侵权，面临被起诉的风险。因此，太多专利等知识产权就可能限制科学研究的自由开展，造成生物技术发展停滞，从而不利于科学和经济的健康发展。一些研究者在讨论过多的专利保护可能对生物技术产业发展可能带来的不利影响时，曾引入“反公共地悲剧”的概念。

经济学家哈丁（Garrett Hardin）于1968年提出“公共地悲剧”（tragedy of the commons）的概念，解释公共资源由于缺乏必要的产权界定而可能导致被过度使用而衰竭的现象。例如，对于一个公共牧场而言，一方面因为每个人都希望能够多放一只羊而使自己的利益最大化，并且每个人都没有权利阻止他人也这么做；但另一方面，鉴于牧场容纳羊的数量是有限的，如此选择的结果，就可能最终因过度放牧而致牧场毁灭。对公共物品或公共资源的自由使用可能导致资源的毁灭或枯竭，这就是公共地悲剧的含义。[1] 相关的财产被称为“公共地财产”（commons property）。公共地悲剧的概念可帮助解释环境污染和人口过剩等社会问题，使人们认识到产权界定在决定资源使用中的重要性。[2] 这也已成为人们为知识产权制度辩护的一个重要理由。

30 年后，基于对苏联解体后出现的某些经济现象，海勒（Michael A. Heller）又提出公共地悲剧的镜像概念“反公共地悲剧”（tragedy of the anticommons），指出如果产权被过度划分和占有，就可能导致资源不能被充分利用，也同样导致资源被浪费的悲剧。[3] 相应的财产被称为“反公共地财产”（anticommons property），是指多个所有人对于一种稀缺资源都享有有效的排他权利的财产体系。[4] 同属于美国密西根大学法学院的海勒和艾森伯格（Rebecca S. Eisenberg）教授又进一步考察了在生物医学领域中过多专利可能导致反公共地悲剧的现象，认为鉴于较高的交易成本、不同权利人之间的多样化利益和人们的认识偏见等原因，在生物医学领域中比其他领域更有可能产生反公共地悲剧。由于生物医学研究成果可能服务于公共健康等公益目的，因此政策制定者更应谨慎对待其中的产权私有问题，不然很多上游专利却可能只产生很少的下游产品。[5]

海勒和艾森伯格认为可有两种途径最终导致反公共地悲剧。第一种是在未来的终端产品上存在多种被分割的权利。例如，一种重组蛋白的生产可能需涉及多种因素，如目的基因、质粒载体、宿主细胞、产品纯化方法等。针对这些因素的专利权可属于

---

[1] G. Hardin, The Tragedy of the Commons, *Science*, 1968, 162: 1243 ~ 1248.

[2] 同上。

[3] Michael A. Heller, The Tragedy of Anti-Commons: Property in the Transition from Marx to Markets, *Harvard Law Review*, 1998, 111: 621 – 688.

[4] Michael A. Heller, The Tragedy of Anti-Commons: Property in the Transition from Marx to Markets, *Harvard Law Review*, 1998, 111: 667 – 673.

[5] Michael A. Heller, R. S. Eisenberg, Can Patents Deter Innovation? The Anticommons in Biomedical Research, *Science*, 1998, 280 (5364): 698 – 701.

不同主体，他们各自为自己的利益最大化考虑，可能会让有关的产品开发者望而却步，因为开发者需要征得所有权利人的同意，这需要多次谈判，需要较高成本，其中任何一个权利人不同意许可都会导致前期投入的浪费。这种情形反过来会制约这些技术在终端产品中的应用，造成较多上游技术导致较少市场产品的反公共地悲剧。第二种途径就是专利权人通过对上游实验工具的控制，通过延伸型专利或延伸型许可合同（reach through license agreement）的方式对下游产品进行控制，这可能导致专利堆积，同样造成资源不能充分利用，阻碍生物技术产业发展。[1]

在生物技术领域，要开发或生产一种产品，一般需要涉及多种专利产品或技术，如果不能有效地促进各专利权人针对某产品进行合作，或征得他们的许可，或者说，一旦相关的交易成本阻碍了针对该产品的权利束形成，则可以认为形成了反公共地悲剧。[2] 例如对于 EST（表达序列标签）专利而言，很多 EST 涉及一种有用基因的部分序列，而这些部分序列可能并不能独自完成相关基因、蛋白质或相关生物学功能的鉴定工作，因此针对一种有用的基因或其相关产品就可能存在很多相关专利，要生产这种产品就可能需要征得多个专利权人的许可，这种谈判成本或相应的专利成本可能很高，因此就可能在一定程度上阻碍对该种产品的正常使用。

对于临床医药产品而言，研究工具属于上游产品，对它们的过度保护就可能让医药产品难以开发和市场化。对于转基因生物技术而言，研究工具包括试剂、生长因子、DNA 文库、单克隆抗体、细胞系、动物模型、克隆、克隆工具和相关方法等。[3] 例

---

[1] Michael A. Heller, R. S. Eisenberg, Can Patents Deter Innovation? The Anticommons in Biomedical Research, *Science*, 1998, 280 (5364): 698 ~ 701.

[2] 同上。

[3] NIH, *Policies and Guidelines*, at http: //www. ott. nih. gov/policy/rt_ guide_ final. html (last visited on Oct. 23, 2008).

如，可快速扩增 DNA 片段的 PCR（聚合酶链反应，polymerase chain reaction）技术就是一种非常有用的研究工具，在现代生物技术中占据非常重要的地位。❶ 这些研究工具可涉及很多专利权或技术产权（technical properties），而这些权利可能属于多个主体，并且可能彼此交叉，形成产权束，使得针对下游产品的研发牵连多种私有产权，从而加大其研发、生产、销售和服务等环节的成本。

也有研究者认为虽然围绕着生物技术存在很多专利，但未必会造成反公共地悲剧的发生，因为专利权人可以像罗氏公司针对 PCR 专利那样采取有效的许可策略（见本章第六节），在保证自身利益的同时，也使专利技术对科学研究或其他具有公益目的的活动保持开放，供其自由使用，这样就可能出现双赢局面，避免反公共地悲剧发生。也有研究者认为，生物技术产业使用专利技术或专利产品是正常投入，就像汽车制造同样需要很多专利零部件和专利技术一样，因此难以说在生物技术产业中就存在反公共地悲剧。❷

也有很多研究者支持海勒和艾森伯格教授的观点，因为事实已经证明生物医学领域中的众多专利已经在某种程度上制约了生物医学研究和产业的发展，因此反公共地悲剧概念的提出在某种程度上已不仅是研究者的担忧，而已经是既成事实。例如，围绕着一项技术形成的“专利灌木丛”或称“专利丛”（patent thicket），就可能阻止社会对该技术或其衍生技术的充分利用。就世界著名的转基因作物金大米（golden rice）而言，在其转基因操作周围就存在很多知识产权，其中包括相应的方法和生物材

❶ 瞿礼嘉、顾红雅、胡苹、陈章良：《现代生物技术》，高等教育出版社 2004 年版，第 43～46 页。

❷ Heather Hamme Ramirez, Defending the privatization of research tools: an examination of the “tragedy of the anticommons” in biotechnology research and development, 53 *Emory L. J.* 359, 2004, pp. 370～378.

料涉及的专利和技术产权，在金大米研发早期它们曾一度迫使研究者 I. Potrykus 试图放弃该计划，因为尽管 Potrykus 付出了各种努力，但作为权利人的商业公司还是不愿授权他使用它们的知识产权。[1] 这种现象在其他生物技术产品上也有体现。

随着技术发展和社会制度变迁，公共地悲剧逐渐演化为反公共地悲剧，这表示在科技产业发展和知识产权保护之间存在着可能的冲突，即科技或其产业的发展离不开知识产权制度的参与和支持，但如果知识产权走得太远，就有可能阻碍科技进步及其社会目标的实现。然而，对于已经相对完善的知识产权制度而言，为了高新技术研发或产业的发展，是否就需要对现有知识产权制度进行限制呢？很多研究者并不赞成这样，而是建议采取其他解决途径，包括为研究工具设置实验例外、在专利法中设置合理使用原则和组建专利联盟等。这些建议的目的就是降低交易成本，使生物技术产业能够更广泛地利用创新成果。[2]

应该理解，为避免生物技术专利领域可能出现反公共地悲剧现象，有多种方法和措施可供选择。本章以下就对可供选择的策略进行论述，借以说明应该如何安排和应用生物技术专利制度，从而使之能够同时有利于生物技术产业发展和社会公共利益。

第二节　NIH 的管理政策调控

美国国立卫生研究院（National Institutes of Health，NIH）是美国健康和人类服务部（Department of Health and Human Services，DHHS）的重要下属机构之一，于 1887 年成立，是美国医

[1] 刘银良：“金大米的知识产权问题分析及启示”，载《中国农业科学》2006 年第 5 期，第 895～901 页。

[2] Heather Hamme Ramirez, Defending the privatization of research tools: an examination of the “tragedy of the anticommons” in biotechnology research and development, 53 *Emory L. J.* 359, 2004, pp. 384～388.

学研究的核心机构。NIH 在美国生物医学研究中具有举足轻重的地位，这既与它拥有庞大的研究机构（有 27 个独立的研究所和中心）、数量较多的精英研究人员（有 18 000多名雇员）、雄厚的财力支持（如2006 年的财政预算达 286 亿美元）、遍布美国及其他一些国家的资助项目有关，也与它作为联邦政府机构因而对管理政策具有较大影响力有关。[1] 与之相联系，NIH 的很多决策也会受到较多评论或批评。例如，在 20 世纪 90 年代初人类基因组计划实施后的几年里，NIH 就发现的 EST 序列曾先后两次向 USPTO 申请专利，招致生命科学界和生物技术产业界的强烈批评。其后，NIH 就坚持把 EST 和 SNP 等研究成果保留在公有领域，供生命科学和生物技术研究者自由使用。

为应对生物医学领域越来越多的专利等知识产权，防止研究工具私有化对生命科学和生物技术研究的侵蚀，避免它们阻碍生物医学研究的发展，时任 NIH 院长的 Harold Varmus 于 1997 年要求院长顾问委员会工作组研究在生物医学领域研究工具和材料扩散所面临的问题，其中包括知识产权所有者和研究工具使用者之间的利益冲突以及 NIH 可采取的对策。工作组研究认为，一方面，知识产权的限制能够窒息新发现的广泛传播，限制将来研究和产品开发的途径；而另一方面，合理的知识产权对于保护合法的财产利益和保存商业开发动机也属必需。因此工作组建议 NIH 发布指南，指导其资助接受者在保护知识产权和保证公共利益之间保持必要的平衡。

基于这些建议，NIH 于 1999 年 5 月 25 日发布《分享生物医学研究资源：NIH 研究资助与合同接受者的原则与指南》（Sharing Biomedical Research Resources：Principles and Guidelines for Recipients of NIH Research Grants and Contracts），针对私有产权和

---

[1] See NIH, *About NIH*, at http：//www. nih. gov/about/#mission（last visited on Oct. 23，2008）.

公有领域之间的平衡问题，对与 NIH 具有合同关系的机构和个人给予原则性指导。❶ 该政策为公众预留 3 个月的反应期，希望得到公众意见和建议的反馈。在吸收了 NIH 资助接受者、学术机构、个体研究者、学术机构团体、非营利机构（如基金会）、医药公司、生物技术公司、生物技术商业协会等众多机构和个人的意见之后，NIH 于 1999 年 12 月 23 日发布指南终稿，使之成为正式的 NIH 政策。❷

一、基本原则

《分享生物医学研究资源：NIH 研究资助与合同接受者的原则与指南》为资助接受者确立了四项原则。

第一，保证学术自由和学术公开。学术研究自由基于合作和对科学共同体研究发现的认真分析，它是科学事业的核心部分，所有通过资助、合作协议或合同方式接受 NIH 资助的研究机构，都有责任保护研究自由，维护适当的作者身份，保证通过适当方式及时公布他们的科学发现。NIH 希望资助接受者避免签署不合理地限制研究者合作和公布科研成果自由的协议，也避免签署为材料提供者自动赋予共同作者身份或版权的协议。

关于研究成果的及时和充分公开，NIH 认为，公共机构的研究者有时接受商业公司资助从事某些研究，这时为避免责任或利益冲突对研究合作做出合理限制是可以理解的；或者，有时为了申请专利的需要而适当地延迟成果公布，或者为保密需要而不公开某些信息，也都是合理的。但是，时间过长的公开延迟、过多

❶ See NIH, Sharing Biomedical Research Resources: Principles and Guidelines for Recipients of NIH Research Grants and Contracts, 64 *Federal Register* 28205, May 25, 1999.

❷ See NIH, Sharing Biomedical Research Resources: Principles and Guidelines for Recipients of NIH Research Grants and Contracts (Final Notice), 64 *Federal Register* 72090, December 23, 1999.

地要求编辑控制（editorial control）、发表准许（approval of publication）或撤回数据的做法，都会削弱研究结果的可信度，是不可接受的。

第二，保证拜杜法（Bayh-Dole Act）的恰当执行。NIH 论述了本指南与拜杜法的关系。根据拜杜法规定，一旦研究机构接受了 NIH 的联邦资助，就会受到包括拜杜法在内的多种法律管辖。[1] 为使研究成果效益最大化，研究机构一般需要把成果向学术界和公众公开，也可能为商业化目的需要向产业界进行及时的技术转移。NIH 认为，根据拜杜法，研究机构就接受 NIH 资助得到的研究成果享有相关权利，但同时它也有促进成果利用、商业化和向公众提供等相应责任；拜杜法鼓励研究机构就其接受资助的发明成果申请专利并许可产业界使用，但应注意对于一些成果而言，这种做法并非惟一可供选择的策略，并且也不能保证是执行拜杜法的最恰当做法。例如，当发明可用作研究工具时，不恰当的许可策略就可能阻碍而不是促进发明的使用、商业化和向公众提供。

NIH 建议，当 NIH 资助的研究得到的发明可用作研究工具时，研究机构应当分析是否需要进一步的研究、开发和私有资金投入以实现该发明的用途。如果不需要，就可公布成果、把它放入适当的数据库并实施广泛的非独占许可，这样可实现拜杜法的目标；如果把发明独占地许可给私营公司使用，就与拜杜法的目标相违背。如果需要私营公司参与维持或推广该发明，或者需要进一步研发以实现发明用途，就需根据具体情形调整许可策略以实现该发明的广泛传播和推广。这时如果独占性的许可能够帮助进一步开发和市场化该发明，就与拜杜法的目标是一致的。[2]

---

[1] See 35 U. S. C.，§ § 200 –212.

[2] NIH，Sharing Biomedical Research Resources：Principles and Guidelines for Recipients of NIH Research Grants and Contracts（Final Notice），64 *Federal Register* 72090，December 23，1999.

第三，为学术研究把管理障碍降至最低。关于许可协议或材料转移协议的任何条款的谈判都会造成时间上的延迟，NIH 要求接受资助的研究机构应保证较便利地向学术机构免费转移研究工具，建议使用统一生物材料转移协议（Uniform Biological Materials Transfer Agreement，UBMTA），并强烈建议使用该协议的简单信件协议（Simple Letter Agreement）。

协议范本包括以下几方面的内容：（1）转移的材料的所有权属于提供者，未经其书面许可接受者不得再转予他人，经其同意后才可为教育或非营利之目的转与他人，但仍需签署独立的简单信件协议；（2）材料转移仅是为服务于学术研究，应仅用于教学或非营利研究之目的；（3）转移的材料不得用于人类主体；（4）在报告相关研究的任何出版物中，接受者都应声明材料来源；（5）应理解材料仅属实验性质，可能具有危险特性，提供者对此不做任何明示或暗示的担保，不担保材料的可商品化性（merchantability）或适于某一目的，也不担保对材料的使用不会侵犯他人的专利、商标、版权等知识产权；（6）接受者对材料的使用应遵循所有相关的法律法规；（7）材料的提供应是免费的，或者收费应仅限于补偿提供者制备和提供材料所发生的成本，如果要收费就需在协议中明确指明；（8）协议应有提供者和接受者的信息和签名。

作为营利机构的材料提供者担忧，在非营利机构与营利机构之间可能存在紧密联系，因此为科学研究目的向非营利机构免费提供研究工具，可能使材料提供者失去对研究工具的控制，并可能让竞争者获得益处。NIH 表示理解这种担忧，因此希望非营利机构在作为材料接受者时，应对营利机构要求共享研究工具的情形予以警觉。NIH 同时强调，营利机构如医药公司在为非营利机构的学术研究提供研究工具时，应尽量减少他们加给材料接受者的责任，因为无论对于营利机构还是非营利机构而言，诸如延伸型版税或产品权利（reach-through royalty or product rights）、对出版和学术自由的不合理限制、对研究工具的不适当评估都可能阻碍科学发展进程。

第四，保证利用 NIH 资助开发的研究资源能够得到良好传播。NIH 认识到科学发展依赖于对各种研究资源的充分利用，因此鼓励最大限度地、及时地传播由 NIH 资助的研究所获得的研究资源。当研究机构可能获得包括 NIH 在内的多种形式的基金资助时，NIH 希望接受资助者与其他资助方之间的协议也适用这些原则，以减少他们的协议内容限制 NIH 资助成果推广的可能性。关于营利机构对 NIH 资助成果的使用，NIH 区分了内部使用和商业性使用两种情形，对于内部使用的情形，建议权利人不对终端产品要求享有版税或其他可选择的权利，这样可促进研究资源在生物医药公司等私营机构中的广泛应用。

这些原则可直接适用于接受 NIH 资助的项目或机构，NIH 也建议其他非营利机构或营利机构也采用相同政策，以避免在共享材料等研究资源时向接受者施加不合理的限制条件，以便于科技资源的充分共享，以利于生物医学和生物技术研究发展。总之，NIH 认为，在保留产品开发机会的同时，又需保证对科学研究工具的广泛获取，这要求对拜杜法的执行要有想象力和策略性，NIH 希望资助接受者在申请专利、许可专利或共享材料时，能够把此目标铭记于心，以便既能够开发产品，又能够为科学界持续提供新的研究工具。[1]

二、行动指南

在四项原则的基础上，NIH 又在该文件的附录部分给出了具体的行动指南，其中包括为管理人员和法律人员提供的信息、策

[1] NIH，Sharing Biomedical Research Resources：Principles and Guidelines for Recipients of NIH Research Grants and Contracts（Final Notice），64 *Federal Register* 72090，December 23，1999.

略和规范性语言等。

指南定义了研究工具和材料等概念，说明了简单信件协议的使用，也指明材料接受者如何履行对 NIH 的责任。依据指南的解释，“材料”（materials）不仅包括提供者提供的材料，也包括其子代或非修饰的衍生物、非修饰的功能亚基、表达产品、非修饰的细胞系的亚克隆、原有材料的纯化组分、原有 DNA/RNA 的表达蛋白、原有杂交瘤细胞系分泌的单克隆抗体等，范围相当广泛。

关于研究成果的及时公布，NIH 认为，如果为了专利申请或秘密产权信息（confidential proprietary information）审查，1 ~ 2 个月的延迟是可理解的，但太长的时间延迟或者要求不充分公开研究结果等做法都是不能接受的，材料接受者不应同意此种条款。❶

关于知识产权问题，NIH 要求，对于没有专利保护的研究资源在研究结果公布后就应自由传播，但对于受知识产权保护的成果也应尊重。在营利机构作为材料提供者所签署的材料使用协议中多有回授（grantback）条款，规定材料接受者在该材料基础上若有改进或发现新用途，材料接受者就应回授给材料提供者非独占性的、免费的使用权；材料提供者也可能要求享有关于材料的新发明的独占性的或非独占性的商业化权。NIH 认可仅在该材料是独一无二的即没有其他合理获得渠道的情形下，这些条款才是可接受的。例如，在 NIH 资助下，利用营利机构的专利分子进行了改进或发现了新功能，如果不回授给营利机构，就可能阻碍它对这些新发明的使用，这时就可回授给材料提供者非独占性的使用权。即使如此，材料接受者也应注意相应的许可应与拜杜法

---

❶ NIH, Sharing Biomedical Research Resources: Principles and Guidelines for Recipients of NIH Research Grants and Contracts (Final Notice), 64 *Federal Register* 72090, December 23, 1999.

的要求一致，其中包括美国产业需求优先（preference for U. S. industry requirements）和在 37 C. F. R. Part 401 条款下对美国政府权利的保留。[1]

在决定对于材料提供者的回授许可范围时，材料接受者应衡量材料提供者贡献的价值、研究成本和研究成果的重要性，这时应与回授的权利价值相比。回授给材料提供者的权利应仅限于直接应用提供的材料所获得的发明。接受者还应保留与材料提供者就许可条款进行谈判的权利，以保证新发明对于学术研究是持续可得的，并保证提供者有技术能力、财政能力和承诺把研究成果及时应用于市场；在许可为独占性许可的情形下，材料提供者应保证有市场开发计划并测评授权使用的领域。

如果接受 NIH 资助的是非营利机构，NIH 希望它作为材料提供者不应要求回授相应的商业化选择权（commercialization option rights）、延伸型版税（royalty reach-through）或延伸型产品权利（product reach-through rights）。这时应使用简单信件协议或统一生物材料转移协议。如果材料有专利保护，应使用不含延伸型版税或延伸型产品权利的普通许可协议。NIH 允许接受资助的研究机构可同时接受其他研究资助，但要求研究机构有责任保证接受其他资助不影响研究工具的开放式传播。如果非营利机构受在先资助协议或许可约束，它应与资助方或被许可人协商以便得到合理解决方案。[2]

通过《NIH 研究资助与合同接受者的原则与指南》，NIH 就可对接受资助的机构进行较大程度的控制，从而能够把研究工具等研究资源较多地保留在公有领域，供学术研究自由使用。这对于生命科学和生物技术领域的发展具有重要意义。通过政府等管

---

[1] NIH，Sharing Biomedical Research Resources：Principles and Guidelines for Recipients of NIH Research Grants and Contracts（Final Notice），64 *Federal Register* 72090，December 23，1999.

[2] 同上。

理机构的主动调控，就可在一定程度上避免把太多的研究成果私有化，从而避免反公共地悲剧。NIH 的实践说明这是一种便捷、有效、成本较低的调控方式。当然，NIH 的强制性调控主要限于接受 NIH 资助的研究机构，其中主要是非营利性的公共研究机构，以及与公共研究机构具有合作关系的一些私有公司，而对拥有较多生物技术专利的多数私有公司并无约束力，因此作用是有限度的。但无论如何，管理政策的调控属一种有效地避免反公共地悲剧的手段，值得管理部门借鉴。

第三节　医药管理和科学研究的例外

美国专利法并没有对科学研究等非商业性活动规定概括性例外，因此即使是基础性的科学研究也并不能当然地构成专利保护的例外，更不用说带有商业性质的研究或试验活动了。不言而喻，这可能会为科学研究和技术研发带来不利影响，对于生物医药研发而言更是如此，因为在生物医药研发中可能会涉及很多专利产品或专利方法，其中包括多种多样的生物材料。

一、医药专利与管理的复杂关系

在医药产品和专利保护之间存在着复杂的博弈关系。生物医药公司等研发单位在取得一定的技术进展（可能是产品或方法）之后，一般会申请专利，如果被授予专利，就会得到自申请日起 20 年的保护期。如果发明涉及一种新的医药产品且技术相对成熟，医药公司一般会试图开发能够临床应用的医药产品。但各国的药品管理法一般都要求人用药品必须事先通过药品管理部门的行政审批、获得临床许可证后才可进入临床试验和应用阶段。药品审批程序非常复杂和费时，一般需几年甚至更长时间，决非短期内所能完成。这就可能造成专利保护期已经开始，但医药公司仍不能够生产或销售新药的问题，因而可能造成专利权人在获得专利授权后的几年间“有专利无利润”的现象，专利权人能够实际享有专利独占实施权的时间就会少于法定专利保护期。

例如，如果一家医药公司开发出一种治疗糖尿病的转基因药物，于2000年向USPTO申请专利并向FDA递交新药申请，如果该新药于2003年获得专利授权，于2007年获得FDA的临床许可，该公司实际享有利用专利权获利的时间就会缩短4年。这是基于药品监督管理而致专利获利期缩短的现象，是药品管理政策对专利权人权利的“削弱”。

但另一方面也存在专利权人对药品的独占实施权被实际延长的现象。药品超过专利保护期，就从专利药转变为普通药或称普药（generic drug），就可被仿制，因此也可被称为仿制药。普通药可由多家企业仿制，以更便宜的价格和更充足的数量向消费者提供。但仿制药企业要仿制过期的专利药品并向市场提供，同样需要向管理部门（在美国为FDA，在我国为SFDA）申请药品许可，也需要进行必要的实验以获得药品的有效性与安全性数据，而实验一般需等到专利权到期后才可进行，不然就可能被专利权人诉为侵犯专利权。这一系列关于有效性和安全性（包括急性毒性和中、长期毒性等）的实验，再加上提供数据后管理机关的审批过程，就可能和当初专利权人遇到的情形一样，也会持续几年时间。因此药品专利权的存在会延迟仿制药的上市时间，导致专利权人的独占实施权实质延长。这种延长对专利权人是有利的，会增加他继续创造高额利润的机会，但会损及仿制药企业，并影响消费者的利益。

药品审批在前期造成的专利实施延迟和在后期造成的专利保护实质延长，不仅涉及延迟时间和延长时间的长短，也涉及生产规模、市场接受度、是否有替代产品、是否可能由于抗药性产生而致药效降低等多方面的因素，因此不能简单认为后期的实质延长可能会弥补前期的延迟。此外，每种药品的情形又不一样甚至相差很大，因此采取完全放任的政策是不可行的，既可能妨碍专利权人的利益，也可能纵容不恰当的垄断性经营，阻碍正当的市场竞争，损害消费者利益。因此，无论是要维护专利法的正义，还是要维护竞争法的公平，或者要维护公民的健康权利，立法者或管理者都应积极应对这些问题，给出解决方案。

二、保护期延长和伯乐例外

针对此问题，美国采取“给专利权人其应得”的策略：一方面通过延长专利保护期的方式赋予专利权人应该得到的，另一方面就某些为满足 FDA 行政管理要求的行为设置例外。这主要体现在 1984 年的“药品价格竞争和专利保护期恢复法”（Drug Price Competition and Patent Term Restoration Act）即 Hatch-Wexman 法中，该法的相应条款被纳入到专利法中。依据规定，因首次接受 FDA 等管理机构资格审查而致专利实施被延迟的医药或医疗专利可被依法延长保护期，以弥补专利权人的可能损失。该条款是美国专利法中最长、内容最丰富的条款之一，对药品专利延期条件和程序规定了非常具体的内容，其中包括针对不同情形的延期条件和程序等。延长的期限应基本与 FDA 审查工作造成的延误相当，但最长不应超过 5 年，或者专利权人独占性地利用专利药品的时间不得超过 14 年，并且不应包括由权利人自己不尽职造成的时间延误。❶

针对其他医药生产者在专利保护期届满前是否能够进行药品试验或其他研究活动，以便向 FDA 及时提供针对产品审批所需的相关资料，美国专利法明确规定：如果管理药品制造、使用或销售的联邦法律如《联邦食品、药品和化妆品法》要求提供某种信息或资料，其他人仅仅为了开发和提供这些信息或资料，在美国制造、使用、销售、许诺销售或进口一种专利药品，不应认为构成专利侵权，但这些专利药品不应是通过重组 DNA、重组

❶ 35 USC 156（c）.

RNA、杂交瘤技术或其他涉及特定位点遗传操作技术生产的新的动物药品或兽用生物产品。[1] 直接推动本条款产生的事件是CAFC在Roche v. Bolar案中的判决，因此本条款规定的例外被称为“伯乐例外”（Bolar Examption）或“早期工作例外”（early working exception）。[2] 在本案中CAFC断定，在专利权到期前，其他医药公司即使仅为满足FDA的审查要求而进行有关临床试验研究，也构成对专利权的侵犯。[3]

依据伯乐例外，非专利权人或其合法许可人的医药生产企业，为了向FDA递交药品许可申请，可在美国制造、使用、销售、许诺销售或进口相关专利药品，而不需要专利权人的同意或许可。因此伯乐例外可实质性地构成对药品专利的限制。这对培育普通药市场意义重大，也可有益于维护社会公众的健康权益。伯乐例外已经得到包括欧盟在内的多个国家和地区的立法响应，例如欧盟在补充修订人用医疗产品的相关指令时，就明确规定，不应把药品管理等要求的必需研究和试验视为对专利权或相关证书保护的侵犯。[4] 在国际层次，如WTO的争端解决机制就曾在

---

[1] 35 U. S. C. 271（e）（1）.

[2] See Commission on Intellectual Property Rights, *Integrating Intellectual Property Rights and Development Policy*, *Report of the Commission on Intellectual Property Rights*, London, 2002, p. 50. 国内也有文献把“Bolar Examption”翻译为“博拉例外”。本书从该条款对于培育同业竞争者的重要作用出发，同时也结合音译，称之为“伯乐例外”。

[3] See Roche Products, Inc. v. Bolar Pharmaceutical Co., 733 F. 2d 858（Fed. Cir. 1984）. 也可参见尹新天对本案的评析，见尹新天：《专利权的保护》，知识产权出版社2005年第二版，第226～228页。

[4] See *Directive* 2004/27/*EC of the European Parliament and of the Council of* 31 *March* 2004 *amending Directive* 2001/83/*EC on the Community code relating to medicinal products for human use*, Article 1, para. 8（amending Article 10 of the Directive 2001/83/EC on the Community code relating to medicinal products for human use）.

欧盟诉加拿大的案件中，裁决伯乐例外为 TRIPs 协议所支持。[1]

然而，这样一种有益于维护社会公众健康权益的药品专利权例外制度，在很多发展中国家的专利制度中却并未建立。根据英国知识产权委员会的《整合知识产权和发展政策》报告（Integrating Intellectual Property Rights and Development Policy），在其调查的 63 个发展中国家中，仅有 8 个国家规定了类似的例外制度，当然还有一些国家的专利法规定了概括性例外，并且也可能适用于药品的早期研究例外。[2] 因此发展中国家在这方面的立法需要加强。

三、科学研究例外

除了主要是针对药品专利的伯乐例外，还有涉及一般性的科学研究例外。美国专利法中没有明确的专利主题排除条款，也没有明确规定专利权适用的例外，但美国联邦法院在判决中曾多次阐述相关的专利权例外原则。早在 1813 年的 Whittemore v. Cutter 案中，美国最高法院就针对专利权的保护范围表明："惩罚一个仅为哲学实验（philosophical experiments）目的或为验证机器是否具有宣称效果而制造专利机器产品的人，从来不应是立法者的意图。"[3] 虽然这段话是出现在判决书的附言（obiter dicta）中，对后续案件没有法定约束力，但是却启蒙了美国的"实验研究例外"制度。在 1861 年的 Poppenhusen v. Falke 案中，实验例外原则得以最初确立，法院申明若仅为满足一种哲学尝试（philosophical taste）或好奇心，或仅为娱乐目的而实施专利，就不属

[1] See Commission on Intellectual Property Rights, *Integrating Intellectual Property Rights and Development Policy*, *Report of the Commission on Intellectual Property Rights*, London, 2002, p. 50.

[2] 同上。

[3] Whittemore v. Cutter, 29 F. Cas. 1120 (D. Mass. 1813).

侵权行为。[1] 在1935年的Ruth v. Stearns-Roger Manufacturing Co.案中，法院认为在大学实验室里应用一种专利产品满足“实验使用抗辩”（experimental use defense）条件。这一系列案件奠定了美国的实验研究例外制度。只是由于CAFC在Roche v. Bolar案中的否定性判决，认为在专利期限届满前制造、使用或进口他人的专利产品构成侵权，才让国会感到有必要在法律中给予明确规定，其结果就是伯乐例外条款的通过。[2]

然而，在其后至今的20多年间，美国联邦法院对该实验研究例外原则的解释仍一直处于变动之中，时严时疏。在2002年的Madey v. Duke University案中，CAFC认为，对于大学等非商业性研究机构而言，在判断他们对一项专利的实施是否构成侵权时，需考虑被控侵权者的经营目标，而不仅看是否直接与商业性使用相关，如果这些研究机构从事的非商业性项目能够“毫无疑义地促进该研究机构的合法经营目标”，其中包括教育和启蒙参与项目的师生，则实验性使用抗辩不能适用。[3] 人们担心该判决可能会让实验性使用抗辩不再有意义，这对于大学等研究机构而言非常不利，它会让研究人员一直处于可能被诉侵权的担忧之中，显然不利于科学和技术的创新，因此研究者呼吁美国国会就此研究性例外给予明确的立法规定。[4]

四、我国的规定

与美国专利法相比较，欧盟各国、日本和我国等多个国家的

---

[1] Poppenhusen v. Falke，19 F. Cas. 1048（S. D. N. Y. 1861）.

[2] 对美国实验研究例外历史演变的叙述，可参见：Shanshan Zhang，Proposing Resolutions to the Insufufficient Gene Patent System，20 *Santa Clara Computer & High Tech. L. J.* 1139，2004，pp. 1170 ~ 1174.

[3] Madey v. Duke University，307 F. 3d 1351（Fed. Cir. 2002）.

[4] Shanshan Zhang，Proposing Resolutions to the Insufufficient Gene Patent System，20 *Santa Clara Computer & High Tech. L. J.* 1139，2004，pp. 1171 ~ 1174.

专利法都规定了科学研究例外，为科技创新预留自由的空间。如我国专利法明确规定，“专为科学研究和实验而使用有关专利的”不视为侵犯专利权。[1] 若从专利权人的角度出发，这构成对其专利权的限制，但这种规定显然有利于科学技术发展。因此在我国从事单纯的科学技术研究，就不用担心可能侵犯他人的专利权。

但我国专利法或相关法律如《药品管理法》尚无类似伯乐例外的规定，是否可从专利法的“科学研究和实验例外”条款中推导出来也属未知，也没有相关的司法解释。鉴于仿制药对于我国医药企业的发展和人民健康具有非常重要的意义，并且外国公司诉我国仿制药公司在其专利权到期前进行临床研究侵犯其专利权的案件已经出现，因此在我国专利法或相关法律、法规中规定或完善伯乐例外条款就成为紧迫需求。

我国《专利法第三次修订草案》（征求意见稿）中增加了相关内容：“专为获得和提供药品或者医疗设备的行政审批所需要的信息而制造、使用、进口专利药品或者专利医疗设备的，以及为其制造、进口并向其销售专利药品或者专利医疗设备的”，不视为侵犯专利权。[2] 如果专利法第三次修订能够在近期获得通过，这项内容就可望得以实现，反之则建议最高人民法院在有关司法解释中加以明确规定。

第四节 美国联邦法院对延伸型专利的制约

延伸型专利（reach through patent）试图把自己的权利要求延伸至本专利申请未曾披露的后续发明，可造成权利延伸和叠

[1] 《专利法》第63条第1款第（4）项。

[2] 《专利法修订草案》（征求意见稿，2006），（新增）第63条第（5）项。

加，一般为各国专利审查机关所不容，也不为法院所支持。[1] 不予支持的理由一般包括它们不能满足充分公开要求等。本书第六章第七节已经介绍美国、欧洲和日本三方专利局对延伸型专利的一般审查意见，本节主要针对具体案例评述美国联邦巡回法院（CAFC）对延伸型专利的判决。

美国罗切斯特大学（University of Rochester）的科学家曾经开发出能够测定某种靶向化合物的测定方法，该种化合物与前列腺素 H 合成酶（prostaglandin H synthase，PGHS）有关，它能够选择性地抑制特定酶 cox-2（PGHS-2）的活性，但却不影响其他相关酶如 cox-1（PGHS-1）的活性。发明者推测，这些化合物可能会应用于减轻疼痛的治疗，因为它们既可减轻炎症反应，又不带来胃刺激之类的副作用。罗切斯特大学为此申请了“哺乳动物前列腺素 H 合成酶 -2 抑制剂测定方法”（Screening assays for inhibitors of mammalian prostaglandin H synthase-2）专利，并于 1998 年 11 月 17 日获得授权（USP 5，837，479）。之后罗切斯特大学又申请了关于非甾族化合物鉴定方法的第二个专利，即“在人类宿主中抑制前列腺素合成的方法”（Method of inhibiting prostaglandin synthesis in a human host），并于 2000 年 4 月 11 日获得授权（USP 6，048，850）。

第二个专利的权利要求 1 为“一种在人体宿主中选择性地抑制 PGHS -2 活性的方法，包括给需要此种治疗的人体宿主施用一种能够选择性地抑制 PGHS-2 基因产品活性的非甾类化合物”，但该专利并未公开任何特定的、能够选择性地抑制 cox-2 基因产品的非甾类化合物。后来罗切斯特大学发现有医药企业在其药品中应用了专利公开的方法，因此决定提起侵权诉讼。大学希望通

[1] 有研究者把“延伸型专利”翻译为“货到付款专利”。本书认为并不特别合适，因为一种上游技术能否得到实际的下游产品尚很不确定，利润是很难保证的。换言之，专利权人预期的“货”未必能够“到”。因此，用专利权人主动延伸自己的权利即“延伸型专利”可能更为适合。

过这样的专利战略获取较高的专利许可费用，其中包括从辉瑞公司的药物 Celebrex 中获取上亿美元的收益，但这样的策略并未成功。❶

在 University of Rochester v. G. D. Searle & Co. 案中，纽约西区地方法院（District Court for the Western District of New York）认为，罗切斯特大学的专利仅描述了相关化合物的功能，并没有确定能够实施本发明的一种特定的具体化合物，因此不能满足美国专利法第 112 条规定的书面公开要求。❷ 罗切斯特大学为此提起上诉。CAFC 认同地方法院的判决，强调专利没有公开能够完成发明的具体化合物，也没有证据表明发明人已经知晓如此一种化合物，因此发明人未能表明他确实拥有这项发明创造。❸

罗切斯特大学认为，法院如此判决将可能阻止大学向公众提供创新能力，从而不能实现拜杜法的目标。法院强调，拜杜法的目标是促进大学在联邦基金资助的研究中获得收益，而不是要"放松可专利性的法定要求"。罗切斯特大学的这个专利被认为属于延伸型专利，它只是一种测定方法，但却试图占有利用该测定方法所能发现的所有化合物，因此未能得到联邦法院的支持。❹

通过制约延伸型专利，就能够在一定程度上保证后续研发者的权益，阻止或延缓反公共地悲剧的发生与蔓延。

---

❶ Heather Hamme Ramirez, Defending the privatization of research tools: an examination of the "tragedy of the anticommons" in biotechnology research and development, 53 *Emory L. J.* 359, 2004, pp. 386–388.

❷ Univ. of Rochester v. G. D. Searle & Co., 249 F. Supp. 2d 216, 224 (W. D. N. Y. 2003).

❸ Univ. of Rochester v. G. D. Searle & Co., 2004 WL 260813 (Fed. Cir. Feb. 13, 2004).

❹ Heather Hamme Ramirez, Defending the privatization of research tools: an examination of the "tragedy of the anticommons" in biotechnology research and development, 53 *Emory L. J.* 359, 2004, pp. 387~388.

第五节　为公有领域的保留：SNP和单体型图数据库

虽然利用知识产权把生物技术创新成果私有化已成为生物技术产业的主流，但人们也认识到，为公有领域中保留必要的基础性研究工具等对于生命科学和生物技术的发展具有重要意义。因此人们试图通过各种形式为公有领域保留必要的、可自由使用的创新成果，尤其是那些在短期内尚难有实际市场效益的基础研究进展，如研究工具等。创建公共数据库就是较有效率和成就的一种方式。本节主要介绍SNP数据库和人类单体型图数据库，在现代生物技术公共数据库中，它们较有代表性。

SNP（单核苷酸多态性）是人类不同个体在核苷酸排列上的差异，是人类遗传多样性的基础，对于寻找人类致病基因、疾病的诊断和预测、个性药物研发、认识人类种族进化等方面具有重要价值，是生物医药产业的重要工具（参见第六章第五节）。为使SNP保留在公共领域，最大限度地有益于生物医药产业，英国维康信托基金会（Wellcome Trust）会同10个世界知名的跨国医药公司于1999年4月发起成立非营利目的之“SNP联盟”（SNP Consortium）。这些公司分别为：Amersham Biosciences、AstraZeneca、Aventis（安万特）、Bayer AG（拜尔）、Bristol-Myers Squibb（施贵宝）、Hoffman-La Roche（霍夫曼·罗氏）、SmithKline Beecham（史克·必成）、Novartis（诺华）、Pfizer（辉瑞）和Searle。随后摩托罗拉公司和IBM也加入该联盟。

此外，SNP联盟还涉及多个公共研究机构，分别是维康信托基金会的Sanger中心、美国华盛顿大学医学院、MIT的怀特海生物医学研究所（Whitehead Institute for Biomedical Research）、斯坦福大学人类基因组中心和纽约冷泉港实验室（Cold Spring Harbor Laboratory）。SNP联盟的投资约为3000万英镑，其中维康信托基金会的投入约为900万英镑。SNP联盟的目标是鉴定和在基因组图谱上标示出150万个SNP，并把这些SNP通过互联网向世界所有研究者开放，使之不会受到专利等知识产权的限制。[1] 后来SNP联盟的实际成果远远超出了其既定目标。

与SNP相关的还有一个重要指标单体型（haplotype），它是一起遗传的数个相邻SNP的集合，对于理解人类的遗传变异具有更为直接的意义。人类单体型在人类染色体中的分布称为“单体型图”（HapMap）。为探索人类遗传多样性的奥秘，配合人类基因组计划，世界多个国家的人类基因组学界于2002年10月启动“国际人类基因组单体型图计划”（International HapMap Project），目的是解读和确定人类基因组中常见的100多万个遗传多态性位点、描述人类遗传变异的形式以及它们在染色体上的位置，还有不同人群间或同一人群中的分布状况等，从而为所有研究者提供人类常见疾病的相关遗传变异信息，使人们能够将遗传多态性位点和特定疾病的风险联系起来，为疾病的预防、诊断和治疗提供研究工具和方法。这因而也是为公有领域保留创新成果的做法。[2]

例如，通过单体型的研究和定位，可以帮助研究人员把患者的单体型与健康人的单体型进行比较，如果发现某一种单体型在某种疾病的患者中经常出现，就可推测该疾病的关联基因可能位于该单体型内部或附近。人们关心的常见疾病包括癌症、中风、心脏病、糖尿病、忧郁症和哮喘等多种影响因子的疾病。单体型图计划就是通过研究单体型图来进一步理解疾病的成因、预防和

---

[1] Wellcome Trust, *SNP Consortium and International Hapmap Project*, at http://www.wellcome.ac.UK/Achievements-and-Impact/Initiatives/UK-biomedical-science/SNP-Consortium-and-International-HapMap/index.htm (last visited on Oct. 24, 2008).

[2] See The International HapMap Consortium, The International HapMap Project, *Nature*, 18 December 2003, 426: 789-796; “什么是HapMap?”，网址为http://snp.cshl.org/whatishapmap.html.zh（2008年10月24日访问）。

治疗。❶

国际人类基因组单体型图计划由加拿大、中国、日本、尼日利亚、英国和美国的近30个公共研究机构参与，资助机构包括加拿大基因组（Genome Canada）、魁北克基因组（Génome Québec）、中国科学院、中国科技部、中国国家自然科学基金委员会、香港创新科技署、香港大学教育资助委员会、日本文部省、SNP联盟、英国维康信托基金会、美国NIH、W. M. Keck基金会（W. M. Keck Foundation）、Delores Dore Eccles基金会（Delores Dore Eccles Foundation）。❷ 这些基本都是公共机构，它们的支持保证了有关SNP和单元型的研究成果保留在公共领域，最大限度地为社会服务。

国际人类基因组单体型图计划共测定270个人类DNA样品，它们分别取自非洲（尼日利亚的Yoruba人）、亚洲（北京人和东京人）和美国犹他州（祖先来自欧洲）的人群。该计划预期得到约300万个SNP、相应的频率和标签SNP（tag SNP）等大量数据。该计划规定了专门的数据发布政策，规定该计划获得的所有数据都应向公共领域公布。发布途径是通过NIH的SNP数据库（Single Nucleotide Polymorphism Database，dbSNP）向公众快速发布；当SNP的基因分型（genotyped）达到足够密度能够确定强关联区域时，单体型、基因型（genotype）和这些区域的标签SNP将无限制地公之于众，在此之前关于基因型的数据也将尽量少限制地对公众公开。公众要获取相关数据，开始还需通过“点击协议”（click-wrap）的形式以保证不影响他人对数据的自由使用，后来这一要求也取消了。该计划于2005年公布了初期报告，其中包括100万个SNP（最小间距为5kb）和相应的单体型关

❶ 参见“HapMap如何对人类健康产生益处?”，网址为http://snp.cshl.org/healthbenefit.html.zh（2008年10月24日访问）。

❷ See *Groups Participating in the International HapMap Project*, at http://snp.cshl.org/groups.html (last visited on Oct. 24, 2008).

联，更详细的数据其后也得到公开。❶

关于研究成果的知识产权问题该计划也给予了规定。计划的参与者认为，对于SNP或者单体型而言，它们一般难以满足专利法要求的“特定实用性”条件，不能被授予专利，然而，如果一种SNP或单体型能够展示出特定的实用性，则任何人（不管是否与该计划相关）皆可申请专利，但申请专利不得妨碍其他人获取该计划的数据。计划声明，该计划并不包括关于遗传变异和医学性状之间的相关性研究，因此只有通过与该计划无关的其他研究才可得到可专利的结果。计划的参与者同意，在数据向公众公开之前不把该计划的数据用于其他项目研究，计划的参与者和所有使用者在同样的条件下使用这些数据。❷

可以看出，国际人类基因组单体型计划为人们提供了一个非常自由宽松的决策环境：一方面，该计划产生的所有数据对于所有公众都可自由获得，他们可把这些数据自由地用于科学研究、技术研发或商业性开发；另一方面，该计划并未限制任何人（包括计划的参与者和利用该计划的数据的公众）申请专利或行使其他形式的知识产权，即如果他们的相关发明能够满足专利法规定的条件，他们也可申请专利、获得专利授权并从这些权利中获取经济利益，但前提是对这些权利的行使不得妨碍其他公众获取该计划的数据，即专利权不得妨碍公众的自由选择权。

本书认为，国际人类基因组单体型计划对研发成果的处置模式是平衡公有领域和私有产权的一个较好的策略选择，在一定情形下和一定范围内值得推广。通过公共数据库的建设，就可为公

---

❶ See *Data Release Policy*, at http://snp.cshl.org/datareleasepolicy.html.en (last visited on Oct. 24, 2008)；“数据发布政策”，网址为 http://snp.cshl.org/datareleasepolicy.html.zh（2008年10月24日访问）。

❷ See *Data Release Policy*, at http://snp.cshl.org/datareleasepolicy.html.en (last visited on Oct. 24, 2008)；“数据发布政策”，网址为 http://snp.cshl.org/datareleasepolicy.html.zh（2008年10月24日访问）。

共领域保留合理的科技研发成果，继而有利于维护社会公众的科学研究自由，激励人们的创新。

第六节　生物技术产业的选择性许可策略：PCR 专利

从 20 世纪 70 年代初发展而来的现代生物技术研究及产业，一直与现代专利制度密不可分。重组 DNA 技术是现代生物技术及产业的开创性技术和核心技术，其要点是通过体外 DNA 重组生产重组蛋白。该技术的发明者 Stanley Cohen 和 Herbert Boyer 开始也犹豫是否应申请专利。NIH 经过与国会长达几年的讨论，最终决定支持该专利申请。经过审查，重组 DNA 专利最终授予斯坦福大学和加州大学 San Francisco 分校。两所大学都认为应该鼓励该技术的广泛使用，因此以较低的使用费广泛许可人们使用该技术。这些许可都是非排他性许可。事实证明这种决策非常正确，它极大地促进了重组 DNA 技术的应用，使之成为现代生物技术的奠基之作。[1]

有人认为有三种原因促进了重组 DNA 技术的成功推广：该技术的使用不昂贵，也容易使用；没有其他替代性技术；该技术对于分子生物学至关重要。缺少了这些支持因素，人们未必有兴趣使用这些技术，也可能不会让重组 DNA 技术能够在短时间内得到如此广泛的应用。[2] Cohen-Boyer 专利模式的成功，证明如果专利策略运用得当，可在很大程度上促进技术的推广和发展，也

---

❶ Heather Hamme Ramirez, Defending the privatization of research tools: an examination of the "tragedy of the anticommons" in biotechnology research and development, 53 *Emory L. J.* 359, 2004, pp. 374 ~ 376.

❷ See Kenneth W. Dam, The Economic Underpinnings of Patent Law, 23 *Journal of Legal Study* 247, 1994, p. 264.

为后来生物技术如何运用专利制度提供了较好的榜样。[1]这说明，技术能否得到推广，产业能否得到有效发展，最重要的也许并不在于是否有专利保护，而在于权利人采取何种专利许可策略。

罗氏公司（Hoffmann-La Roche）在PCR专利许可中也采用了一种较为可行的做法。作为一种重要的分子生物学工具，PCR技术是由当时受雇于美国Cetus公司的Kary Mullis博士于1985年发明。PCR全称是“聚合酶链反应”（polymerase chain reaction），它可在体外快速、大量扩增DNA片段，帮助人们获得足量的目的基因片段。该技术除应用于生物学研究和生物技术产业外，还可应用于临床医学、农业、法庭、海关、食品、考古、环境保护和人类学考察等实用领域，在现代社会生活中拥有极为广泛的用途，Mullis也在发明该技术的短短8年后即1993年就被授予诺贝尔奖，这在诺贝尔奖的历史上甚为少见，这也证明该技术的重要性当时已得到社会的广泛认可。

围绕着PCR专利一直有私有产权与公共利益之争。最初PCR专利为Cetus公司所有。该专利的申请日为1987年7月28日，题目是“核酸序列的扩增方法”（Process for amplifying nucleic acid sequences），专利号为USP 4 683 202。该专利是Cetus公司于1985年3月28日提交的第716 975号专利申请的部分延续（continuation-in-part），原来的专利申请已被放弃。由于PCR是非常好的发明，对于分子生物学及其应用意义重大，因此获得专利权为人们所理解。Cetus公司当时采取的专利许可策略是一种延伸型许可（reach through licensing），即对于使用PCR技术者（包括研究者和产业界）所获得的所有技术成果，Cetus公司都主

[1] Heather Hamme Ramirez, Defending the privatization of research tools: an examination of the “tragedy of the anticommons” in biotechnology research and development, 53 *Emory L. J.* 359, 2004, pp. 374 ~ 376.

张享有相应权利。这种做法为很多研究者所反对，一些研究者甚至提议联合抵制该技术，但 Cetus 仍坚持认为 PCR 专利范围广泛，研究者若要商业性地应用该技术，就需得到事先许可。❶ 这使 PCR 专利几乎成为阻滞技术发展的例证。

1991 年罗氏公司以约 3 亿美元的价格从 Cetus 公司购买了 PCR 专利及其全球经营权，之后便采取与 Cetus 公司不同的许可策略。它基于技术的实际用途采取三种类型的许可方式，分别是研究许可、产品许可和服务许可，但不再含有延伸型许可条款。研究许可是指针对内部研究做出的使用其 PCR 专利技术的许可，获得途径是连同使用由罗氏许可或制造的研究产品和由 Applied Biosystems 公司许可的仪器 Thermal Cycler。产品许可针对的是在研究或疾病诊断中应用的产品，或者是在食品、农业或环保检测中应用的产品，许可的权利可包括这些产品的制造、使用和销售。服务许可针对的是在如疾病诊断、亲子鉴定、法庭鉴定、食品检测和环境监测等服务中应用 PCR 技术的许可，它既可通过使用许可产品获得，也可从罗氏公司直接获得服务许可。在世界范围内，大约有 600 家实验室获得罗氏的许可应用 PCR 进行临床检测服务，约 100 家厂商被许可制造 PCR 操作中应用的产品。❷

有研究者认为，经调整后的 PCR 专利许可策略在保证罗氏公司经济收益的同时，也在很大程度上促进和鼓励了 PCR 技术的应用和发展，使 PCR 技术的价值得以充分体现，因此在当今世界几乎所有分子生物学实验室中都在使用着 PCR 技术。这种选择性的许可策略获得了成功，也为包括科学家在

---

❶ Heather Hamme Ramirez, Defending the privatization of research tools: an examination of the "tragedy of the anticommons" in biotechnology research and development, 53 *Emory L. J.* 359, 2004, p. 377.

❷ See Roche, *Licensing*, at http://molecular.roche.com/licensing/index.html (last visited on Oct. 24, 2008).

内的社会公众所认可。来自 Merck 医药公司的评论者认为，如果 PCR 技术不能作为一种免费的研究工具，人类基因组计划未必能够如期实现。[1] 一个良好的专利许可制度的意义，在此得到良好体现。

第七节　生物技术专利联盟

"专利联盟"（patent pool）是指两个或多个专利权人通过协议结成相互许可使用或向第三人许可使用其专利的联盟。专利联盟在我国又被称为"专利池"或"专利联营"。根据 Random House Unabridged Dictionary（2006）的解释，在英文单词"pool"的多层含义中，与"patent pool"相关的含义包括"同意为了相互利益而控制商品的生产、市场和价格的竞争者联盟，尽管表面看起来他们是竞争对手"。本书认为，无论是专利池还是专利联营都有其可取之处，如专利池较为形象，专利联营强调对专利及其相关事务的联合经营。但比较而言，专利联盟的概念更为准确，因为"patent pool"强调的是在各专利权人之间形成的"权利联盟"，他们之间未必一定"联合经营"。因此本书采用"专利联盟"的概念。

专利联盟的根本目的在于降低各专利权人之间相互许可或向第三人许可的交易成本，避免权利人之间互设专利障碍（如设置包围专利从而可能造成专利丛）等情形。这一点从 19 世纪的机械领域到 20～21 世纪的电子技术和生物技术领域都有反映。这既说明专利联盟是较为传统的一种产业实践，并不是一种新概念，也说明随着历史的发展，专利联盟有可

[1] Heather Hamme Ramirez, Defending the privatization of research tools: an examination of the "tragedy of the anticommons" in biotechnology research and development, 53 *Emory L. J.* 359, 2004, pp. 377～378.

能在结合新技术或新产业特点的基础上，能够持续地为科技研究、产业发展和专利保护服务。这是本书讨论生物技术专利联盟的理由所在。

一、专利联盟的历史

专利联盟已实践了约一个半世纪的时间，涉及的产品既有生活用品如缝纫机、浴缸、沙发床等，也有如电影放映机、汽车、飞机、MPEG 压缩技术和 DVD 机等高新技术产品。

缝纫机联合体（Sewing Machine Combination）是美国最早的专利联盟，由美国当时的三个缝纫机专利权所有人于 1856 年组建。他们在专利侵权诉讼中达成和解，组建了相互许可使用各自专利的专利联盟，使收益大大提高。[1] 到 20 世纪初期，又先后出现了飞机产业专利联盟、汽车产业专利联盟和无线电产业专利联盟等，其中“飞机制造商联盟”（Manufacturers Aircraft Association）于 1917 年组建，成员包括美国当时最重要的两个飞机制造商莱特·马丁公司（Wright-Martin）和柯蒂斯公司（Curtiss，以同样是飞机发明家的 Glenn Curtiss 命名）。这两个公司也是飞机专利的持有者，它们的专利联盟涵盖了制造飞机所需要的所有专利。该飞机专利联盟大大降低了许可成本，促进了飞机制造，保证了美国参加第一次世界大战对飞机的紧急需求。汽车产业的专利联盟是“被许可汽车制造商联盟”（Association of Licensed Automobile Manufacturers）。无线电产业专利联盟是“无线电制造商联合体”（Associated Radio Manufacturers），成员包括马可尼公司（American Marconi）、通用电气（GE）、AT&T 和西屋公司（Westinghouse）等，专利涉及无线电零件标准、空中频率定位

[1] The Library of Congress, *Inventor of the Sewing Machine*, at http://memory.loc.gov/ammem/today/jul09.html (last visited on Oct. 24, 2008).

(airway frequency locations) 和电视发射标准等。❶

到20世纪90年代，随着电子技术的快速发展，出现了电子行业的专利联盟。1997年哥伦比亚大学信托基金会（Trustees of Columbia University）、富士通、通用仪器（General Instrument）、朗讯科技（Lucent Technologies）、松下电器、三菱电子、飞利浦、科学大西洋公司（Scientific Atlanta）和索尼公司从它们在多个国家的8 800个相关专利中筛选出27个关键专利，共同组建MPEG-2标准专利联盟，后来法国电信、日立、JVC、KDDI和NTT等公司加入，至2000年11月20号该联盟已经覆盖约230个专利，共授权256个被许可人使用。1998年索尼、先锋和飞利浦公司又组建了关于DVD-ROM和DVD视频模式I（DVD-Video Formats I）的DVD 3C联盟，LG公司后来加入。1999年日立、松下、三菱、时代华纳公司和日本维克多公司（Victor Company of Japan）等组建6C专利联盟。专利联盟的成员早已超越了一国的范围，可涉及多个国家的专利权人，覆盖的专利也已经不限于在一个国家获得的专利，而扩张至多个国家的专利。❷

二、专利联盟的优劣及调控

作为专利权人的一种选择，专利联盟有其自身的优点。如上所述，这主要体现为专利联盟能够较大程度地降低联盟成员间的专利许可交易成本，清除或避开可能存在的封锁专利（blocking

❶ See Shanshan Zhang, "Proposing Resolutions to the Insufficient Gene Patent System", 20 *Santa Clara Computer & High Tech. L. J.* 1139, 2004, pp. 1165～1166; Bradley J. Levang, Evaluating the Use of Patent Pools For Biotechnology: A Refutation to the USPTO White Paper Concerning Biotechnology Patent Pools, 19 *Santa Clara Computer & High Tech. L. J.* 229, December, 2002, pp. 236～237.

❷ Jeanne Clark et al., United States Patent and Trademark Office, *Patent Pools: A Solution to the Problem of Access in Biotechnology Patents*?, December 5, 2000, Appendix, p. 12～16. Available at http://www.uspto.gov/web/offices/pac/dapp/opla/patentpool.pdf (last visited on Oct. 24, 2008).

patent)、补充专利（complementary patent）、叠加专利（stacking patent）或其他专利壁垒，减少或避免相关的专利侵权诉讼。

封锁专利是指，A 专利是一个基础专利，在 A 专利的基础上他人又有新发明并获得 B 专利，这时 B 专利的实施需要经过 A 专利权人的许可，但同时 A 专利的实施也可能需要 B 专利的许可，这时就构成 A、B 专利的互相封锁。以飞机机翼专利为例，莱特兄弟获得了能够平衡飞机的机翼专利，在其基础上格林·柯蒂斯获得了襟翼（wing flap）专利，由于其技术的先进性，襟翼很快为飞机制造业接受，但襟翼专利的实施需要莱特兄弟机翼专利的授权，不然就构成侵权，而这时莱特兄弟也不能使用柯蒂斯的襟翼专利，这就构成了互相封锁的局面，没有对方的许可都不能实施相关技术，这显然不利于飞机制造业的发展。❶

在很多技术领域尤其是电子和生物技术领域，围绕着一些开创性的发明专利，都可能存在着较多的封锁专利。在前的专利权人固然可能较有谈判的优势，但有时反倒因为后来者的精心设计，在开创性专利周围开发出一些封锁专利，形成对开创性专利的包围。这种围追堵截的政策可能会使开创性发明的专利权人陷入到权利纠纷中。针对这些问题，专利联盟就可以在一定程度上避免或消除来自封锁专利或叠加专利的障碍。

除封锁专利、补充专利和叠加专利外，还有“竞争专利”（competing patents），即通过对现有专利的迂回设计（designing around）得到的不侵犯现有专利权并能达到相同效果的专利。与前几种专利类型不同，竞争专利能够激励创新，促进产业竞争，因此受到人们的鼓励。❷

---

❶ Steven C. Carlson, Patent Pools and the Antitrust Dilemma, 16 *Yale J. On Reg.* 359, 1999.

❷ See Bradley J. Levang, Evaluating the Use of Patent Pools For Biotechnology: A Refutation to the USPTO White Paper Concerning Biotechnology Patent Pools, 19 *Santa Clara Computer & High Tech. L. J.* 229, December, 2002, p. 238.

但应认识到专利联盟也有缺陷，这是因为专利联盟多与高价格相联系，也可能限制非联盟成员对关键专利的使用，因此可能被控垄断。专利与垄断的关系始终是一个充满争议的复杂问题。在涉及专利联盟时，司法机关可能会采取更为严格的审查标准。美国联邦最高法院曾于1902年的E. Bement & Sons v. Natational Harrow Co. 案中判决专利权的独占不属反托拉斯法的控制范围，不受《谢尔曼法》（Sherman Act）制约。❶ 但在1912年的Standard Sanitary Manufacturing Co. v. United States案中，它却明确指出联邦政府有权制止通过专利联盟共谋达成的垄断。❷ 在1945年的Hartford-Empire Company v. United States案中，最高法院还判决拆分了玻璃器皿行业的专利联盟，当时该联盟成员的销售额已经达到全美国玻璃制品销售额的94%。❸

这些专利联盟试图维持较高的产品价格或以其他形式限制正当竞争，因此给人们留下不好的印象，使专利联盟几乎成为垄断的代名词，美国最高法院甚至称之为“共谋活动的庇护所”。❹ 行政管理机构开始加强对专利联盟的调控。美国司法部（Department of Justice）于20世纪70年代初发布关于专利许可的“九不”（Nine No-Nos）政策，禁止九种可能涉嫌限制竞争的与专利许可有关的行为，分别是：（1）把购买非专利材料作为许可的一个条件；（2）要求被许可人回授其后取得的专利权；（3）限制产品购买者在产品转售中的权利；（4）限制被许可人在专利权范围外交易产品的能力；（5）许可人提出的不授予进一步许可的协议；（6）强制打包许可（mandatory package licenses）；（7）与被许可人的销售不合理相关的版税条款；（8）限制被许

❶ E. Bement & Sons v. Nat'l Harrow Co.，186 U.S. 70（1902）.

❷ Standard Sanitary Manufacturing Co. v. United States，226 U.S. 20（1912）.

❸ Hartford-Empire Company v. United States，323 U.S. 386（1945）.

❹ Steven C. Carlson，Patent Pools and the Antitrust Dilemma，16 *Yale J. On Reg.* 359，1999，p. 374.

可人使用通过专利方法生产的产品；（9）许可产品的最低转售价格条款。❶

据此，专利联盟中常采取的搭售、要求回授尤其是独占性回授、限制价格、强制性打包许可、过高的许可费用、限制被许可人的其他经营活动等，都很可能因违反这些规定而被认定为垄断行为并被禁止。这表明美国司法部当时不支持专利联盟的一般态度。这些司法判决和行政机构的管理政策，在很大程度上抑制了专利联盟的形成和发展，使它们几乎在美国产业界销声匿迹。❷

但到了90年代，随着电子技术和生物技术的快速发展，相关领域内的专利数量也急剧增多，在一定程度上成为技术创新和产品研发的障碍，为此美国司法部等管理机构又重提专利联盟的益处，建议通过专利联盟的形式解决交易成本高和封锁专利丛生等现象，以便促进竞争活动。美国司法部和联邦贸易委员会（Federal Trade Commission，FTC）于1995年共同发布《知识产权许可的反托拉斯指南》（Antitrust Guidelines for the Licensing of Intellectual Property），阐明如果专利联盟能够促进竞争它就是有价值的。❸

即使专利联盟在高新技术时代受到鼓励，但针对它的有关调控政策仍然有效，如果专利联盟的组建和行为造成了行业垄断或不合理地控制了价格，也可能面临被拆分的命运。例如，美国尖峰技术公司（Summit Technology）和VISX公司分别拥有眼睛的激光手术专利，它们组建的专利联盟规定每次激光手术需要向该

❶ *The* 9 *No-Nos*, available at http://www.cptech.org/cm/ninenonos.html (last visited on Oct. 24, 2008).

❷ See Bradley J. Levang, Evaluating the Use of Patent Pools For Biotechnology: A Refutation to the USPTO White Paper Concerning Biotechnology Patent Pools, 19 *Santa Clara Computer & High Tech. L. J.* 229, December, 2002, pp. 237~238.

❸ See DOJ and FTC, *Antitrust Guidelines for the Licensing of Intellectual Property*, April 6, 1995, para. 5.6.

联盟交纳250美元的许可费，FTC认为这两个公司本来是市场的竞争对手，但它们组成的专利联盟却提升和维持着较高的许可价格，已经危及本领域的正当竞争，因此于1998年决定拆分此专利联盟。这证明，虽然管理者容许在高新技术产业中可通过专利联盟的形式解决高成本问题，但仍不能容忍与专利联盟相关的市场垄断行为。[1]

三、生物技术的专利联盟

如上所述，生物技术发展带来了很多生物技术专利，其中包括封锁专利等，它们很可能成为延缓生物技术研发和产业化发展的障碍，造成很多上游技术却产生很少下游产品的反公共地悲剧。例如，美国Amgen公司拥有促红细胞生成素（EPO）专利，但德国赫斯特（Hoechst）公司在其周围开发出多个专利，形成对Amgen专利的包围，Amgen为继续生产EPO只有取得赫斯特授权，才可能不被控侵权。[2] 针对这些问题，USPTO于2000年发布政策白皮书，认为专利联盟是生物技术专利问题可选择的一个解决方案。这与美国司法部和FTC发布的专利联盟指南的宗旨一致。

USPTO白皮书阐述了专利联盟对于解决生物技术专利问题的四种主要益处。首先，专利联盟可帮助克服封锁专利和叠加专利问题。例如围绕着基因或DNA序列有很多专利，其中包括为数不少的封锁专利或叠加专利，专利联盟能够较好地解决此问题，促进产品研发和产业化。其次，组建专利联盟能较大程度地

---

[1] Bradley J. Levang, Evaluating the Use of Patent Pools For Biotechnology: A Refutation to the USPTO White Paper Concerning Biotechnology Patent Pools, 19 *Santa Clara Computer & High Tech. L. J.* 229, December, 2002, pp. 244 ~ 245.

[2] Qin Zhang, Patent Law and Biotechnology: a Proposed Global Solution for the Public and the Biotechnology Industry, 9 *Sw. J. of L. & Trade Am.* 195, 2002 / 2003, pp. 195 ~ 210.

降低专利许可交易成本，其中包括谈判成本和侵权诉讼成本等。在美国平均每年的专利诉讼费用高达 10 亿美元。在组建专利联盟后，专利权人提起侵权诉讼或者竞争者提起专利无效诉讼的几率都会降低，会较大程度地节约相关成本。再次，由于是把许可费分发给所有专利联盟成员，因而也把研发和市场化的风险分摊给各联盟成员，降低了各专利权人可能承担的风险。最后，组建专利联盟有利于各成员共享未在专利中披露的技术信息。❶

针对批评者认为专利联盟未必能够帮助解决生物技术专利问题的质疑，白皮书也给予说明。对专利联盟的质疑或批评主要表现为：专利联盟增加了有竞争性价格的产品（competitively priced goods）的成本；专利联盟可能保护无效专利，因为本应被宣告无效的专利可能因为属于联盟成员而不被请求宣告无效；专利联盟可能通过鼓励共谋和固定价格的形式消除竞争。白皮书对这些质疑和批评做出回应，认为通过严格管理，其中的一些问题未必出现。白皮书最后得出结论，对于生物技术领域而言，专利联盟可同时满足公共产业和私营产业的利益需求，解决生物技术领域内的封锁专利和叠加专利现象，降低成本，增加利润，带来双赢结局，突破专利瓶颈，促进生物技术创新，加快生物技术产品研发。❷ 因此尽管至今尚未有真正的生物技术专利联盟组建，USPTO 的政策白皮书还是相信专利联盟是解决生物技术专利问题的

---

❶ Jeanne Clark et al. , United States Patent and Trademark Office, *Patent Pools: A Solution to the Problem of Access in Biotechnology Patents?*, December 5, 2000, pp. 8 ~ 10. Available at http://www.uspto.gov/web/offices/pac/dapp/opla/patentpool.pdf (last visited on Oct. 24, 2008); Bradley J. Levang, Evaluating the Use of Patent Pools For Biotechnology: A Refutation to the USPTO White Paper Concerning Biotechnology Patent Pools, 19 *Santa Clara Computer & High Tech. L. J.* 229, December, 2002, pp. 239 ~ 240.

❷ Jeanne Clark et al. , United States Patent and Trademark Office, *Patent Pools: A Solution to the Problem of Access in Biotechnology Patents?*, December 5, 2000, pp. 10 ~ 11. Available at http://www.uspto.gov/web/offices/pac/dapp/opla/patentpool.pdf (last visited on Oct. 24, 2008).

重要方式之一。

但也有研究者不同意 USPTO 的结论，他们认为生物技术专利联盟未必能够实现 USPTO 声称的益处。这有多方面的原因，其中包括：当面对封锁专利时生物技术公司多采取传统的交叉许可方式；与某些生物技术专利的商业收益相比，维护专利权并得到侵权救济的诉讼成本很高，这可能促使专利权人不采取侵权诉讼的形式；与可以大规模生产和广泛应用的电子产品不同，生物技术专利产品可能仅有有限的用途，因此比较而言，组建生物技术专利联盟的成本会很高，专利权人可能宁愿采取侵权诉讼策略，而不是花费较大成本组建专利联盟；传统的许可或版税方式也同样能够分摊风险，促进技术传播和交流，重组 DNA、PCR 和 DNA 测序等非常重要的生物技术专利的推广，证明这些传统途径是有用的和充分的，并不必然需要专利联盟的形式。❶

研究者还认为，生物技术产业要组建专利联盟，同样会遇到传统专利联盟遇到的问题，如受到共谋或固定价格等涉嫌垄断的指控，管理者可能为此做出指控或拆分的决定。并且，生物技术专利联盟能否形成和运行也和生物技术产业的自身特点有密切关系，而生物技术产业和其他产业相比在很多关键方面是不同的。

首先，生物技术产业的惯例是通过合并、许可或购买的方式解决专利权冲突等知识产权问题。其次，经过 20 多年的高速发展，生物技术产业每年已有高达几百亿美元的产值，已向市场供应了数百个生物技术产品，研发活动活跃，这表明生物技术产业已经成为一个相对成熟的产业，这与当初组建飞机或汽车专利联盟时的飞机或汽车产业的情形不同，政府不宜或不能进行干涉，强行要求组建生物技术产业联盟。再次，很多生物技术公司仍坚

❶ Bradley J. Levang, Evaluating the Use of Patent Pools For Biotechnology: A Refutation to the USPTO White Paper Concerning Biotechnology Patent Pools, 19 *Santa Clara Computer & High Tech. L. J.* 229, December, 2002, pp. 240 ~ 243.

持通过许可或诉讼等方式处理与竞争对手间的知识产权问题，而非组建专利联盟，或者说除非其他途径都行不通，它们才可能考虑采取专利联盟的方式，而在其他方式可行的情形下，生物技术公司未必愿意通过生物技术专利联盟解决有关专利丛、封锁专利、高交易成本和反公共地悲剧等问题。[1]

此外，研究表明，专利联盟的成功组建似乎与联盟成员间较为长期的密切关系和商业活动的均质性（homogeneity）有关，如美国的飞机专利联盟和 MPEG－2 专利联盟。但生物技术产业领域经常发生企业的组建、解散、合并和购买等行为，使很多生物技术公司之间缺乏长期了解，专利权人（包括公司、大学和个人等）的性质和经营业务之间也未必具有均质性，他们的经营目标也未必一致，这些都可能构成组建生物技术专利联盟中的实际困难。在生物技术专利联盟的实际组建过程中，也会遇到专利估价的困难，因为当事人未必能够预见一些专利在专利联盟持续期限内具有的实际价值，如人类基因组科学公司（Human Genome Sciences）在初期就未必能够预见到它拥有的 CCR5 专利的实际市场价值，因为 CCR5 应用于开发治疗艾滋病的药物是后来才确认的。即使能够估计，对于那些具有较高市场价值的生物技术发明，如关于重要的基因序列或蛋白质序列的发明，权利人未必愿意把它放入专利联盟供其竞争者分享。并且，生物技术专利联盟即使能够组建，也会面临是否有价值的质问，因为已有的专利联盟表明它们组建的目的基本是只生产一种产品，如飞机或 DVD 等，但要多个生物技术公司也都生产单一产品，则未必行

---

[1] Bradley J. Levang, Evaluating the Use of Patent Pools For Biotechnology: A Refutation to the USPTO White Paper Concerning Biotechnology Patent Pools, 19 *Santa Clara Computer & High Tech. L. J.* 229, December, 2002, pp. 244～248.

得通。[1]

这些分析有一定的道理。至今在生物技术产业领域尚无专利联盟形成也可成为一个有力佐证。但也有研究者对组建生物技术专利联盟表示乐观，并给出了组建基因 DNA 序列专利联盟的具体措施，以期帮助解决生物技术产业领域中的反公共地悲剧问题，并有助于公共利益的实现。[2]

[1] Bradley J. Levang, Evaluating the Use of Patent Pools For Biotechnology: A Refutation to the USPTO White Paper Concerning Biotechnology Patent Pools, 19 *Santa Clara Computer & High Tech. L. J.* 229, December, 2002, pp. 248 ~ 251.

[2] Shanshan Zhang, Proposing resolutions to the insufficient gene patent system, 20 *Santa Clara Computer & High Tech. L. J.* 1139, 2004, pp. 1139 ~ 1170.

第八章　植物新品种保护

第一节　UPOV 及其主要内容

植物新品种与专利、商标、商业秘密和集成电路布图设计等一样，都属现代知识产权的客体范畴。TRIPs 协议规定，成员可以利用专利或一种有效的“特别系统”（*sui generis* system）或二者结合为植物新品种提供保护。[1] 植物新品种权或称“育种者权”（plant breeder's right，PBR）就属一种特别系统，它为育种者提供针对其培育或发现并改良的植物新品种的排他性权利。该权利是一种独占权，未经育种者同意，他人不得随意商业化使用，因此植物新品种权（以下或简称“植物品种权”或“品种权”）和专利权一样，是通过授予权利人在一定时期内的独占权而鼓励育种者从事和投资植物新品种研发，以促进农业、林业和园艺业等的发展。

与 TRIPs 协议的规定相对应，在世界范围内也大致有两种植物品种保护模式：以植物品种特别法的形式为之提供保护，如大部分欧盟国家和中国等众多 UPOV 成员国；通过专利和特别法的双重形式为植物品种提供保护如美国。本章主要探讨对植物品种的品种权保护，也涉及美国的植物专利保护。

一、UPOV 的概况和基本原则

《植物新品种保护国际公约》（International Convention for the

[1] TRIPs，Article 27.3（b）.

Protection of New Varieties of Plants，UPOV）于 1961 年签署，形成的文本称为 1961 年文本，于 1968 年 8 月 10 日正式生效。其后，UPOV 又经过 1972 年、1978 年和 1991 年三次修订，分别形成 1972 年文本、1978 年文本和 1991 年文本。当今适用的文本基本只有 1978 文本和 1991 文本两种。与 1978 年文本相比，1991 年文本为育种者提供了更高层次的品种权保护。

该公约的成员国组成国际植物新品种保护联盟（也称为 UPOV），总部位于日内瓦，截止到 2008 年 9 月 1 日，该联盟已有 65 个缔约方（国家或组织），成员包括阿尔巴尼亚、阿根廷、澳大利亚、奥地利、阿塞拜疆、白俄罗斯、比利时、玻利维亚、巴西、保加利亚、加拿大、智利、中国、哥伦比亚、克罗地亚、捷克、丹麦、多米尼加、厄瓜多尔、爱沙尼亚、欧洲共同体、芬兰、法国、德国、匈牙利、冰岛、爱尔兰、以色列、意大利、日本、约旦、肯尼亚、吉尔吉斯斯坦、拉脱维亚、立陶宛、墨西哥、摩尔多瓦、摩洛哥、荷兰、新西兰、尼加拉瓜、挪威、巴拿马、巴拉圭、波兰、葡萄牙、韩国、罗马尼亚、俄罗斯联邦、新加坡、斯洛伐克、斯洛文尼亚、南非、西班牙、瑞典、瑞士、特立尼达和多巴哥、突尼斯、土耳其、乌克兰、英国、美国、乌拉圭、乌兹别克斯坦、越南。这些成员分别来自欧洲、美洲、亚洲、大洋洲和非洲，区域组织欧洲共同体也是成员之一。我国于 1999 年 4 月 23 日加入 UPOV，成为联盟第 39 个成员国，适用 1978 年文本，现在正酝酿在时机成熟时适用 1991 年文本。在本章中，除非明确说明，所引 UPOV 条款皆为 1991 年文本（Act of 1991）的条款。

作为保护植物品种权的国际公约，与保护工业产权的《巴黎公约》等其他知识产权公约一样，UPOV 规定了一些基本原则，包括国民待遇原则、独立保护原则、优先权原则和临时保护原则等，它们可帮助实现育种者在不同缔约方领土内的植物品种权。[1]

关于国民待遇原则，UPOV 规定，在不损害本公约规定的权利的前提下，缔约方的国民及自然人居民和在缔约方领土内有注册办事处的法人，在每个缔约方领土内，就育种者权利的授予和保护而言，应享有每个其他缔约方根据其法律授予或其后将要授予其自己国民的同等待遇，只要他们符合其他缔约方对其国民要求的条件和手续。如果缔约方是一个国家，国民就指该国国民，如果缔约方是一个政府间组织，国民就指该组织成员国的国民。[2] 因此我国育种者要在 UPOV 的任一缔约方申请植物新品种权，都可依法享有该缔约方的法律为其国民所提供的国民待遇。

关于独立保护原则，UPOV 规定，任何缔约方均不得以同一品种未向其他国家或政府间组织提交申请或该申请已被拒绝或其保护期已届满为由，拒绝授予育种者权利或限制其保护期限。[3] 关于优先权原则，UPOV 规定，凡已正式向缔约方之一提交保护某植物品种的申请（“首次申请”）的育种者，为获得同一品种的育种者权利向任何其他缔约方主管机关提交申请（“后续申请”），均应享有为期 12 个月的优先权，该期限应从首次申请提交之日起算，申请当日不记在内，但申请人需提交必要的证明文件，并满足其他条件。关于临时保护原则，UPOV 规定，缔约方应为育种者提供在申请提交日或公布日至授权日期间内的临时保护，保护措施应保证一旦品种权得到授权，凡在该期间内商业性使用该植物品种者，权利人应有权利获得公平的补偿。[4]

---

[1] UPOV, Articles 4, 10 (3), 11, 13.

[2] UPOV, Article 4.

[3] UPOV, Article 10 (3).

[4] UPOV, Articles 11, 13.

二、植物品种权的授权条件

UPOV 规定了关于植物品种权保护的各方面的内容。首先是概念。根据 UPOV，育种者（breeder）是指培育或发现并改良了品种的人或其雇主或其权利继承人或继受人。品种（variety）系指已知植物最低分类单元中单一的植物群（a plant grouping），不论授予育种者权利的条件是否充分满足，该植物群可以是：(1) 以某一特定基因型或基因型组合产生的特性表达来确定；(2) 至少表现上述一种特性，以区别于任何其他植物群；(3) 作为一个分类单元，其适用性经过繁殖不发生变化。❶ 可见这三个特征其实就是植物新品种需要满足的特异性、一致性和稳定性三个实质条件。

其次是植物品种权的获得条件，依据 UPOV，要获得育种者权或植物品种权，植物品种应满足的条件包括新颖性、特异性、一致性、稳定性和适当的命名。

新颖性是指，如果在申请日前 1 年内（在本国）、4 年内（在外国）或 6 年内（在外国及品种属树木或藤木的情形下），一个品种的繁殖材料或收获材料尚未为利用该品种之目的被育种者本人（或经其同意）出售或以其他方式处置给他人，一个品种则应被认为具有新颖性。此种新颖性为商业新颖性，它有别于专利法上的技术新颖性。针对不同的申请地域及品种，UPOV 为新颖性的丧失设立了不同的宽限期。

特异性（distinctness）是指，如果一个品种在申请日显然有别于任何其他品种，就认为它是特异的。可见，此处的特异性与专利法上的新颖性反而有些相似，即从技术角度来看，一个发明或品种应是新的，应与现有技术或现有品种不同。

一致性（uniformity）是指，除可预见的与其繁殖特点相关

---

❶ UPOV，Article 1.

联的变异外，如果一个品种经过繁殖其相关特征或特性表现足够一致，就认为该品种具有一致性。这是说，新品种应是均质的。在考虑或评价一致性时，应尽可能限制一个新品种可能表现的变异和因偶然变异、混杂或其他原因所产生的异型数。例如，根据UPOV推荐的技术标准，对于无性繁殖或自花授粉的新品种而言，当样本数为5时，应没有异型；当样本数为大于6小于35时，其异型数应小于1；当样本数大于36小于82时，异型数应小于2；样本数大于83小于137时，异型数应小于3。如果异型数超过了此限度，就不能认为一个品种为新品种。

稳定性（stability）是指，如果一个品种经过反复繁殖其有关特性保持不变，或者在特定繁殖周期的每个周期末其有关特性保持不变，就认为该品种是稳定的。[1]

对于一个新品种而言，具备特异性、一致性和稳定性是其区别于其他品种而作为一个新品种必须具备的条件。这三个实质条件被合称为DUS，是植物新品种审查中必须考查的条件。

三、植物品种权的内容

在满足授权条件的基础上，如果育种者得到了植物品种权，根据UPOV规定，育种者有权控制以下各项活动。

（1）与繁殖材料有关的活动：他人需首先取得育种者授权，然后才可针对品种的繁殖材料为下列行为：生产或繁殖、为繁殖目的之处理（conditioning）、许诺销售、销售或其他行销行为、出口、进口和用于上述目的之储存。繁殖材料（propagating material）是指可用来繁殖植物品种的材料，如种子、块根等。由于植物细胞具有全能性，可去分化和再分化，人们可以从一个植物细胞出发繁殖出整株植物，因此在理论上植物细胞也可归为繁殖材料，受到保护。有关植物组织等同样可获得保护。

---

[1] UPOV，Articles 5－9.

（2）与收获材料有关的活动：以上第（1）款所列的各项活动，只要涉及未经授权使用受保护的繁殖材料获得的收获材料，都应获得育种者授权，除非育种者已有合理机会对该繁殖材料行使权利。收获材料（harvested material）是指从利用繁殖材料得到的植物所收获的材料，可包括整个植株或其部分。

（3）与直接制作的产品有关的活动：以上第（1）款所列的各项活动，只要涉及以上第（2）款所指的未经授权使用受保护品种的收获材料所直接制作的产品，都应获得育种者授权，除非育种者已有合理机会对该收获材料行使权利。

（4）其他活动：缔约方可规定，从事其他活动也应得到育种者授权。

（5）对实质衍生品种的保护：实质衍生品种（essentially derived varieties）是指从初始品种（initial variety）显著地衍生出来的品种或从本身就是实质衍生品种实质衍生而来的品种。[1] 实质衍生品种可与初始品种有明显区别，但同时又保留着由初始品种的基因型或基因型组合产生的必要特征表达。它可通过多种方法获得，如对自然株或诱变株的选择、对体细胞克隆变异株的选择、对初始品种变异株的选择、对经回交或遗传工程转化得到的植株的选择等。以上对育种者权的保护，当涉及实质衍生品种时，保护应及于受保护品种的实质衍生品种（当受保护品种本身不是实质衍生品种时）、与受保护品种没有特异性差异的品种、需要重复使用受保护品种进行生产的品种。[2]

UPOV 规定，育种者权应自授权之日起不少于 20 年，对于树木和藤木而言，该期限应不少于 25 年。[3]

---

[1] 也有人译为“依赖性派生品种”，但本书认为译为“实质衍生品种”更为合适。

[2] UPOV，Article 14.

[3] UPOV，Article 19.

四、对植物品种权的限制

任何知识产权都受到限制，植物品种权也不例外。UPOV 对育种者权共规定了四种限制，分别是：

（1）合理使用：是一种法定例外或强制性例外。规定育种者权利不适于以下各项：私人的非商业性活动；为实验目的的活动；为培养其他品种的活动（如果培养的品种是保护品种的实质衍生品种，则例外不适用）；对该品种的应用。❶

（2）农民特权：是一种选择性例外或非强制性例外，意指当涉及农民对植物品种的使用时，育种者权利可能会受到限制，而是否如此取决于缔约方的国内法。缔约方可以规定，当农民在自己的土地上为繁殖目的使用在其土地上种植的受保护品种或其实质衍生品种所收获的产品时，在保护育种者合法利益的前提下，可对育种者权利给予限制。❷

（3）权利用尽：也称权利穷竭，与其他知识产权的穷竭意义相同，意指权利人拥有知识产权的物品一旦合法售出，权利人的权利就告用尽，就无法再控制该物品的行为。UPOV 规定，对于受保护品种或其实质衍生品种的任何繁殖材料、收获材料和由收获材料直接制成的任何产品，或这些材料的衍生材料，一旦由育种者本人或经其同意在缔约方领土内售出，则育种者权不再适用。

但 UPOV 进一步规定，在以下两种情形下，该权利用尽原则不适用。第一种情形是涉及该品种的进一步繁殖。第二种情形是涉及可能使该品种的材料出口到一个不保护该品种所属的属或种的国家，但是当出口的材料是用于最终消费的情况下不在此列，即用于最终消费的材料的出口不应构成植物品种权权利用尽原则

---

❶ UPOV，Article 15（1）.

❷ UPOV，Article 15（2）.

的例外。这里所说的材料包括受保护品种的任何繁殖材料、收获材料和由收获材料直接制成的任何产品。[1]

（4）为公共利益的限制：缔约方可为公共利益的原因对育种者权的自由行使做出限制，但应当采取一切必要措施确保育种者得到公平报酬。[2]

五、1978 年文本的问题

从 UPOV 规定的植物品种权取得条件、植物品种权的内容及限制等多方面的内容看，UPOV 的 1991 年文本是非常有效的植物品种权保护体系，为 TRIPs 协议所认可。但在 WTO 论坛上，关于 TRIPs 和 UPOV 之间的关系也存在着一些问题，如 UPOV 的 1978 年文本能否构成 TRIPs 所称的“有效的特别系统”？如果能够的话，按照 1978 年文本的规定，成员并没有义务为所有植物新品种提供保护，[3] 这可能造成 TRIPs 第 27.3（b）条款规定的为植物品种提供“有效保护”的要求不能实现。再者，根据 1978 年文本的规定，如果育种者所属国自己不保护某个属或者种，那么育种者就难以在其他成员国享有针对该品种的品种权，这属国民待遇原则的例外即对等原则（reciprocity），[4] 这同样可造成某些植物品种不能得到有效保护，并且有可能被认为违反了 TRIPs 要求的国民待遇原则。[5] 这些都可能导致 UPOV 的 1978 年文本和 TRIPs 要求之间的冲突。

但如果认为 UPOV 的 1978 年文本不能构成 TRIPs 要求的“有效保护”体系，同样会激起很多现实问题。截止到 2008 年 9 月 1 日，在所有 65 个缔约方中，适用 1991 年文本的有 40 个

---

[1] UPOV，Article 16.
[2] UPOV，Article 17.
[3] UPOV（1978），Article 4.
[4] UPOV（1978），Article 3（3）.
[5] TRIPs，Article 3.1.

（除了欧洲共同体外，其余都是国家），适用1978年文本的还有24个国家，其中包括很多发展中国家和法国、加拿大等一些发达国家（比利时适用的还是1961/1972年文本）。如果认为1978年文本不能满足TRIPs的要求，势必也会带来WTO成员内部的广泛争端，从而引发一系列重大问题。这显然也是WTO/TRIPs不得不考虑的问题。

因此无论怎样认定UPOV的1978年文本，都会带来两难困境。由此也可见证，植物品种的品种权保护问题尚属WTO论坛尚未有确定解决方案的问题之一。

在了解UPOV（1991年文本）的基本框架之后，就可对UPOV成员国的植物品种权保护有一个基本认识。在此基础上，本章进一步评述几个重要国家的植物品种权保护制度。

第二节 美国的植物品种保护

美国的植物品种保护制度较为特殊，除有植物专利保护外，还可利用一般的实用专利进行保护，还有植物品种的特别法保护。前者是美国的特色，后者基本与UPOV一致。

美国于1930年颁布《植物专利法》（Plant Patent Act, PPA），宣布对无性繁殖的植物可授予植物专利（patents for plants）。该法后来经过几次修订，现为美国专利法第15章第161～164条。PPA规定，无论谁发明了或者发现并无性繁殖了任何特异的和新颖的植物品种，包括培育的变种、突变、杂种和新发现的秧苗，而非块茎繁殖植物或未经培育的植物，如满足本法规定的条件和要求，均可获得专利。1998年，美国通过《植物专利法修正案》（Plant Patent Amendments Act of 1998），规定植物专利权的内容包括：在美国，禁止他人无性繁殖该专利植物，禁止他人使用、许诺销售和销售如此繁殖的专利植物或其任何部分；禁止他人把如此繁殖的专利植物或其任何部分进口到美国。PPA 还规定，只要关于植物专利的描述合理且完整，就不能用专利法第 112 条规定的充分公开条件要求植物专利，宣告其无效。❶

1970 年，美国颁布《植物品种保护法》（Plant Variety Protection Act，PVPA），按照 UPOV 的体系，对以有性繁殖方式和块根（tuber）繁殖方式产生的植物品种提供保护。此法编入美国法典第 7 卷第 57 章第 2321 ~ 2583 条。对植物品种的保护由美国农业部植物品种保护办公室（Plant Variety Protection Office）负责审查并颁发植物品种保护证书。❷ 美国于 1981 年 11 月 8 日加入 UPOV，从 1999 年 2 月 22 日起适用 1991 年文本。1994 年，美国通过《植物品种保护法修正案》（Plant Variety Protection Act Amendments of 1994），使该法与 UPOV 1991 年文本保持一致。

PVPA 规定的植物新品种应满足的条件与 UPOV 的规定一致，包括商业新颖性、特异性、一致性和稳定性。针对多个申请人在同一天申请不能区分的植物品种的处理情形，PVPA 规定：能够首先满足所有条件者获得证书；在多个申请人同时满足所有条件的情形下，如果品种不能以任何方式区分，为所有申请人颁发一个证书，供所有申请人共有；如果能够区分，为每一个品种颁布一个证书。❸ 此规定新颖且合理。

根据规定，植物品种权的申请材料应包括如下内容：品种的名称；描述品种的特异性、一致性、稳定性、谱系（genealogy）和育种程序的说明书；如果说明书描述不充分，审查机构可要求提供照片、绘图或植物标本；申请品种的新颖性声明；在公共保藏机构保藏了可存活种子或其他繁殖材料的声明；申请人是植物品种合法所有人的声明（审查机构可要求申请人提供证据或记

❶ 35U. S. C. 161 – 163.

❷ 7U. S. C. 2321.

❸ 7U. S. C. 2402.

录）。[1]

PVPA 规定的植物品种权保护内容、期限和限制也与 UPOV 一致。品种证书赋予品种权人的权利包括禁止他人利用品种繁殖、销售、许诺销售、进口、出口、用于生产杂交品种或其他不同品种等。保护期限一般为 20 年，树木或藤本植物的保护期为 25 年，都从授权日起算。如果不能满足有关要求，保护期可能提前终止。[2] 对植物品种权的限制包括农民有权保留种子的作物例外（crop exemption）、植物育种等研究例外、在途运输与广告等具有中间性质的行为中使用植物品种的中介例外（intermediary exemption）等。[3]

除植物专利外，发明人还可以为植物发明申请实用专利即一般专利保护。在 2001 年的 Pioneer Hi-Bred 案中，最高法院认为，对于植物品种而言，即使已有植物专利法和植物品种保护法，有关的植物发明仍是实用专利的主题。[4] 这样在美国针对植物新品种就形成了植物专利、实用专利和植物品种权三种交叉与互补的权利保护体系。这是美国植物品种保护的特色。

第三节　日本的植物品种保护

日本与美国的情形部分相似，既有专利保护，也有植物品种保护。但是专利主要涉及植物育种方法，能够获得专利的植物品种发明较少，因此在日本对植物新品种提供的主要是植物品种权的保护。

日本最早通过 1947 年的《农业种苗法》（Agricultural Seeds

---

[1] 7U. S. C. 2422.

[2] 7U. S. C. 2483.

[3] 7U. S. C. 2543 – 2545.

[4] J. E. M. Ag Supply, Inc. v. Pioneer Hi-Bred Int' l, Inc., 534 U. S. 124, 122 S. Ct. 593, 60 USPQ2d 1865 (2001).

and Seedlings Law 1947）对植物品种提供保护。后来随着植物品种培育技术和产业的快速发展，产业界越来越感到原来的法律已不能为植物品种提供足够保护。国际上从20世纪60年代初开始兴起加强植物品种保护的趋势，这主要体现在UPOV于1961年签署和自1968年生效实施。经过研究，日本政府认为有加强植物新品种权保护和加入UPOV的需要。为此日本于1978年颁布与UPOV的1978年文本要求基本一致的《种苗法》（Seeds and Seedlings Law），为植物新品种提供育种者权保护。日本于1982年9月3日加入UPOV，适用1978年文本。后来日本于1998年修订其《种苗法》，使之与UPOV的1991年文本要求相一致，并从1998年12月24日起适用1991年文本。后来为进一步加强对植物新品种的保护，除了在其《知识产权基本法》中强调对于植物新品种权的保护外，日本又分别于2003年和2005年两次修订《种苗法》，更加完善了植物新品种保护体系。

从1979年至今，日本的植物新品种权申请基本呈逐年增多的趋势。1996年的申请量首次突破1 000件，2003年的申请量已近1 300件。据统计，在日本历年的植物新品种申请者中，约有一半为种子公司，比重最大，其次是个人申请者。从20世纪80年代初开始，外国注册者的比例呈稳定趋势，基本可占日本总申请量约1/3的比例。[1]

《种苗法》规定了植物新品种保护的各个方面，涉及品种权保护的品种、品种权的申请、需满足的条件、审查程序、权利内容、对权利的限制和品种权的救济等。在保护品种方面，从1998年起日本已开始保护所有植物品种，其中包括种子植物（spermatophyte，seed plants）、蕨类植物（pteridophyte，ferns）、

[1] See Junichi Matsuo, *Plant Variety Protection System in Japan*, presentation on 2 August 2005 in Bangkok, at http://www.jetrobkk-ip.com/uploads/reports/PVP_System_of_Japan_7.pdf (last visited on Oct. 24, 2008).

苔藓类植物（bryophyte，moss）和多细胞藻类（multicellular algae）。此外，品种权的保护还延伸至32个种的蘑菇，尽管在生物学分类上蘑菇属于微生物中的真菌类而非植物。这是结合了日本社会实际的做法，也为UPOV所允许。

在品种权需满足的条件方面，《种苗法》的规定和UPOV的1991年文本的规定一致，都要求满足特异性、一致性和稳定性即DUS，此外还需满足商业新颖性和适当的命名等要求。日本对品种权的审查平均需3年左右的时间，视具体情形可采取书面审查、定点考察（On-site Inspection）或种植试验（Growing Test）三种不同的审查方法，或者结合使用其中的两种方法。书面审查就是依据政府机构颁布的数百个植物品种审查指南进行审查。种植试验是在日本国家种苗中心（National Center for Seeds and Seedlings）进行，种植试验验证的是DUS三个指标。审查程序中还有对异议期的规定。❶

植物新品种一旦通过审查就可登记注册。注册费和专利维持年费一样随着时间延长而有所提高：1~3年的注册费为每年6 000日元，4~6年为每年9 000日元，7~9年为每年18 000日元，10~25年为每年36 000日元。这会起到经济杠杆作用，促使品种权所有人尽早放弃不能产生足够经济效益的植物新品种，使之进入公有领域。一般植物新品种权在日本的保护期为25年，木本植物为30年，都从注册日起算。这比UPOV的1991年文本的规定延长了5年。

保护除直接覆盖植物新品种外，还涉及繁殖材料、收获材料、收获材料的直接制成品、新品种的实质衍生品种和需重复使用新品种的植物品种。植物新品种权的例外情形包括实验例外、

---

❶ See Junichi Matsuo, *Plant Variety Protection System in Japan*, presentation on 2 August 2005 in Bangkok, at http://www.jetrobkk-ip.com/uploads/reports/PVP_System_fo_Japan_7.pdf (last visited on Oct. 24, 2008).

科研例外和农民特权等。为了较好地维护育种者的权益，《种苗法》也适当规定了针对例外的例外，如规定由日本农林水产省（Ministry of Agriculture，Forestry and Fisheries）指定的、通过无性繁殖得到的23个种或属不适用品种权保护的例外。❶

可见日本《种苗法》的规定与UPOV的1991年文本的要求基本一致，但也结合日本国情给予了补充和完善，如对蘑菇新品种的保护以及其他旨在加强育种者权益保护的特别规定。日本在UPOV联盟的机构运行中负担着较大比例的财政支持，它在UPOV的管理活动和推广活动中也有较为重要的地位，因而在加强国际植物新品种权保护方面能够起到一定的推动作用。

第四节　英国的植物品种保护

英国于1968年8月10日加入UPOV，为该公约的最早缔约方之一，1999年1月3日起适用1991年文本。英国的植物品种保护法律基本是在UPOV框架下制定，最早有1964年的《植物品种和种子法》（Plant Varieties and Seeds Act 1964），最新有1997年的《植物品种法》（Plant Varieties Act 1997，PVA）。这是根据UPOV的1991年文本修订而成，与其基本一致。PVA已于1998年5月8日起实施（其中的第49、53和54条于1997年11月27日起实施）。

根据PVA的规定，所有属和种的植物品种在英国都可获得植物品种权保护，有关工作由植物品种权办公室负责实施。植物品种权的获得条件包括新颖性、特异性、一致性和稳定性等。植物品种权的保护涉及保护品种（初始品种）及其依赖品种。对

---

❶ See Junichi Matsuo，*Plant Variety Protection System in Japan*，presentation on 2 August 2005 in Bangkok，at http：//www. jetrobkk-ip. com/uploads/reports/PVP_ System_ of_ Japan_ 7. pdf（last visited on Oct. 24，2008）.

初始品种的保护包括未经品种权人许可，禁止对其繁殖材料的生产或繁殖（增殖）、为繁殖目的之处理、许诺销售、销售（或其他行销行为）、出口、进口、用于上述目的之储存和任何其他行为。此种保护也适用于未经许可使用受保护品种的繁殖材料得到的收获材料和利用该收获材料直接获得的产品。[1] 这些都与 UPOV 的 1991 年文本的规定一致。

PVA 中的依赖品种（dependent varieties）概念基本相当于 UPOV 中的实质衍生品种概念。PVA 列举了可得到依赖品种的方式，包括对自然或诱变株的选择、对体细胞克隆变异株的选择、对初始品种变异株的选择、对经回交或遗传工程转化得到的植株的选择等。PVA 对依赖品种的权利保护也与 UPOV 规定的对于实质衍生品种的保护基本一致。[2]

PVA 也规定了育种者权的例外和限制。例外情形包括：育种者权不适于私人的和非商业性目的的行为、不适于实验目的的行为、不适于培育其他品种的行为；农民有权留种；育种者权的用尽。对育种者权的限制则包括强制许可制度。这些与 UPOV 的规定基本一致。PVA 规定，育种者权保护期对于一般品种而言是 25 年，对于土豆、树木和藤本植物的保护期是 30 年，都从授权之日起算。这比 UPOV 规定的保护期限多出 5 年。[3] 概括而言，英国现行的《植物品种法》与 UPOV 的 1991 年文本基本一致，但也有自己的一些特点。

在英国有两种植物品种测试，分别是 DUS 测试和 VCU 测试。DUS 测试即对品种的特异性、一致性和稳定性的测试，为法定测试，育种者需首先对品种进行 DUS 测试，满足条件的植物新品种才可通过审查获得授权。VCU（Value for Cultivation and Use）

---

[1] PVA, Articles 1, 2, 4, 6.

[2] PVA, Article 7.

[3] PVA, Articles 8, 9, 10, 11, 17.

测试是种植与应用价值测试，分法定和用户要求两种。在植物品种获得授权后，如果要市场化种植，就需 VCU 测试。该测试的目的是提供新品种的农艺性状适应性、抗病性和加工品质特性等，帮助新品种提高经济效益。通过 VCU 测试的品种可进入品种国家目录（National List）。在此基础上，种植者可自愿委托测试机构对国家目录上的新品种进行更全面的 VCU 测试，以获取更为详细的资料。经过该种 VCU 测试的新品种可进入推荐目录（Recommendation List）。推荐目录中的新品种一般具有更好的经济效益，种植面积也较大。

英国的植物品种测试机构是由英国农业部指定的英国国家植物研究所，它独立开展测试，保证测试的公正性。测试机构拥有现代测试手段和模拟各种生态的试验田，测试人员严格按测试指南开展工作。该研究所在 UPOV 测试指南的框架下，制定了各类作物的 DUS 测试指南。在 DUS 测试前，育种者要认真填写技术问卷，提供充足的材料用于测试和保藏。对于不同作物，DUS 测试的时间也不同，其中观赏花卉为 1 个生长季，蔬菜、谷物、果树为 2 个生长季（有必要还可延长）。在测试过程中，为保证结果的准确和客观，测试人员除自己判断外，在必要时还可能邀请专家做出判断，还可能与育种者交换意见。英国测试机构出具的 DUS 测试结果在其他欧盟国家都得到承认，其他欧盟国家的 DUS 测试结果在英国也得到承认。[1]

第五节　德国的植物品种保护

德国于 1968 年 8 月 10 日加入 UPOV，为该公约最早的成员国之一，1998 年 7 月 25 日起适用 1991 年文本。德国现行《植物

[1] 徐一力："英国植物新品种保护的测试"，载《世界农业》2000 年第 6 期，第 29～31 页。

品种保护法》(Plant Variety Protection Law, PVPL, 德文名称 Sortenschutzgesetz) 为1985年制定，经过1992年和1997年两次修改，现与UPOV 1991年文本基本一致。

本法首先规定了获得植物品种权保护所需的条件，包括特异性、一致性、稳定性、新颖性和适当的命名；然后规定了权利人和权属问题，规定如果非植物品种合法所有人取得了品种权，合法所有人可在5年内要求把权利转移给他，超过5年不再有效，但非善意获得权利者不受5年的限制；还规定品种权的内容包括禁止他人未经许可地生产、为繁殖目的处理、销售、进口或出口、为上述目的储存受保护品种的繁殖材料，以及保护适用于实质衍生品种等。❶

本法也规定了对品种权的限制。规定植物品种权保护不及于：私人或非商业目的之行为、实验性质的行为和用于培育新品种的行为（实质衍生品种除外）；农民耕种保护品种的繁殖材料得到的收获材料（但杂交品种和合成品种例外）、利用收获材料作为繁殖材料（农民留种）。在农民留种的情形下，农民应给予品种权人合理的报酬（此规定不适于小户农民），该报酬可远低于商业价格，但农民需提供种植数量等信息。农民可留种的品种种类由该法附件"可保留繁殖材料的种"规定。该附件由德国联邦食品、农业和林业部根据需要加以修订，以适应欧共体植物品种目录的调整。❷

现在该目录共有18个种，包括谷类7种、饲料植物7种、油料和纤维植物3种、马铃薯1种（中文种名仅供参考，以拉丁名为准）。

（1）谷类7种：燕麦（*Avena sativa* L., Oats）、大麦（*Hordeu vulgare* L. sensu lato, Barley）、黑麦（*Secale cereale* L.,

❶ PVPL, Articles 1 ~ 10.

❷ PVPL, Article 10a.

Rye）、黑小麦（*Triticosecale* Wittm.，Triticale）、软质小麦（*Triticum aestivum* L. emend. Fiori et Paol.，Tender Wheat）、硬质小麦（*Triticum durum* Desf.，Durum Wheat）、斯佩耳特小麦（*Triticum spelta* L.，Spelt）；

（2）饲料植物7种：黄羽扇豆（*Lupinus luteus* L.，Yellow Lupin）、紫花苜蓿（*Medicago sativa* L.，Lucerne）、豌豆（*Pisum sativum* L.，Field Pea）、埃及车轴草（*Trifolium alexandrinum* L.，Berseem Clover）、波斯三叶草（*Trifolium resupinatum* L.，Persian Clover）、大田豆（*Vicia faba* L.（partim），Field Bean）、野豌豆（*Vicia sativa* L.，Common Vetch）；

（3）油料和纤维植物3种：油菜（*Brassica napus* L.（partim），Rape）、芜菁甘蓝（*Brassica rapa* L. var. *silvestris*（Lam.）Briggs，Turnip Rape）、亚麻（*Linum usitatissimum* L. Flax，但Fiber Flax除外）；

（4）马铃薯1种：马铃薯（*Solanum tuberosum* L.，Potato）。[1]

在品种权的限制方面，还包括品种权的用尽，即品种权不及于销售后的控制。但本法又规定，品种权用尽不适于以下两种情形：某品种投放市场的目的不是为繁殖材料的生产，而再生产该品种的繁殖材料时；把容许繁殖的品种材料向不保护该品种的国家出口时（但若出口品种是为了播种目的者，则该例外不适用）。[2] 此外，本法也规定了针对植物品种权的强制许可制度。[3]

为避免德国的植物品种权和欧共体的植物品种权重合，本法规定，如果一个品种获得了欧共体的植物品种权，在其保护期内，本法规定的权利暂不适用。关于品种权的保护期限，一般品

---

[1] PVPL，Annex：Species for which propagating material may be saved.
[2] PVPL，Article 10b.
[3] PVPL，Article 12.

种为25年，葡萄树、蛇麻草（hop）、马铃薯和树木为30年，都从授权之日起算。❶ 本法还规定了其他多方面的内容：联邦植物品种保护办公室、审查部和异议委员会（Opposition Boards）等机构的组成和职责；品种权的申请程序（包括申请、审查、驳回、授权和费用等）；专利法院的法庭程序和法律适用（如德国《专利法》的有关程序性条款可适用于植物品种权案件处理）；对侵犯品种权的法律救济，包括禁令、赔偿和补偿等民事救济措施，罚款与监禁（最高5年）等刑事处罚措施，以及海关可采取的措施等。❷

综合而言，德国的《植物品种保护法》对涉及植物品种保护的各个方面都有较为完善的规定，可视为植物品种保护的一个法律范本。

欧洲共同体（European Community，EC）从2005年7月29日起开始成为UPOV成员，适用1991年文本。欧共体已于1994年发布《共同体植物品种权指令》（Council Regulation（EC）No 2100/94 of 27 July 1994 on Community plant variety rights）。该指令的规定与UPOV的1991年文本基本一致。根据该指令，有关事务由欧共体植物品种办公室（Community Plant Variety Office）负责。❸ 为防止重叠保护，该指令规定，凡是已经按此指令取得了共同体品种权，就不得再向成员国提出品种权保护和申请专利，否则权利也会归于无效；如果在取得共同体品种权之前已经取得了有关权利，则在共同体品种权的有效期间，该权利暂时无效。❹ 由此即可理解德国《植物品种保护法》中的相关规定。

---

❶ PVPL，Articles 10c，13.

❷ PVPL，Articles 16～40a.

❸ Council Regulation（EC）No 2100/94 of 27 July 1994 on Community plant variety rights，Article 4.

❹ Council Regulation（EC）No 2100/94 of 27 July 1994 on Community plant variety rights，Article 92.

第六节　韩国的植物品种保护

我国的育种者已经开始向韩国申请植物品种权保护。现对韩国的植物新品种保护制度给予简介。韩国于2002年1月7日加入UPOV，适用1991年文本。韩国的现行植物品种保护制度由《种子工业法》（Seed Industry Law）规定。该法于1995制定，1999年和2001年两次修改。

对植物品种权的保护主要规定在该法的第2部分“育种者权的保护”。第1章规定了品种保护的实体法，包括外国人的代理、文件的提交与生效、与专利法的关系等。第2章规定了品种保护的条件和品种保护的申请。品种保护应满足的条件包括新颖性、特异性、一致性、稳定性和适当的命名。规定对于同一植物新品种的申请，品种权归最先申请者；若属同一天申请，各申请人应协商谁是权利人，若协商没有结果，则都不可获得品种权。[1]

品种权申请人应按一定程序向韩国农业和林业部提交必要的文件。申请文件应包括如下信息：申请人的姓名和住址、代理人（如有）的姓名和住址、育种者的姓名和住址、植物分类（拉丁名和普通名）、品种命名或暂用名、申请日期、品种的技术说明和育种程序描述、照片和交费证明等。满足条件者还可享有优先权，还可按规定对文件进行修改。[2]

韩国的植物品种权审查涉及对品种申请的审查、公布、驳回、对品种权申请的异议、对异议的处理和授权等环节，规定在申请期间植物新品种可享有临时保护。[3] 关于品种权的保护期，一般品种为20年，树木和果树为25年，与UPOV的1991年文

[1] Seed Industry Law，Articles 12～16，21.
[2] Seed Industry Law，Articles 26～32.
[3] Seed Industry Law，Articles 33～48.

本的规定相同。关于品种权保护的范围、品种权保护的例外以及品种权的用尽等，韩国的规定都与1991年文本的规定一致。韩国还规定，除强制许可等法定理由外，政府不得对品种权的利用施加任何限制。❶ 关于品种权的保护，法律分别规定了侵权行为、禁令救济、赔偿以及相应的行政和司法程序。对行政决定不服的，可向专利法院请求救济，对专利法院的判决不服的，可上诉到韩国最高法院。❷

《种子工业法》还规定了植物品种的管理，要求为稳定农业、林业和渔业生产，官方品种目录（Official Catalogue of Varieties）中应包括水稻、大麦、豆类和马铃薯等品种。❸

第七节 印度的植物品种保护

在《生物多样性公约》（CBD）、世界粮农组织（FAO）、世界知识产权组织（WIPO）和WTO等国际论坛上，印度一直是发展中国家的一个代表，在很多方面其谈判立场也代表着不少发展中国家的观点。发展中国家的另一个代表是巴西。就植物新品种权保护而言，印度作为一个农业大国和生物资源大国，一直在最大限度地维护着本国国民尤其是广大农民的利益。截止到2008年10月25日，印度尚未加入UPOV，还处于与UPOV的洽谈中。由于UPOV的1978年文本的加入已经关闭，因此印度一旦加入，就毫无选择地要适用1991年文本，在短期内这可能会成为印度植物品种权保护的一个负担。基于对印度广大农民利益的考虑，印度国内也有积极反对印度加入UPOV的呼声，如印度的NGO“基因运动组织”（Gene Campaign）曾向德里高等法院（Delhi

❶ Seed Industry Law, Articles 56 ~ 60.

❷ Seed Industry Law, Articles 84 ~ 86, Chapters 7 and 8.

❸ Seed Industry Law, Article 114.

High Court）提起诉讼，请求法院判决要求印度政府不得加入UPOV，请求认定那是违法和违反印度宪法的行为。[1] 这显然也会成为印度在讨论是否尽早进入 UPOV 时需要考虑的一个方面。

就其国内法而言，印度于 2001 年通过《植物品种和农民权保护法》（Protection of Plant Varieties and Farmers' Rights Act，PPVFR），为植物品种权提供保护，以满足印度作为 WTO 成员在 TRIPs 协议下的义务。但本法所考虑的国际因素并没有限于 TRIPs，它还同样考虑和吸收了 UPOV、CBD 和《粮农植物遗传资源国际条约》（International Treaty on Plant Genetic Resources for Food and Agriculture，FAO 主持签署和管理）三大公约的相关内容，还结合了印度作为农业大国和拥有众多小户农民的实际，在赋予育种者植物品种权的同时也明确规定了农民权，在国际上独树一帜，很有印度特色。在此基础上，印度还分别于 2003 年颁布了《植物品种和农民权保护规章》（Protection of Plant Varieties and Farmers' Rights Rules，2003），于 2006 年颁布《植物品种和农民权保护条例》（Protection of Plant Varieties and Farmers' Rights Regulations，2006），对相关事项给予更为详细的规定。

《植物品种和农民权保护法》（PPVFR）把植物品种分为植物新品种、现有品种和农民品种三类。植物新品种是由育种者培育的品种，也就是 UPOV 关注的植物品种；现有品种（extant variety）是指在印度处于公有领域的品种即公知品种，它也包括农民品种或通过印度《种子法》（Seeds Act，1966）申报的品种；农民品种（farmers' variety）是农民在其土地上培育的品种或演化的传统品种、或者是农民具有通常知识的品种的野生亲缘品种

[1] Robyn Ott，Protection of Plant Varieties and the Farmers' Rights Act，2 *OKLA. J. J. & TECH.* 14（2004）. Available also at http：//www.okjolt.org/pdf/2004okjoltrev14.pdf（last visited on July 11，2007）.

或本地品种。[1] 本法不仅为植物新品种提供必要的保护，也为农民品种提供一定程度的保护，因此可在激励植物新品种创新和保护农民利益之间保持平衡。

PPVFR 规定，植物新品种要获得注册和品种权保护，需要满足一定的条件，其中包括商业新颖性、特异性、一致性、稳定性和适当的命名。这和 UPOV 的 1991 年文本的规定相同。PPVFR 还规定，如果现有品种能够满足这些条件，则也应获得注册和品种权保护。申请注册者可为自然人、研究机构或大学、农民或农民社区等。植物品种的保护也可延及对其实质衍生品种的保护。关于植物品种的保护期，树木和藤木最长为 18 年，其他品种最长为 15 年，都从注册日起算；现有品种从申报日起算最长为 15 年。[2]

PPVFR 还规定了利益分享机制，规定一旦品种权获得注册，任何人或其团体或 NGO 都可在规定时间内向植物品种权和农民权管理局要求分享相应的利益。例如某植物新品种的研发利用了某种遗传资源，则品种权人应安排相应的利益分享。品种权的注册人也有一定的义务，包括在印度国家基因库（National Gene Bank）保藏足够数量的注册品种的种子或其他繁殖材料，其中包括亲本系的种子在内。[3]

一旦获得注册，育种者享有针对生产、出售、营销、分售、进口或出口该品种的排他性权利。但注册者的品种权也应受到制约，其实施不应损及公共秩序、道德伦理、人或动物的生命，也不应对环境造成严重损害；品种涉及的任何技术也不应损及公共秩序和道德伦理，其中尤其包括遗传应用限制技术或终止子技

---

[1] India's Protection of Plant Varieties and Farmer's Rights Act, Section 2 (j), (l).

[2] India's Protection of Plant Varieties and Farmer's Rights Act, Sections 15, 16, 23, 24.

[3] India's Protection of Plant Varieties and Farmer's Rights Act, Sections 26, 27.

术。这是因应孟山都等跨国生物技术公司的终止子技术所特别作出的解释（参见本书第九章第二节）。对品种权的限制还包括对研究者权（Researcher's Rights）的规定：品种权的保护不得限制任何人应用注册品种进行实验或研究，也不得限制任何人把注册品种作为初始品种用于培育其他品种；但是如果商业性地生产其他新品种需要重复应用某注册品种，则需经过品种权人许可。[1]

PPVFR 直接而详细地规定了农民权，这在世界范围内属开创性的立法尝试。按照规定，培育或开发了新品种的农民也有权注册该品种并获得同样的保护。农民权的范围包括：对于他所耕种的所有品种（包括依本法受到保护的注册品种）的收获物，其中包括种子，农民都有权利和在本法生效前一样留种、使用、播种、复播、交换、分享和销售，但农民不能销售标明是受保护的注册品种的种子。负责通过选择和保存等方法保育经济作物的本地品种（land races）或野生亲缘种（wild relatives）等遗传资源的农民，应有机会获得印度国家基因基金会（National Gene Fund）的确认和奖励。如果需要，品种权注册人还应向农民或农民组织提供需要的种植信息等。[2]

农民权中还包括社区权（rights of communities），即任何自然人、自然人团体、政府组织或 NGO 都可代表印度的任何村庄或本地社区，为这些村庄或社区在品种培育和开发中的贡献主张权利。如果品种注册者没有异议或异议不能成立，注册者就需向印度国家基金会支付适当补偿。在涉及农民侵犯品种权的情形下，如果农民能够证明在侵权时自己不知道该品种权的存在，则不应认为农民侵权，法院也不得判决农民负相应责任。这是针对农民的无过错侵权的保护。如果注册的品种为农民品种的实质衍生品种，则注册人在经农民或农民团体或社区的同意之后才可获得注

[1] India's Protection of Plant Varieties and Farmer's Rights Act，Sections 28 ~ 30.

[2] India's Protection of Plant Varieties and Farmer's Rights Act，Section 39.

册。此外，在品种权注册的行政程序中和在涉及品种权的诉讼程序中，都应免除农民的有关费用。[1]

综上，印度的《植物品种和农民权保护法》综合考虑了几个相关国际公约的规定与要求，结合了印度作为一个农业大国的实际，拓宽了品种及品种权的概念、客体、主体、权利内容、救济、例外或豁免等方面，并且直接规定了农民权的具体内容，在为现代育种者提供合理保护的同时，也试图最大限度地保护广大农民的利益。这些特点在其他国家的国内立法中尚属少见，它们见证了印度在本领域的立法尝试。但本法的具体实施效果如何尚待实践的进一步验证，它与 UPOV 的 1991 年文本之间的协调关系也尚待研究。

总结以上这些国家关于植物品种保护的立法和实践，可以看出，除美国和印度较为特殊外，其他几个主要国家的植物品种保护制度基本与 UPOV 的 1991 年文本一致。其他一些国家如意大利和匈牙利采取混合了专利和植物新品种权的中间模式，其保护形式表现为专利，但其实质授权条件采用的却是植物新品种的特异性、一致性和稳定性。[2] 概言之，当今世界对植物新品种的保护主要有专利和植物新品种权两种形式，在此基础上既有美国的植物专利和其他国家的中间模式作为补充，也有印度对农民权的拓展和细化。这和当今国际论坛上关于生物资源、传统知识和知识产权保护的异彩纷呈局面相对应。

第八节 我国植物新品种权保护概述

我国《植物新品种保护条例》于 1997 年 3 月 20 日颁布，于

[1] India's Protection of Plant Varieties and Farmer's Rights Act, Sections 41 ~ 44.

[2] 董新中："试论植物新品种的可专利性及相关制度选择"（中国政法大学法学硕士学位论文），2007 年 6 月。

1997年10月1日起实施，其规定基本与UPOV的1978年文本一致，但也合理参考了1991年文本的部分内容。我国于1999年4月23日加入UPOV，适用1978年文本。按照条例规定，我国的植物品种保护分农业和林业两部分，分别由农业部和国家林业局下属的植物新品种保护办公室负责。农业植物新品种包括粮食、棉花、油料植物、麻类植物、糖料植物、蔬菜（含西瓜、甜瓜）、烟草、桑树、茶树、果树（干果除外）、观赏植物（木本除外）、草类植物、绿肥、草本药材和橡胶等热带作物，此外还可延伸适用于食用菌新品种的保护；林业植物新品种包括林木、竹、木质藤本植物、木本观赏植物（包括木本花卉）、果树（干果部分）、木本油料植物、饮料植物、调料植物、木本药材植物等。❶ 农业部和国家林业局分别制定了《植物新品种保护条例实施细则（农业部分）》（1999年6月16日颁布实施）和《植物新品种保护条例实施细则（林业部分）》（1999年8月10日颁布实施）。此外还有《农业植物新品种权代理规定》、《农业植物新品种权侵权案件处理规定》和《农业部植物新品种复审委员会审理规定》等部门规章，为植物新品种的品种权申请和保护提供了法律保障。

《植物新品种保护条例》对植物新品种的定义是：经过人工培育的或者对发现的野生植物加以开发，具备新颖性、特异性、一致性和稳定性并有适当命名的植物品种。❷ 此定义借鉴了UPOV的1991年文本的规定，其中包括植物新品种应满足的条件。申请品种权的植物品种除应属于农业部或林业局颁布的名录中的种或属外，还应满足新颖性、特异性、一致性、稳定性和适当的命名几个条件。❸

❶ 《植物新品种保护条例实施细则（农业部分）》第2条、《植物新品种保护条例实施细则（林业部分）》第2条。

❷ 《植物新品种保护条例》第2条。

❸ 《植物新品种保护条例》第13~18条。

适当的命名是指，授予品种权的植物新品种应当具备适当的名称，并与相同或相近的植物属或者种中已知品种的名称相区别。该名称经注册登记后成为该植物新品种的通用名称。授权品种的名称确定以后，任何人不得擅自改变这一名称，即使在保护期满后，也须使用该名称。条例及实施细则规定，下列性质的名称不得用于植物品种命名：仅以数字组成；违反国家法律、法规；违反社会公德；带有民族歧视性；容易引起对植物新品种的特征、特性或育种者身份的误解；以国家名称命名；以我国县级以上行政区划的地名或公众知晓的外国地名命名；同政府间国际组织或者其他国际国内知名组织的名称及标识相同或近似；属于相同或相近植物属或种的已知名称；夸大宣传。[1]

条例依据 UPOV 的 1978 年文本，赋予植物新品种的保护范围仅限授权品种的繁殖材料，不涉及收获材料及其产品，也不涉及实质衍生品种。根据条例实施细则的解释，繁殖材料包括整株植物（包括苗木）、种子（包括根、茎、叶、花、果实等）、构成植物体的任何部分（包括组织、细胞）。[2] 条例规定，在不涉及合理使用或强制许可的情形下，植物新品种权的所有人对其授权品种享有独占实施权，任何单位或个人未经许可，不得为商业目的生产或销售该授权品种的繁殖材料，不得为商业目的将授权品种的繁殖材料重复用于生产另一品种的繁殖材料。条例规定，植物新品种的申请权和品种权可依法转让，需订立书面合同，并向审批机关登记，由审批机关公告。林木、果树、观赏树木和藤本植物的品种权保护期为 20 年，其他植物为 15 年，都从授权日起算。植物新品种权所有人也负有相应义务，应当自授权当年开始缴纳权利维持费，并且按照审批机关要求提供用于检测的品种

[1] 《植物新品种保护条例》第 18 条；《植物新品种保护条例实施细则（农业部分）》第 15 条；《植物新品种保护条例实施细则（林业部分）》第 13 条。

[2] 《植物新品种保护条例实施细则（林业部分）》第 4 条。

繁殖材料。❶

条例对植物新品种权也给予一定限制，这些限制与我国专利法对专利权的限制一致。条例规定，如果是科研人员利用授权品种进行育种及其他科研活动，或者是农民自繁自用授权品种的繁殖材料，就可以不经品种权人许可，不向其支付使用费。这是合理使用制度。如果为了国家或公共利益，品种权审批机关（即农业部和国家林业局）可以作出实施植物新品种强制许可的决定，予以登记和公告；或者，在品种权人无正当理由自己不实施或者实施不完全、但又不许可他人以合理条件实施植物新品种权的情形下，审批机关（国家林业局）可依当事人请求作出强制许可的决定。❷ 取得强制许可的单位或个人应当付给品种权人合理的使用费，若双方不能就使用费数额达成协议，由审批机关裁决。品种权人对审批机关作出的强制许可决定不服，或者对它关于强制许可使用费的裁决不服，可以自收到通知之日起 3 个月内向人民法院提起诉讼。这是强制许可制度。❸

关于植物新品种权的归属，条例规定，执行本单位的任务或者主要是利用本单位的物质条件完成的育种为职务育种，职务育种产生的植物新品种的申请权属于单位。条例实施细则对职务育种给予了进一步解释和列举，包括：（1）在本职工作中完成的育种；（2）在履行本单位分配的本职工作以外的任务中完成的育种；（3）离开原单位后 3 年内完成的与其在原单位承担的本职工作或者分配的任务有关的育种；（4）利用本单位的资金、仪器设备、试验场地、育种资源或其他繁殖材料、不对外公开的技术资料等完成的育种。❹ 条例规定，职务育种所得的植物新品种

❶ 《植物新品种保护条例》第 6 条、第 9 条、第 34 条。

❷ 《植物新品种保护条例》第 10 条；《植物新品种保护条例实施细则（林业部分）》第 9 条。

❸ 《植物新品种保护条例》第 11 条。

❹ 《植物新品种保护条例实施细则（林业部分）》第 5 条。

申请被批准后，品种权属于单位；由非职务育种活动产生的植物新品种，其申请权和品种权属于完成育种的个人。对于委托育种或合作育种的情形，品种权的归属由当事人在合同中约定，合同没有约定的，品种权属于受委托完成或共同完成育种的单位或个人，即委托育种产生的植物新品种的品种权属于受托人，合作育种产生的植物新品种的品种权属于合作育种者。❶

条例还规定了品种权无效宣告制度，旨在纠正因审查疏漏等原因造成的不当授权。这与我国专利法规定的专利权无效宣告制度一致。无效宣告决定的直接法律效果就是被宣告无效的品种权被视为自始不存在。但是，宣告品种权无效的决定对在宣告前法院作出并已执行的品种权侵权判决或裁定、省级以上政府的农业或林业部门作出并已执行的侵权处理决定、已经履行的品种权实施许可合同或转让合同，不具有追溯力。但如果因为品种权人的恶意给他人造成了损失，就应当给予合理赔偿；如果品种权人（或品种权转让人）不向品种权的被许可人（或受让人）返还使用费或转让费，明显违反公平原则，品种权人就应返还全部或部分使用费或转让费。这是恶意应予赔偿原则和显失公平应予返还原则对无效宣告法律后果的补充。❷

条例规定，我国的育种者要把在国内培育的植物新品种向国外申请植物新品种权，需要向审批机关登记；我国的育种者就其在国内培育的植物新品种向外国人转让申请权或品种权的，应当经审批机关批准。我国的申请人如果向国外申请植物新品种权，一般需要通过该国的代理机构办理，这与外国人在我国申请品种权必须委托我国的代理机构办理是同样道理。❸ 根据本章以上的介绍，除印度外，其他各主要国家都属 UPOV 成员国，其植物品

---

❶ 《植物新品种保护条例》第 7 条。

❷ 《植物新品种保护条例》第 37～38 条。

❸ 《植物新品种保护条例》第 9 条、第 26 条。

种保护制度基本一致，这为我国育种者向国外申请植物新品种权保护提供了便利。

可以说，虽然我国的植物品种权保护历史较短，但相应的制度建设已具雏形，在现实工作中也已取得了一定成绩，并且还在积极完善之中。需要说明，依据我国专利法的规定，植物品种发明在我国当前还不能申请专利保护，而只能申请植物品种权保护，但相关的非实质生物学方法可以申请专利保护。❶

我国现在适用的是 UPOV 的 1978 年文本，与 1991 年文本相比，该文本规定的植物品种权保护范围较窄，因此我国当前面临的一个实际问题是应否决定适用 1991 年文本以及何时适用该文本。应该看到，1991 年文本大大扩展了植物品种权保护的客体范围和权利范围，在某种程度上甚至已经超越专利权对于生物技术发明提供的保护，那么我国作为一个发展中国家且是农业大国，在近期内能否承受这种保护就成为一个关键问题。通过考察 UPOV 缔约方的适用文本可见，截止到 2008 年 9 月 1 日，在所有 65 个缔约方中，适用 1991 年文本的国家有 40 个国家（其中包括欧共体），比例约为 62%，其中多为发达国家，发展中国家适用的仍多是 1978 年文本，甚至法国、加拿大和瑞士等发达国家适用的也仍为 1978 年文本（比利时适用的还是 1961/1972 年文本）。基于这些考虑，本书不主张我国在 2012 年之前考虑适用 UPOV 的 1991 年文本。

关于我国对植物品种的保护，除了植物新品种权的保护外，也可研究是否能够把专利保护作为一条补充途径，即在专利法中不再明确排除植物品种的可专利性。如果相应的植物品种发明能够满足专利法规定的条件，也可被授予专利。这类似于美国的现行制度，也与 TRIPs 协议的要求一致。植物新品种的发明者可针对不同情形分别申请植物新品种权或专利权，也可同时申请两种

❶ 《专利法》第 25 条。

权利的保护。这样或可使植物品种保护体系更为完善。在这种制度设想付诸实施前，我国当然需要研究这两种既平行又交叉的保护制度间可能存在的重叠甚至冲突，以及可能由此增加的管理和司法成本。

第九节　我国植物新品种权的申请、审查和无效程序

“条例及其实施细则”规定了植物品种权的申请、审查和无效程序等。这些程序对于有效保护植物新品种权都是重要的，本节予以综述。

一、保护名录

现阶段我国适用 UPOV 的 1978 年文本，并没有义务保护所有属或种的植物新品种，因此条例规定申请品种权的植物品种应属我国品种权审批机关颁布的保护名录上的属或者种。自 1999 年到 2008 年 9 月底，农业部和国家林业局分别公布了 7 批《农业植物新品种保护名录》和 4 批《林业植物新品种保护名录》，其中包括 74 个农业植物品种和 78 个林业植物品种，因此在我国至今已有 152 个植物属或种的植物新品种可得到保护，已经远远高于 UPOV 的 1978 年文本关于最低保护品种数量的规定。随着技术的发展和产业的需要，新的植物品种名录也可能会补充进来。

《农业植物新品种保护名录》共包括如下属或者种（括号内斜体字为拉丁文学名，共计 74 种）：（1）水稻（*Oryza sativa L.*）；（2）玉米（*Zea mays L.*）；（3）大白菜（*Brassica campestris L. ssp. pekinensis*（*Lour.*）*Olsson*）；（4）马铃薯（*Solanum tuberosum L.*）；（5）春兰（*Cymbidium goeringii Rchb. f*）；（6）菊属（*Chrysanthemum L.*）；（7）石竹属（*Dianthus L.*）；（8）唐菖蒲属（*Gladiolus L.*）；（9）紫花苜蓿（*Medicago sativa L.*）；

（10）草地早熟禾（*Poa pratensis L.*）；（11）普通小麦（*Triticum aestivum L.*）；（12）大豆（*Glycine max*（*L.*）*Merrill*）；（13）甘蓝型油菜（*Brassica napus L.*）；（14）花生（*Arachis hypogaea L.*）；（15）普通番茄（*Lycopersicon esculentum Mill.*）；（16）黄瓜（*Cucumis sativum L.*）；（17）辣椒属（*Capsicum L.*）；（18）梨属（*Pyrus L.*）；（19）酸模属（*Rumex L.*）；（20）兰属（*Cymbidium Sw.*）；（21）百合属（*Lilium L.*）；（22）鹤望兰属（*Strelitzia Ait.*）；（23）补血草属（*Limonium Mill.*）；（24）甘薯（*Ipomoea batatas*（*L.*）*Lam.*）；（25）谷子（*Setaria italica*（*L.*）*Beauv.*）；（26）桃（*Prunus persica*（*L.*）*Batsch.*）；（27）荔枝（*Litchi chinensis Sonn.*）；（28）普通西瓜（*Citrullus lanatus*（*Thunb.*）*Matsum et Nakai*）；（29）普通结球甘蓝（*Brassica oleracea L. var. capitata*（*L.*）*Alef. var. alba DC.*）；（30）食用萝卜（*Raphanus sativus L. var. longipinnatus Bailey & Raphanus sativus L. var. radiculus Pers.*）；（31）高粱（*Sorghum bicolor*（*L.*）*Moench*）；（32）大麦属（*Hordeum L.*）；（33）苎麻属（*Boehmeria L.*）；（34）苹果属（*Malus Mill.*）；（35）柑橘属（*Citrus L.*）；（36）香蕉（*Musa acuminata Colla*）；（37）猕猴桃属（*Actinidia Lindl.*）；（38）葡萄属（*Vitis L.*）；（39）李（*Prunus salicina Lindl. & P. domestica L. & P. cerasifera Ehrh.*）；（40）茄子（*Solanum melongena L.*）；（41）非洲菊（*Gerbera jamesonii Bolus*）；（42）棉属（*Gossypium L.*）；（43）亚麻（*Linum usitatissimum L.*）；（44）桑属（*Morus L.*）；（45）芥菜型油菜（*Brassica juncea Czern. et Coss.*）；（46）蚕豆（*Vicia faba L.*）；（47）绿豆（*Vigna radiata*（*L.*）*Wilczek*）；（48）豌豆（*Pisum sativum L.*）；（49）菜豆（*Phaseolus vulgaris L.*）；（50）豇豆（*Vigna unguiculata*（*L.*）*Walp.*）；（51）大葱（*Allium fistulosum L.*）；（52）西葫芦（*Cucurbita pepo L.*）；（53）花椰菜（*Brassica oleracea L. var. botrytis L.*）；（54）芹菜（*Apium graveolens L.*）；（55）胡萝

卜（*Daucus carota L.*）；（56）白灵侧耳（*Pleurotus nebrodensis*（*Inzenga*）*Quél.*）；（57）甜瓜（*Cucumis melo L.*）；（58）草莓（*Fragaria ananassa Duch.*）；（59）柱花草属（*Stylosanthes Sw. ex Willd*）；（60）花毛茛（*Ranunculus asiaticus L.*）；（61）华北八宝（*Hylotelephium tatarinowii*（*Maxim.*）*H. Ohba*）；（62）雁来红（*Amaranthus tricolor L.*）；（63）橡胶树（*Hevea brasiliensis*（*Willd. ex A. de Juss.*）*Muell. Arg.*）；（64）茶组（*Camellia L. Section Thea*（*L.*）*Dyer*）；（65）芝麻（*Sesamum indicum L.*）；（66）木薯（*Manihot esculenta Crantz*）；（67）甘蔗属（*Saccharum L.*）；（68）小豆（*Vigna angularis*（*Willd.*）*Ohwi et Ohashi*）；（69）大蒜（*Allium sativum L.*）；（70）不结球白菜（*Brassica campestris ssp. chinensis*）；（71）花烛属（*Anthurium Schott*）；（72）果子蔓属（*Guzmania Ruiz. & Pav.*）；（73）龙眼（*Dimocarpus Congan Lour.*）；（74）人参（*Panax ginseng C. A. Mey.*）。

《林业植物新品种保护名录》共包括如下属或者种（共计78种）：（1）毛白杨（*Populus tomentosa Carr.*）；（2）泡桐属（*Paulownia*）；（3）杉木（*Cunninghamia Lanceolata*）；（4）木兰属（*Magnolia*）；（5）牡丹（*Paeonia suffruticosa Andr.*）；（6）梅（*Prunus mume*）；（7）蔷薇属（*Rosa*）；（8）山茶属（*Camellia*）；（9）杨属（*Populus*）；（10）柳属（*Salix*）；（11）桉属（*Eucaly Ptus*）；（12）板栗（*Castanea mollissima*）；（13）核桃属（*Juglance*）；（14）枣（*Zizyphus jujuba*）；（15）柿（*Diospyros kaki*）；（16）杏（*Prunus armeniaca*）；（17）银杏（*Ginkgo biloba*）；（18）油桐属（*Vernicia*）；（19）红豆杉属（*Taxus*）；（20）杜鹃花属（*Rhododendron*）；（21）桃花（*Prunus persica*）；（22）紫薇（*Lagerstroemia indica*）；（23）榆叶梅（*Prunus triloba*）；（24）腊梅（*Chimonanthus praecox*）；（25）桂花（*Osmanthus fragrans*）；（26）松属（*Pinus Linn.*）；（27）云杉属（*Picea Dietr.*）；（28）落羽杉

属（*Taxodium Rich.*）；（29）圆柏属（*Sabina Mill.*）；（30）鹅掌楸属（*Liriodendron Linn.*）；（31）木瓜属（*Chaenomeles Lindl.*）；（32）金合欢属（*Acacia Willd.*）；（33）槐属（*Sophora Linn.*）；（34）刺槐属（*Robinia Linn.*）；（35）丁香属（*Syringa Linn.*）；（36）连翘属（*Forsythia Vahl*）；（37）黄杨属（*Buxus Linn.*）；（38）大戟属（*Euphorbia Linn.*）；（39）槭属（*Acer Linn.*）；（40）沙棘属（*Hippophae Linn.*）；（41）臭椿属（*Ailanthus Desf.*）；（42）簕竹属（*Bambusa Retz. corr. Schreber*）；（43）箬竹属（*Indocalamus Nakai*）；（44）刚竹属（*Phyllostachys Sieb. et Zucc.*）；（45）省藤属（*Calamus Linn.*）；（46）黄藤属（*Daemonorops Blume*）；（47）苏铁属（*Cycas Linn.*）；（48）崖柏属（*Thuja Linn.*）；（49）罗汉松属（*Podocarpus L'Her. ex Pers.*）；（50）桦木属（*Betula Linn.*）；（51）榛属（*Corylus Linn.*）；（52）栲属（*Castanopsis Spach*）；（53）榆属（*Ulmus Linn.*）；（54）榉属（*Zelkova Spach*）；（55）桑属（*Morus Linn.*）；（56）榕属（*Ficus Linn.*）；（57）芍药属（*Paeonia Linn.*）；（58）木莲属（*Manglietia Blume*）；（59）含笑属（*Michelia Linn.*）；（60）拟单性木兰属（*Parakmeria Hu et Cheng*）；（61）樟属（*Cinnamomum Trew*）；（62）润楠属（*Machilus Nees*）；（63）继木属（*Loropetalum R. Br.*）；（64）紫檀属（*Pterocarpus Jacq.*）；（65）花椒属（*Zanthoxylum Linn.*）；（66）黄皮属（*Clausena Burm. f.*）；（67）黄栌属（*Cotinus Mill.*）；（68）卫矛属（*Euonymus Linn.*）；（69）栾树属（*Koelreuteria Laxm.*）；（70）蛇葡萄属（*Ampelopsis Michx.*）；（71）爬山虎属（*Parthenocissus Pl.*）；（72）石榴属（*Punica Linn.*）；（73）常春藤属（*Hedera Linn.*）；（74）紫金牛属（*Ardisia Sw.*）；（75）白蜡树属（*Fraxinus Linn.*）；（76）枸杞属（*Lycium Linn.*）；（77）梓树属（*Catalpa Linn.*）；（78）忍冬属（*Lonicera Linn.*）。

我国农业部和国家林业局分别下属的植物新品种保护办公室和植物新品种复审委员会，分别负责农业和林业植物新品种申请的受理、审查和复审工作。与审查工作相配套的技术支撑体系和机构也已经建立，如农业植物新品种繁殖材料保藏中心、植物新品种测试中心及其14个测试分中心、林业植物新品种测试中心及其5个测试分中心和2个分子测定实验室等。

二、申请文件和材料

申请植物新品种权，需要准备的文件包括请求书、说明书和品种照片，文件应按照规定的格式提供，应用中文书写。中国的单位或个人申请品种权的植物新品种涉及国家安全或者重大利益需要保密的，应按照国家有关规定办理。

请求书为审批机构提供的固定格式表格，按照《植物新品种保护条例实施细则（农业部分）》的规定，请求书应当包括以下内容：（1）新品种的暂定名称；（2）新品种所属的属或者种的中文名称和拉丁文名称；（3）培育人姓名；（4）申请人的姓名或名称及联系信息；（5）申请人的国籍；（6）申请人是外国企业或者其他组织的，其总部所在的国家；（7）新品种的培育起止日期和主要培育地。说明书应当包括如下内容：（1）新品种的暂定名称，该名称应当与请求书的名称一致；（2）新品种所属的属或者种的中文名称和拉丁文名称；（3）有关该新品种与国内外同类品种对比的背景材料的说明；（4）育种过程和育种方法，包括系谱、培育过程和所使用的亲本或繁殖材料的说明；（5）有关销售情况的说明；（6）对该新品种特异性、一致性和稳定性的详细说明；（7）适于生长的区域或者环境以及栽培技术的说明。说明书中不得含有贬低其他植物品种或夸大新品种使用价值的言辞。说明书还应包括说明书摘要和技术问卷，但技术问卷也可以在缴纳审查费时提交。[1]

按照条例实施细则的规定，新品种的照片应符合如下条件：

---

[1] 《植物新品种保护条例实施细则（农业部分）》第19~21条。

（1）有利于说明申请品种的特异性；（2）一种性状的对比应在同一张照片上；（3）照片应为彩色，必要时植物新品种保护办公室可要求申请人提供黑白照片；（4）照片规格为 8.5cm × 12.5cm 或 10cm × 15cm；（5）照片应附有简要的文字说明。❶

对符合规定的品种权申请，审批机关应予以受理，以收到品种权申请文件之日为申请日，申请文件是邮寄的，以寄出邮戳日为申请日；审批机关应给予申请号，自收到申请之日起 1 个月内通知申请人缴纳申请费。对不符合规定或者经修改仍不符合规定的品种权申请，审批权关不予受理，并通知申请人。申请人也可在品种权授予前修改或撤回品种权申请。申请人自在外国第一次提出品种权申请之日起 12 个月内，又在中国就该植物新品种提出品种权申请的，依照该外国同我国签订的协议或共同参加的国际条约（例如 UPOV 或 TRIPs），或者根据相互承认优先权的原则，可以享有优先权。要求优先权应履行一定手续，其中包括申请人应在申请时提出书面说明，并在 3 个月内提交经原受理机关确认的第一次品种权申请文件副本，如果申请人没有按规定提出书面说明或提交申请文件副本，就视为未要求优先权。❷

关于植物新品种权的有关费用，按照《国家计委、财政部关于植物新品种保护权申请费、审查费、年费标准有关问题的通知》（计价格［1999］290 号）确定的标准，每件植物新品种的申请收费为 1 800元，审查收费为 4 600元，测试费由审批机关按实际发生的费用向申请人收取；新品种权维持费为第 1 ~ 3 年每年 1 500元，以后每 3 年可在上 3 年收费标准的基础上递增 30%。

除申请文件外，植物新品种保护办公室还可要求申请人送交

---

❶ 《植物新品种保护条例实施细则（农业部分）》第 22 条；《植物新品种保护条例实施细则（林业部分）》第 19 条。

❷ 《植物新品种保护条例》第 22 ~ 25 条。

申请品种权的植物品种和对照品种的繁殖材料，用于审查和检测。申请人应当自收到通知之日起3个月内送交繁殖材料，逾期不送交可能被视为放弃申请。送交种子的，申请人应送至植物新品种保护办公室指定的保藏机构；送交种苗、种球、块茎、块根等无性繁殖材料的，申请人应送至指定的测试机构。繁殖材料应依照国家规定检疫，未检疫或检疫不合格的，保藏机构或测试机构不予接收。申请人送交的繁殖材料不能满足测试或检测要求的，植物新品种保护办公室可要求申请人补交，申请人三次补交仍不符合规定的视为放弃申请。申请人送交的繁殖材料应符合下列要求：（1）与品种权申请文件中描述的该植物品种的繁殖材料一致；（2）新收获或采集的；（3）无病虫害或检疫性的有害生物；（4）未遭受意外损害或进行药物处理，如果送交的繁殖材料已进行了药物处理，应当附有使用药物的名称、使用方法和目的。❶

三、品种审查

条例规定，一个植物新品种只能授予一项品种权，两个以上的申请人分别就同一个植物新品种申请品种权的，品种权授予最先申请的人，同一天申请的品种权授予最先完成该植物新品种育种的人。此即先申请原则，外加先发明原则作为补充。实施细则对此作出进一步的解释：两个以上的申请人就同一品种在同一天分别提出品种权申请的，审查机关可要求申请人自行协商确定申请权归属；如果协商不成，审查机关可要求申请人限期提供最先完成该品种育种的证据，逾期不提供者视为放弃申请。❷

这与本章第二节所述美国《植物品种保护法》（PVPA）的

---

❶ 《植物新品种保护条例实施细则（林业部分）》第21~25条；《植物新品种保护条例实施细则（农业部分）》第24~28条。

❷ 《植物新品种保护条例》第8条；《植物新品种保护条例实施细则（林业部分）》第7条。

规定不同。PVPA 规定，如果多个申请人于同一天申请不能区分的植物品种，那么最先满足所有条件者获得品种权证书；在多个申请人能够同时满足所有条件的情形下，如果品种不能以任何方式区分，就为所有申请人颁发一个证书供其共同所有；如果品种能够区分，就为每一品种颁布一个证书。❶ 可见美国的规定是更趋向于维护育种者权益的做法。但在我国现有规定下，多个申请人也可通过协商达成共享同一品种权的协议。

如果一件申请包括两个或多个植物新品种，审查员在通知申请人缴纳审查费或进行实质审查前，应要求申请人提出分案申请；如果申请人在指定期限内未对申请进行分案修正或期满未答复，申请将被视为撤回。分案申请可以保留原申请日，享有优先权的可保留优先权日，但不得超出原申请品种的范围，分案申请的请求书中应当写明原申请的申请号和申请日，原申请享有优先权的，应当提交原申请的优先权文件副本。这是单一性原则的要求。❷

品种权申请的审查分为初步审查和实质审查两种。初步审查的内容包括：（1）申请品种是否属于植物品种保护名录中列举的属或种；（2）外国人的申请是否符合条例的有关规定；（3）是否符合新颖性的规定；（4）新品种的命名是否适当。初步审查应于申请日起 6 个月内完成。对初步审查合格的申请，审批机关予以公告，并通知申请人在 3 个月内缴纳审查费。对于初步审查不合格的申请，审批机关应通知申请人在 3 个月内陈述意见或予以修正，逾期未答复或修正后仍不合格的，驳回申请。❸

在申请人缴纳审查费后，审批机关就对品种的特异性、一致性和稳定性（DUS）等性质进行实质审查。条例规定，审批机关

---

❶ 7 U. S. C. 2402（b）.

❷ 《植物新品种保护条例实施细则（农业部分）》第 36 ~ 37 条；《植物新品种保护条例实施细则（林业部分）》第 33 ~ 34 条。

❸ 《植物新品种保护条例》第 27 ~ 28 条。

主要依据申请文件和其他书面材料进行实质审查，但在审批机关认为有必要时，也可以委托指定的测试机构进行测试，或者考察已经完成的种植或其他试验结果，审批机关也可要求申请人提供必要的资料和新品种的繁殖材料。❶ 把书面审查作为主要审查途径、把DUS测试和定点考察作为必要的补充，这是许多国家适用的审查原则。

植物新品种的DUS测试是植物新品种审查和保护中的一个技术难题。为保证我国品种权审查的科学性和权威性，在借鉴国际植物新品种测试技术规范的基础上，我国品种权审查机构组织有关部门和专家，结合我国的实际，分别制定了几十种植物新品种测试指南，其中约43种已经以国家或行业标准的形式公布实施，包括水稻、小麦、玉米、大豆、花生、甘薯、百合、萝卜、甘蓝、西瓜、荔枝和梨等。❷ 这些测试指南既可指导植物新品种的测试和审查，也可指导新品种的开发。

经过实质审查，如果没有发现驳回理由，就应授予植物新品种权，颁发品种权证书，予以登记和公告，品种权自作出授予品种权的决定之日起生效。❸ 如果发现有违反法律、法规或规章的情形，例如某品种不属于国家公布的植物品种保护名录中的品种、不符合新颖性和DUS要求、危害公共利益或生态环境、修改申请或分案申请超出原说明书记载范围等，如果在经过修改后这些缺陷仍不能得到克服，则品种权申请就可能被驳回。❹ 为保证社会公众对植物新品种权授权的监督，减少误审的可能性，条例实施细则规定，自品种权申请初审合格公告之日起至授予品种

---

❶ 《植物新品种保护条例》第30条。

❷ 参见农业部植物新品种保护办公室：《测试指南下载》，网址为http://www.cnpvp.cn/dus/index.aspx? ID=67（2008年10月25日访问）。

❸ 《植物新品种保护条例》第31、34条。《植物新品种保护条例实施细则（农业部分）》第43条规定“品种权自颁发品种权证书之日起生效”，似有不妥。

❹ 《植物新品种保护条例实施细则（农业部分）》第42条。

权之日前，任何人均可以就不符合规定的品种权申请向审批机关提出异议，并说明理由。❶

四、复审和无效

为纠正植物新品种审批机关的可能失误，我国农业部和国家林业局分别设置农业植物新品种复审委员会和林业植物新品种复审委员会，负责农业和林业领域内的复审事务。复审委员会成员包括有经验的植物育种专家、栽培专家、法律专家和有关行政管理人员，其复审职责主要包括对驳回申请的复审和对无效请求的审理。

申请人对审批机关驳回其品种权申请的决定不服，可以自收到通知之日起 3 个月内，向相应的植物新品种复审委员会请求复审。申请人应提交复审请求书，说明理由并附具证明文件。请求复审时，申请人可以修改被驳回的品种权申请文件，但修改应仅限于驳回申请决定涉及的部分。复审委员会应当自收到复审请求书之日起 6 个月内作出决定，并通知申请人。复审委员会复审后，认为复审请求不符合规定的，应当通知复审请求人在指定期限内陈述意见；请求人逾期未答复就可能被视为撤回复审请求。

关于品种权的无效宣告程序，自审批机关公告授权之日起，复审委员会可以依据职权主动、或依据任何单位或个人的书面请求，对不符合新颖性和 DUS 要求的植物品种宣告其品种权无效，对不符合规定的命名予以更名。任何单位或个人请求宣告品种权无效，应向复审委员会提交品种权无效宣告请求书和有关文件，说明依据的事实和理由。复审委员会如果宣告品种权无效，应由审批机关登记和公告，并通知当事人。复审委员会对授权品种作出更名决定的，由审批机关登记和公告，并通知品种权人，更换

❶ 参见《植物新品种保护条例实施细则（农业部分）》第 40 条；《植物新品种保护条例实施细则（林业部分）》第 35 条。

品种权证书。当事人如果对植物新品种复审委员会的决定不服，可以自收到通知之日起3个月内向北京市第二中级人民法院提起行政诉讼。无效宣告的法律后果已在本章第八节叙述。❶

五、申请和授权的统计分析

截至2007年底，我国国家林业局共受理品种权申请489件，授予品种权199件。❷ 截至2008年8月31日，我国农业部共受理品种权申请5 155件，授予品种权1 746件。❸ 根据农业部植物新品种保护办公室公布的统计数据，农业植物新品种权覆盖的植物种类包括（括号内的数字分别为申请和授权的植物新品种数量）：

（1）大田作物（申请4 613、授权1 617）：玉米（申请1 927、授权670），水稻（申请1 599、授权647），普通小麦（申请487、授权179），大豆（申请174、授权49），甘蓝型油菜（申请121、授权48），花生（申请25、授权11），大麦属（申请26、授权6），甘薯（申请14、授权4），棉属（申请190、授权0），高粱（申请24、授权2），谷子（申请15、授权0），苎麻属（申请2、授权1），绿豆（申请3、授权0），蚕豆（申请4、授权0），芥菜型油菜（申请1、授权0），亚麻（申请1、授权0）；

（2）蔬菜（申请215、授权62）：大白菜（申请29、授权17），普通西瓜（申请34、授权9），普通番茄（申请30、授权

---

❶ 《植物新品种保护条例》第37～38条。

❷ 参见国家知识产权局：《2004年中国知识产权保护状况》、《2005年中国知识产权保护状况》、《2006年中国知识产权保护状况》、《2007年中国知识产权保护状况》。

❸ 参见农业部植物新品种保护办公室：《1999～2008年品种权申请情况汇总表（2008.8.31）》，2008年9月10日发布，网址为http：//www.cnpvp.cn/Detail.aspx?K=394 & item ID=1（2008年10月25日访问）。

10)，黄瓜（申请20、授权8)，普通结球甘蓝（申请4、授权4)，辣椒属（申请30、授权6)，马铃薯（申请20、授权6)，食用萝卜（申请3、授权2)，甜瓜（申请13、授权0)，草莓（申请13、授权0)，茄子（申请6、授权0)，白灵侧耳（申请3、授权0)，胡萝卜（申请1、授权0)，花椰菜（申请3、授权0)，菜豆（申请1、授权0)，豇豆（申请2、授权0)，大葱（申请1、授权0)，豌豆（申请1、授权0)，西葫芦（申请1、授权0)；

(3) 花卉（申请191、授权28)：石竹属（申请20、授权8)，兰属（申请20、授权7)，菊属（申请60、授权6)，非洲菊（申请26、授权6)，百合属（申请34、授权1)，唐菖蒲属（申请1、授权0)，花烛属（申请27、授权0)，花毛茛（申请2、授权0)，果子蔓属（申请1、授权0)；

(4) 果树（申请132、授权39)：梨属（申请34、授权14)，桃（申请16、授权9)，苹果属（申请32、授权4)，柑橘属（申请8、授权4)，猕猴桃属（申请17、授权7)，荔枝（申请1、授权1)，葡萄属（申请20、授权0)，李（申请3、授权0)，桑属（申请1、授权0)；

(5) 牧草（申请4、授权0)：酸模属（申请2、授权0)，紫花苜蓿（申请2、授权0)。[1]

以上农业植物新品种权申请共计5 155件，授权共计1 746件，授权量占申请量的比例约为34%。其中，大田作物在申请和授权中占据的比例都最高，申请量(4 613)占农业植物新品种申请总量的比例约为89%，授权量(1 617)占总授权量的比例约为93%。在大田作物中，尤以玉米、水稻和普通小麦三种重要

[1] 参见农业部植物新品种保护办公室：《1999～2008年品种权申请情况汇总表(2008.8.31)》，2008年9月10日发布，网址为http：//www.cnpvp.cn/Detail.aspx?K=394 & item ID=1（2008年10月25日访问）。

的粮食作物最为突出，三者的申请量(4 013)和授权量(1 496)占农业植物新品种申请总量和授权总量的比例分别约为78%和86%，具有绝对优势。这反映了这些粮食作物的重要性，也反映了针对它们的研发活动非常踊跃。此外，大豆、甘蓝型油菜、大白菜、花生、普通西瓜、梨、桃、普通番茄、黄瓜、石竹属、猕猴桃属和兰属植物等的品种权申请和授权也有良好表现。

依据来自我国国内的农业植物新品种权申请人的申请量和授权量统计，截至2008年8月31日，国内申请人的排序依次为：国内科研单位（申请2 587、授权972），国内企业（申请1 678、授权514），国内教学单位（申请383、授权166），国内个人（申请283、授权70）。❶ 可见我国国内的科研单位、企业和教学单位（如大学等）在国内植物新品种权的申请量和授权量上，都占据绝对优势。应该说这是较为合理的分布，其中尤其是以国内科研单位和企业占据着植物新品种研发的主流。

在我国的农业植物新品种权申请中，国外申请者分别为日本（申请25、授权10）、荷兰（申请98、授权10）、韩国（申请30、授权3）、美国（申请34）、以色列（申请4）、澳大利亚（申请4）、新西兰（申请3、授权1）、西班牙（申请5）、法国（申请3）、比利时（申请3）、意大利（申请2）、南非（申请1）、德国（申请11）和英国（申请1）。国外申请的总申请量为224件，总授权量为24件，其中荷兰的申请量以及荷兰与日本的授权量领先，日本的授权比例领先。❷

---

❶ 参见农业部植物新品种保护办公室：《1999～2008年品种权申请情况汇总表(2008.8.31)》，2008年9月10日发布，网址为http://www.cnpvp.cn/Detail.aspx?K=394 & item ID=1（2008年10月25日访问）。

❷ 同上。

第十节　我国植物新品种权的行政和司法保护

针对植物新品种权的侵权行为，在我国有行政和司法两种处理途径。条例规定，未经品种权人许可，以商业目的生产或销售授权品种的繁殖材料，省级以上政府的农业与林业行政部门根据品种权人或利害关系人的请求，可依据各自的职权进行处理。处理方式可为调解，即行政部门根据当事人自愿原则，对侵权所造成的损害赔偿进行调解，调解达成协议的，当事人应当履行。行政部门在处理侵权案件时，为维护社会公共利益，可责令侵权人停止侵权，没收其违法所得，可并处违法所得5倍以下的罚款。

对于假冒授权品种的，县级以上政府农业、林业行政部门依据各自职权，可责令行为人停止假冒行为，没收违法所得和植物品种繁殖材料，可并处违法所得1倍以上、5倍以下的罚款。在处理这些案件时，行政执法部门根据需要，可以封存或扣押与案件有关的植物品种的繁殖材料，查阅、复制或封存与案件有关的合同、账册及有关文件。对于销售授权植物品种但是没有使用该品种的注册登记名称的经营者，由县级以上政府农业或林业行政部门依据各自职权，责令限期改正，可并处1 000元以下的罚款。❶

条例规定，未经品种权人许可，以商业目的生产或销售授权品种的繁殖材料的，品种权人（或利害关系人）可以直接向人民法院提起诉讼。对于省级以上政府的农业或林业行政部门的调解，未达成调解协议的，品种权人可依照民事诉讼程序向法院提起诉讼。除相应的民事责任外，侵权行为还可能涉及刑事责任，如假冒授权品种、情节严重、构成犯罪的，需负担相应的刑事责

❶ 《植物新品种保护条例》第39～42条。

任。❶ 这和《专利法》和《刑法》中的假冒专利罪相当。

依据《民法通则》《民事诉讼法》《行政诉讼法》和《植物新品种保护条例》等法律法规的规定，最高人民法院先后于2001年和2007年公布了两个司法解释，分别是《关于审理植物新品种纠纷案件的若干问题的解释》（法释［2001］5号，2000年12月25日通过、2001年2月14日起施行）和《关于审理侵犯植物新品种权纠纷案件具体应用法律问题的若干规定》（法释［2007］1号，2006年12月25日通过、2007年2月1日起施行），对植物新品种权纠纷案件审理的多个方面给予规定。

根据司法解释，法院应受理以下几类涉及植物新品种权的行政诉讼案件和民事纠纷案件：

（1）确权和无效案件。确权案件是关于是否应授予植物新品种权的案件。对审批机关驳回品种权申请的决定不服的，申请人可自收到通知之日起3个月内，向植物新品种复审委员会请求复审；对复审委员会的决定再不服的，申请人可自接到通知之日起15日内向法院提起诉讼，此即确权诉讼。无效案件是关于宣告植物新品种权无效的案件。自品种权公告授权之日起，复审委员会可依职权或依任何人（包括单位和个人）的请求，对不符合规定的品种权宣告无效，当事人对复审委员会的决定不服的，可自收到通知之日起3个月内向法院提起诉讼，此即无效诉讼。

（2）涉及植物新品种更名的案件。对不符合条例及其实施细则关于新品种命名规定的，任何人都可书面请求予以更名。对复审委员会决定不服的，可自收到通知之日起3个月内向法院提起诉讼。

（3）涉及强制许可或其使用费的纠纷案件。为了公共利益，植物品种权审批机关可以作出许可第三人实施植物新品种权的强制许可决定，取得实施强制许可的单位或个人应当支付给品种权

❶ 《植物新品种保护条例》第39~40条。

人合理的使用费，对双方不能就使用费的数额达成一致的由审批机关裁决。品种权人如果对审批机关的强制许可决定不服，或者对审批机关关于强制许可使用费的裁决不服，可自收到通知之日起3个月内向法院提起诉讼。

（4）不服省级以上政府的农业或林业行政部门针对侵犯植物新品种权的行政处罚决定的纠纷案件，或者不服县级以上政府的农业或林业行政部门针对假冒授权品种的行政处罚决定的纠纷案件。

以上几类案件的被告基本都是行政管理机关，为行政诉讼案件，按照《行政诉讼法》的规定提起诉讼和审理。以下几类案件为民事案件，按照《民事诉讼法》的规定提起诉讼和审理。上述（3）中涉及品种权强制许可使用费的纠纷案件，如果被告人不是品种权审批机关，就属民事诉讼案件。

（5）涉及植物新品种申请权或植物新品种权归属的案件。此类案件的核心问题是对植物新品种合法所有者的判断，可能会涉及职务育种或非职务育种、合作育种或委托育种等情形，与专利申请权和专利权权属纠纷案件类似。

（6）转让植物新品种申请权或植物新品种权的纠纷案件。此类案件主要涉及转让合同及其执行等问题，与专利申请权或专利权转让纠纷案件类似。

（7）侵犯植物新品种权纠纷案件。此类案件涉及对植物新品种权的侵犯，是较为普遍的植物新品种权案件。❶

审理植物新品种纠纷案件技术难度大、专业性强，对审判人员业务素质要求高，在是否应授予权利以及是否构成侵权等问题的判断中，要求审判人员不仅熟悉有关知识产权法律法规，而且要掌握较高的专业知识。基于此，根据知识产权案件集中审理的原则，司法解释确定由中级以上人民法院受理植物新品种权案

❶ 《最高人民法院关于审理植物新品种纠纷案件的若干问题的解释》第1条。

件，其中以植物新品种复审委员会作为被告的行政诉讼案件，其一审法院为北京市第二中级人民法院，其他行政诉讼案件和民事诉讼案件的一审法院为各省级政府所在地的中级人民法院或最高人民法院指定的中级人民法院。[1]植物新品种权的侵权行为地包括未经品种权人许可、为商业目的、针对授权品种的繁殖材料的生产地、销售地或重复用于生产其他品种的繁殖材料的所在地。侵权行为地的中级法院对品种权的侵权行为具有管辖权。[2]

能够提起品种权侵权诉讼的当事人包括品种权的所有人或利害关系人，其中利害关系人包括品种权实施许可合同的被许可人或品种权的合法继承人等。独占许可合同（exclusive license）的被许可人可以单独向法院提起诉讼；独家许可（司法解释中称为“排他许可”）合同（sole license）的被许可人可以和品种权人共同起诉，也可在品种权人不起诉时自行起诉；普通许可合同的被许可人经品种权人明确授权后也可提起诉讼。[3]

在侵权案件审理中，如果被控侵权品种或其繁殖材料的特征（或特性，下同）与授权品种的特征相同，或者特征虽有不同，但此种不同并非由遗传变异所致，法院应认定被控侵权品种或其繁殖材料属于为商业目的生产或销售的授权品种的繁殖材料；如果被控侵权人重复性地把授权品种的繁殖材料作为亲本，与其他亲本进行杂交繁殖，法院应认定这属于为商业目的把授权品种的繁殖材料重复用于生产其他品种的繁殖材料。在这两种情况下，都可认定被控人侵犯了品种权。[4] 在法院审理品种权侵权案件过程中，如果被告在答辩期间向植物新品种复审委员会请求宣告该

---

[1] 《最高人民法院关于审理植物新品种纠纷案件的若干问题的解释》第3条。

[2] 《最高人民法院关于审理植物新品种纠纷案件的若干问题的解释》第4条。

[3] 《最高人民法院关于审理侵犯植物新品种权纠纷案件具体应用法律问题的若干规定》第1条。

[4] 《最高人民法院关于审理侵犯植物新品种权纠纷案件具体应用法律问题的若干规定》第2条。

植物新品种权无效，法院一般不中止诉讼。[1] 此规定之目的是防止侵权人恶意提起无效宣告请求从而拖延时间。但这样规定也可能会带来问题，这与发明专利侵权纠纷案件审判中存在的问题相似。

植物新品种权纠纷案件有时可能需要对植物新品种进行鉴定，以确认某种植物品种的特征以及是否构成侵权。这需由双方当事人协商确定有鉴定资格的鉴定机构和鉴定人，双方协商不成的由法院指定鉴定机构和鉴定人进行鉴定，如果没有相应的鉴定机构和鉴定人，可由具有相应品种检测技术水平的专业机构和专业人员进行鉴定。鉴定方法可采取田间观察或基因指纹图谱检测等方法。对鉴定结论，法院应依法质证，认定其是否具有证明力和是否可作为证据使用。[2]

关于植物新品种权的侵权赔偿数额，法院可按照被侵权人因侵权所受损失或侵权人因侵权所得利益确定，也可参照品种权许可费的数额，根据许可种类、时间和范围等因素合理确定。如果通过这些途径仍难以确定赔偿数额，法院可通过法定赔偿途径确定50万元以下的赔偿数额，这时法院需综合考虑侵权的性质、期间、后果、品种权许可费数额、品种权许可的种类、时间、范围以及被侵权人为调查和制止侵权所支付的合理费用等。[3]

关于侵权物的处理，如果被侵权人和侵权人都同意把侵权物折价抵扣被侵权人损失，法院应准许；但如果任一当事人不同意折价抵扣，法院应责令侵权人处理侵权物，使之活性灭失，不能再用作繁殖材料；如果侵权品种正处于生长期，或者销毁侵权品种或其繁殖材料将导致重大不利后果，除非法律法规另有规定，

---

[1] 《最高人民法院关于审理植物新品种纠纷案件的若干问题的解释》第6条。

[2] 《最高人民法院关于审理侵犯植物新品种权纠纷案件具体应用法律问题的若干规定》第3～4条。

[3] 《最高人民法院关于审理侵犯植物新品种权纠纷案件具体应用法律问题的若干规定》第6条。

法院可不采取责令销毁侵权物的方法。❶

从事农业或林业种植的个人或农村承包经营户，如果他们接受委托代为繁殖了侵犯品种权的繁殖材料，但不知道代为繁殖的材料是侵权繁殖材料，如果他们能够说明委托人是谁，就不承担赔偿责任。❷ 这是对于善意种植者的例外处理方式，即虽然他们的行为可能构成侵权，但鉴于他们没有主观过错，就不用承担赔偿责任。这与印度《植物品种和农民权保护法》中对于农民无过错侵权行为的处理相似：在印度，如果农民能够证明在侵权时自己不知道该品种权存在，法院既不应判定农民构成侵权，也不得判决农民负相应的赔偿责任（参见本章第七节）。❸这些规定体现了对于农民等弱势群体的照顾。

---

❶ 《最高人民法院关于审理侵犯植物新品种权纠纷案件具体应用法律问题的若干规定》第7条。

❷ 《最高人民法院关于审理侵犯植物新品种权纠纷案件具体应用法律问题的若干规定》第8条。

❸ India's Protection of Plant Varieties and Farmer's Rights Act, Section 42.

第九章　生物技术发明的技术保护

第一节　知识产权的技术保护的现实性与合理性

知识产权制度促进了科学技术创新，哺育了知识经济。若从产权角度来看，在很大程度上，知识经济就是知识产权经济。这是法律哺育技术的维度。然而随着社会和技术的发展，当今逐渐兴起利用技术措施（technological measures）保护知识产权的趋势。这可视为技术反哺法律的维度。利用技术措施保护知识产权的现象已引起人们广泛重视，知识产权法对此也有所反映。

一、知识产权的技术保护措施的现实性

20 世纪 70 年代以来，信息技术和生物技术的发展给知识产权法提出了很多新问题，它们不断构成对现有知识产权制度的挑战，促使知识产权法体系不断调整以适应社会发展的需要。信息技术的发展促进了数字著作权制度的完善，生物技术发明的可专利性问题、生命伦理问题和涉及的农民权问题等，则推动了生物技术专利和植物新品种权保护的立法和司法实践。在技术与知识产权的互动过程中，人类智力创造成果得到保护，技术得到发展，知识产权制度也得以逐步完善。人们在利用知识产权保护智力创造成果的同时，也尝试利用技术措施保护智力成果和相关的知识产权。这在著作权、专利、植物新品种权和其他知识产权领域都有体现。

在著作权领域，随着互联网技术和数字技术的迅速普及，对于数字作品（包括软件作品）的复制已变得轻而易举，侵权行

为本身成本很低甚至几乎不需成本，这造成了针对数字作品的侵权现象极为普遍。针对信息技术带给著作权的冲击，著作权人尝试利用技术措施保护数字著作权，以制止复制等侵权行为。这种以技术制约技术来保护著作权的做法越来越普遍，为此开发和应用的技术也越来越多样化。

针对不断出现的技术保护措施，知识产权法一直给予积极回应，尝试把技术措施纳入到知识产权法框架之中。例如，被称为“电子版权公约”的《世界知识产权组织版权条约》（WIPO Copyright Treaty，WCT）和《世界知识产权组织表演和录音制品条约》（WIPO Performances and Phonograms Treaty，WPPT）就对数字著作权的技术保护措施作出规定。它们明确要求缔约方应提供足够的法律保护和有效的法律救济，以制约对著作权的技术保护措施的规避。❶

欧洲委员会于 1991 年通过《计算机程序的法律保护指令》（Council Directive 91/250/EEC of 14 May 1991 on the legal protection of computer programs），规定成员国应依照国内法，禁止能够规避计算机程序之技术保护措施的任何方法或设备进入流通领域或为商业目的被占有，要求国内法应为此提供适当的救济措施，也可查封或扣押有关设备。❷ 欧洲议会和欧洲委员会继而于 2001 年通过《版权指令》（Directive 2001/29/EC of the European Parliament and of the Council of 22 May 2001 on the harmonisation of certain aspects of copyright and related rights in the information society，以下简称“European Copyrigh Directive”），对于如何保护技术措施作出详细规定，要求成员国采取足够的法律措施，禁止规避任何有效的技术措施，禁止对用于或主要用于规避技术措施的

❶ WCT，Article 11；WPPT，Article 18.

❷ Council Directive 91/250/EEC of 14 May 1991 on the legal protection of computer programs，Articles 7.1（c），7.3.

装置、产品或其组成的制造、进口、发行、销售、出租、广告或为商业目的占有。[1] 可见欧盟的《版权指令》不仅禁止对于技术措施的规避行为，还禁止用于或帮助规避行为的装置或产品的制造、进口或销售。

美国的《数字千年版权法》（Digital Millennium Copyright Act，DMCA）也对版权的技术保护措施给予了极为详细的规定。在其超长的第1201条“规避版权保护系统”（Circumvention of copyright protection systems）中，它具体规定了涉及版权保护的技术措施的各种情形。它把技术措施分为两类，分别是控制访问作品的技术和保护版权人权利的技术。对前者的规避意指未经授权而解码编码作品、解密加密作品，或以其他方式避开、绕过、消除、使之无效或损害技术措施；对后者即权利保护技术的规避意指避开、绕过、消除、使之无效或损害技术措施。对用于或主要用于规避这两种技术的产品、服务、装置、组成或其部分，DMCA都禁止其制造、进口、销售或提供；对技术保护措施的规避行为本身，DMCA禁止规避控制访问作品的技术措施，但未禁止规避保护权利的技术措施。[2]

我国《著作权法》参照WCT和WPPT，也规定了对于著作权技术保护措施的保护：未经著作权人或邻接权人许可，故意避开或破坏权利人为其作品、录音录像制品等采取的技术保护措施，应承担法律责任。[3] 最高人民法院的有关司法解释规定，网络服务提供者通过网络参与、教唆或帮助他人侵犯著作权，应负共同侵权责任。[4] 因此网络服务提供者制造、使用或出租用于规避技术保护措施的设备或提供规避技术服务的行为，都可在本条

[1] European Copyright Directive，Articles 6.1，6.2.

[2] DMCA，Articles 1201（a），（b）.

[3] 《著作权法》第47条第（6）项。

[4] 《最高人民法院关于审理涉及计算机网络著作权纠纷案件适用法律若干问题的解释》（2000年12月21日起施行）第4条。

款下受到惩罚。

利用技术措施保护知识产权不仅体现在对数字著作权的保护上，也体现在对专利、商标、植物新品种、商业秘密（包括技术秘密和经营秘密）等多种形式的知识产权保护上，只不过利用的技术有所差异、保护的重点有所不同而已。这既指示着知识产权的技术保护措施的现实性，也隐含着这些技术措施的合理性。通过诉诸表面上看起来属于私力救济的技术手段，权利人或可实现或加强对于其智力创造成果和相关的知识产权的保护。

二、知识产权的技术保护措施的合理性

作为一种现实选择，知识产权的技术保护措施的普遍出现并非偶然，它具有一定的合理性。

首先，相对于高新技术的快速发展，知识产权法等法律的反应总是滞后的。法律的滞后可能造成应有的法律救济缺失，促使权利人利用技术手段自我救济，借以弥补法律救济的不足。

其次，法律救济为事后救济。一般而言，法律救济发生在侵权或损害发生后较长的一段时间，难以及时纠正侵权行为，也可能难以完全弥补侵权造成的损失。与之相比较，利用技术措施能够进行事先防范，降低或根除侵权发生的可能性，避免权利人的损失。

再次，法律救济不能够保证是充分的和公正的。基于多种原因，最后的法律救济对于权利人来说可能不是充分的和公正的，并且即使法院判决给予权利人相对充分的救济，也可能因为多种原因造成该救济落空。这可能促使权利人并不完全依赖法律救济，而是转去寻求技术措施的保护。

最后，若从经济成本角度考虑，法律救济具有费时和成本高的缺点。这是法律救济的共同特点，在知识产权的侵权救济中也是如此，这与知识产权侵权救济中的取证困难等因素有关，对于高新技术领域内的知识产权侵权而言更是如此。例如，在互联网

上对数字作品或信息的复制迅速且形式多样，再加上信息传输没有国界限制和真假信息混杂，就可能导致在法律救济中取证困难甚至不能，进而影响侵权行为地认定、管辖法院选择或侵权赔偿数额确定等。法律救济的费时和高成本，在当今信息时代侵权行为极为简便、迅速和普遍的巨大压力下，变得更为突出。与法律救济相比，技术措施一旦应用，就基本无需额外费用，成本相对较低且可控，具有较大优势。

因此，与法律救济的滞后、事后、难以保证充分和公正、费时、高成本等特点相比，技术措施有事先、相对及时、相对充分、成本较低等优点。这些方面奠定了知识产权的技术保护措施的合理性。基于这些考虑和其他方面的原因，权利人就可能希望利用技术措施保护其智力创造成果及相关的知识产权，并且在实践中也确实取得了一定效果。

尽管如此，也应认识到，利用技术保护措施对抗侵权技术手段的做法并不一定能够达到令人满意的、及时的、公正的和充足的救济效果。这是因为，随着知识产权技术保护措施的开发，一些规避或破坏技术保护措施的技术也随之被开发，并有水涨船高之势。例如，在美国微软公司推出 Windows XP 的产品激活技术后不久该技术就被破解，在苹果公司推出 iPhone 新产品后不到一周其激活程序也被破译。这种“道高一尺、魔高一丈”的循环可能没有终结，这也意味着对知识产权的“保护—反保护”的技术之争没有终结。因而，人们对技术救济的追求没有终点，技术救济也难有终极合理性可言。

与此相关联，技术或技术因素并不是社会事务的最终裁判者，法律才是。换句话说，技术上的争执反过来又需要求助于法律帮助，技术问题最终仍需要法律参与才能得到相对公正或完全的解决，技术和法律的结合才是知识产权保护的真正解决之道。因此，保护知识产权的技术措施最终需要知识产权法的认可和支持，才能真正成为保护知识产权的有效措施之一。在此情形下，技术保护措施也因而可被理解为一种法律措施，即为法律所认可和支持的技术措施。此即技术措施为当今知识产权制度所认可、支持和吸收的合理性所在。

概括而言，法律规范有效率的实施，可能需要技术规范（措施）的积极参与和支持；而技术措施作为一种自我救济手段，其维护也最终离不开法律救济的支持，否则就极有可能被规避或破坏，从而达不到目的。

三、对知识产权的技术保护措施的限制

可以理解，知识产权法并未时刻准备着去认可和支持权利人所可能采取的所有技术措施。这一方面是因为技术的发展总是走在法律的前面，另一方面是因为技术保护措施的实施又可能影响社会公共利益。因此，对于技术保护措施的选择性支持和限制就成为当今知识产权法应有的平衡之一。

就知识产权的技术保护措施可能影响社会公共利益而言，可从五个方面得到理解。

第一，技术措施可能影响社会公众对于著作权、专利或其他知识产权的合理使用。著作权法中有关于作品合理使用的规定，专利法中也规定了科学研究等例外，这些对知识产权的限制能够在一定程度上保障知识产权制度不对社会公共利益造成不良影响。[1] 但技术措施的控制基本是“有”或“无”的选择，一旦采用就不可避免地限制社会公众对于智力创造成果的获取和合理使用，或者使某些在先权利不能实现。例如，对本已进入公有领域的作品或数据的技术控制，可能会让公众支付不应有的成本，或造成社会资源不能够被充分利用。这可理解为技术措施在保护知识产权时的“不当防御”。

第二，技术措施或其滥用可能对社会公共利益带来不利影

[1] 《著作权法》第22条；《专利法》第63条。

响。某些技术措施可能在“被动”保护知识产权的同时也“主动”出击，给消费者造成不应有的损害。这可理解为技术措施在保护知识产权时的“不当出击”。

第三，就技术本身而言，由于一些技术措施的效果尚不确定或技术本身尚不完善，它们的应用或滥用可能影响公共安全。如网络控制技术的漏洞或失控可造成个人信息的泄露，给个人隐私或公共安全造成威胁。

第四，技术措施的应用或滥用也可能造成对技术成果的垄断，限制产业界的正当竞争，损害消费者的利益。例如，软件加密技术的应用就可能限制其他开发者的正常研发活动。

第五，技术措施一般由发达国家先开发和更多地应用，其应用或滥用可能会加大发达国家和发展中国家间的差距，使发展中国家不能从现代知识产权制度规定的合理使用中受益，可能会使发展中国家为其科技进步、知识产权制度建设和经济发展支付更大的代价。

基于这些考虑，就有必要对知识产权的技术保护措施予以限制，以防止过度的技术保护可能对社会公共利益造成不利影响。如美国的 DMCA 就规定了可以规避技术保护措施的七种例外行为：非营利性图书馆、档案馆和教育机构的有关行为；法律执行、情报机构和其他政府活动的有关行为，如调查和保证信息安全；与实施反向工程有关的行为，如鉴定和分析；与加密研究有关的行为；目的仅为阻止未成年人接触某些网上资料的有关行为；与控制有关个人识别信息不被搜集和传播有关的行为；与安全测试有关的行为。[1] 这些对技术保护措施的限制，其目的就是为了防止技术措施的滥用，以维护合理的社会公众利益。

---

[1] DMCA，Articles 1201（d）-（j）.

IP

第二节 生物技术发明的技术保护：终止子

生物技术是高新技术的一种，自身具有鲜明的技术特点和丰富的法律或伦理内涵。当今保护生物技术发明的技术措施多种多样，也多有争论，其中最具代表性也最具争议的技术保护措施就是终止子技术。

一、生物技术发明的特点

结合知识产权等法律规范和相关的生命伦理规范来理解，生物技术发明及其应用具有如下特点：

第一，生物体具有自我繁衍能力，能够在合适的环境条件下生长繁殖，如果未经权利人许可，此种生长繁殖是否属于侵犯专利权或植物新品种权的行为？如果是的话，种植者或相关人是否应对此种侵权行为负责？这些问题富有争议。

第二，大多数生物体的繁殖材料其中尤其是植物的繁殖材料（包括种子、块根、块茎等）可保留用于以后繁殖新的生物体，如果未经权利人许可，其后的繁殖行为是否属于侵权行为？保留种子等繁殖材料者或种植者是否应为此负责？这些问题同样具有争议。按照知识产权的权利用尽原则的一般理解，合法生产的专利产品一旦售出，专利权人就难以继续实施控制权，但对于生物体的繁殖材料而言，其逻辑显然没有如此简单。

第三，随着生物技术的发展，生物材料的生产方法正变得越来越多样，如一种蛋白质药物的生产既可通过传统的生化提取方法，也可利用转基因微生物发酵方法以及转基因植物或转基因动物的生物反应器等方法，如果某种生产方法涉及方法专利，则相关方法的多样性就可能增加侵权取证的困难。

第四，生物技术发明可能涉及农民权问题，这会造成生物技术发明的使用、推广或其法律救济可能受到其他权利的制约。农民权是为许多国家和国际社会所广泛认可的一束权利，包括农民对种植作物有留种、合理使用、交换和复种的权利等，一些国际条约如 FAO 的《粮农植物遗传资源国际条约》和一些国家如印度的《植物品种和农民权保护法》已经对此作出明确规定。❶

即使在美国，农民一定量的留种和复种也可构成植物新品种权保护的例外。在 1995 年的 Asgrow Seed Co. v. Winterboer 案中，美国最高法院认定，如果一个农民满足美国《植物品种保护法》（PVPA）的有关规定，他就可以为了第二年复种某作物之目的而适量保留其种子，只要他的留种量维持在与其拥有的耕地相当且仅为复种目的即可；在此范围内，农民除了自己种植外，还可"不加标记地出售"（brown-bag sale）他所保留的种子。❷

农民权可能让生物技术专利或植物新品种权的侵权认定及有关损失计算变得复杂，也可能引起社会公众的广泛关注和责问，为权利人的法律救济增加变数。

第五，生物技术发明的直接作用对象是生物体（包括动物体甚至人体），或者其应用涉及生物体，这很可能涉及生命伦理问题，受到相应生命伦理规范和法律规范的制约，如事先知情同意原则、不伤害原则以及维护健康权和隐私权等。这可能导致权利人针对其知识产权的主张受到公众指责，也可能造成侵权救济的缺失或不足。

基于这些原因，再加上知识产权侵权中普遍存在的地域性限制和举证困难等因素制约，就使得针对生物技术发明的侵权救济成为一个棘手问题。为此权利人可能希望利用技术措施保护生物技术发明的知识产权，无论其成果形式体现为专利、植物新品种

❶ International Treaty on Plant Genetic Resources for Food and Agriculture, Article 9; India's Protection of Plant Varieties and Farmer's Rights Act, Articles 39 ~ 44.

❷ Asgrow Seed Co. v. Winterboer, 513 U. S. 179 (1995).

或其他知识产权形式。近年来在生物技术领域不断涌现出具有突出特点的技术保护措施，它们能够在分子水平为生物技术专利或植物新品种提供有效保护，也引起了人们的普遍关注和争论。这可理解为权利人针对法律救济的不足而发展出的一种技术救济。

二、终止子技术

从技术角度来说，“遗传应用限制技术”（genetic use restriction technologies，GURTs）是一种成功的保护转基因作物的现代生物技术。共有两种遗传应用限制技术，分别是“品种水平遗传应用限制技术”（variety-level GURTs，V-GURTs）和“性状水平遗传应用限制技术”（trait-level GURTs，T-GURTs）。二者分别在品种水平和性状水平对有关遗传特性予以限制，都能在一定程度上控制对生物技术发明的复制，制止“搭便车者”，因此得到生物技术产业界的支持。

玉米等异花授粉作物是杂交品种，只能种 1 年，第二年就会发生性状分离而不能再用作种子，农民每年都需向种子公司购买，这种杂交种子本身就能起到保护专利或植物新品种的作用，因为无论玉米品种具有何种技术优势，如高产、抗虫等，种植者每年都需从种子生产商或经销商处购买种子使用。但自花授粉作物如小麦、水稻、大豆和花生等都不是杂交品种，农民可把收获的种子留作第二年使用，因而会影响到种子公司的利润。

为解决此问题，美国 Delta & Pine Land 公司和美国农业部联合开发“植物基因表达控制”（Control of plant gene expression）技术，并分别于 1998 年和 1999 年获得两件美国专利（分别为 USP 5，723，765 和 USP 5，925，808）。该技术是把一种毒素基因插到转基因作物中去，该基因通常是沉默的，不影响种子的蛋白、油脂和其他成分，但该毒素基因却能被特定诱导剂如四环素激活，在第 2 代种子成熟前产生毒素杀死种子胚胎，使种子不可再留作种子供以后使用。该种子被称为“自杀种子”，该技术也

被称为“终止子技术”（Terminator Technology）。❶

终止子技术是一种品种水平的遗传应用限制技术即 V-GURT。这种利用生物技术保护农作物种子等生物材料的做法深得生物技术产业界的青睐，美国农业部也支持其开发与利用。孟山都公司曾于1999 年5 月试图以17.6 亿美元的价格收购 Delta & Pine Land 公司及其终止子专利。孟山都认为终止子技术是一个非常好的技术，可以用来保护高产、抗虫或抗除草剂的作物品种，使种植者每年都需购买它的种子。从商业上看，这显然是一个很好的经营模式。❷

终止子技术在国际社会引起很大反响。1998 年10 月，国际农业研究顾问小组（Consultative Group on International Agricultural Research，CGIAR）在华盛顿召开会议，强调留种对于农民特别是贫穷农民的重要性，认为终止子技术对于作物多样性和生物多样性等可能产生不良影响，在生物安全方面可能具有风险，因此为保障世界粮食供应，呼吁禁止使用终止子技术。促进农村发展国际基金会（Rural Advancement Foundation International，RAFI，现已改名为 Action Group on Erosion，Technology and Concentration，ETC）等 NGO 表示支持 CGIAR 的建议，要求停止使用终止子技术。洛克菲勒基金会（Rockfeller Foundation）也公开要求孟山都放弃此技术，基金会主席 Gordon Conway 认为终止子技术可能伤害发展中国家的贫穷农民，也可能延缓生物技术的发展。他说：“有太多的人需要吃饭，而生物技术是其中的一种答案”；

❶ See Samantha M. Ohlgart，The Terminator Gene：Intellectual Property Rights VS. The Farmers’ Common Law Right to Save Seed，2002，7 *Drake J. Agric. L.* 473.

❷ Paul Raeburn，Genetically Modified Organisms：Colloquium Article Clamor over Genetically Modified Foods Comes to the United States，8 *N. Y. U. Envtl. L. J.* 610，pp. 610～613.

"基金会支持生物技术，但却不支持终止子技术"。[1] FAO 也曾专门发表关于遗传应用限制技术对于作物多样性的可能影响的研究报告。[2] 迫于各界压力，孟山都于 1999 年 12 月宣布放弃收购 Delta & Pine Land 公司及其终止子专利，表示将永远不商业性使用终止子技术。[3]

为缓和终止子引发的矛盾，英国 Astra-Zeneca 公司等开发出"性状水平遗传应用限制技术"（T-Gurt），其原理是插入控制某种优化性状（如高产、高蛋白、抗虫害或抗干旱等）表达的基因，该基因的表达需使用特殊诱导剂，如果不使用该诱导剂，作物的优化性状不表达，但其普通性状不受影响，可用作种子，但如果需要表达优化性状，享受相应的技术优势，就需购买诱导剂。这点与终止子技术不同，因此 T-GURT 被认为是对终止子技术的改进，受到一定程度的欢迎。[4]

对于生物技术发明的技术保护措施而言，如终止子技术或其他遗传应用限制技术，由于它们并非专利法明确排除的客体（除非能够证明该技术本身违背了法律、公共秩序和道德伦理），因此如果它们满足可专利性等条件，一般可被授予专利，如在美国已有不少该类技术被授予专利权，几个知名的农业生物技术跨国公司如孟山都、先锋种业（Pioneer Hi-Bred）、罗纳普朗克（Rhone Poulenc）和杜邦（Dupont）等都有各自的遗传应用限制

---

[1] Samantha M. Ohlgart, The Terminator Gene: Intellectual Property Rights VS. The Farmers' Common Law Right to Save Seed, 2002, 7 *Drake J. Agric. L.* 473; B; Paul Raeburn, Genetically Modified Organisms: Colloquium Article Clamor over Genetically Modified Foods Comes to the United States, 8 *N. Y. U. Envtl. L. J.* 610, pp. 610 ~ 613.

[2] See Bert Visser, et al., *Potential Impacts of Genetic Use Restriction Technologies (GURTs) on Agrobiodiversity and Agricultural Production Systems*, Background Paper No. 15, Commission on Genetic Resources for Food and Agriculture.

[3] See Samantha M. Ohlgart, The Terminator Gene: Intellectual Property Rights VS. The Farmers' Common Law Right to Save Seed, 2002, 7 *Drake J. Agric. L.* 473.

[4] E. Masood, Compromise sought on "Terminator", *Nature*, 1999, 399: 721.

技术专利。

但是生物技术公司拥有相应的技术措施并不意味着就可自由使用而无须顾及其他方面。以终止子技术为例，虽然该技术获得了美国专利，但由于国际社会各界的强大压力，孟山都也不得不宣布放弃商业化地开发利用该技术，这在客观上起到了限制某些技术措施的效果。

当然，人们对终止子技术的反对并未停留在政治宣言上或NGO的声讨中，国际社会走得更远。如印度在2001年的《植物品种和农民权保护法》中明确规定，注册者的品种权应受到制约，其实施不得损及公共秩序、道德伦理、人或动物的生命，也不应对环境造成严重损害，植物新品种涉及的任何技术不应损及这些公共秩序和道德伦理方面，其中包括遗传应用限制技术或终止子技术。[1] 这是说，在印度注册的植物品种不得应用或涉及终止子技术等遗传应用限制技术，否则就不能取得植物品种权。这是印度立法者因应孟山都等生物技术公司推广终止子技术作出的特别规定，也是在国内法层次对终止子技术作出的最直接和最坚决的限制。

大而言之，国际论坛上针对终止子等生物技术保护措施的激烈争论，体现着WTO的TRIPs协议与《生物多样性公约》及《粮农植物遗传资源国际条约》之间的可能冲突。《生物多样性公约》和《粮农植物遗传资源国际条约》更为关注生物多样性和农民权的保护，但TRIPs更为关注知识产权保护和促进商业利益，这些问题之间可能会产生不协调甚至冲突，人们关于终止子等生物技术措施的争论只是其中的一个具体例证而已。

---

[1] India's Protection of Plant Varieties and Farmers' Rights Act (2001), Section 29 (3).

第三节　生物技术、知识产权与社会利益的平衡

综合终止子等生物技术发明的技术保护措施和数字著作权的技术保护措施，可以看出，利用技术措施保护知识产权是一种趋势，是针对法律救济的不足实施的技术救济，在一定程度上和一定范围内其存在是合理的。知识产权法和其他法律对于技术措施既支持又限制的做法，反映了法律试图在智力成果创造者和社会公众之间保持一种平衡：一方面，为保护智力成果创造者的利益，知识产权赋予相应的技术保护措施以专利权或其他权利，禁止他人规避权利人设置的合理的技术保护措施；而另一方面，为保护社会公共利益不受技术措施应用或滥用的影响，法律又对技术措施及其实施进行限制，为技术措施及其保护设置了例外。公众的积极参与造就了社会舆论的力量，也可能在一定程度上制约技术措施的应用或滥用，就像在终止子事例中显示的那样。这两方面的恰当结合，既能维护技术措施的有效性，又能防止或减少技术措施对于社会公共利益的不利影响，进而维护技术研发、产业发展和社会公众之间的利益平衡。

这两方面的协调发展，对于生物技术而言尤为如此。一方面，现代生物技术的创新和产品研发需要较大的资金投入和较长的周期，安全性要求极高而成功率很低（如新药研发），没有合理的知识产权保护难以保证研发资金回收，从而保证生物技术的可持续创新，这是知识产权制度对于生物技术发展的重要意义。而另一方面，生物技术与国计民生关系密切，生物技术研发成果的应用可影响粮食、医药、卫生、公共安全和环境保护等社会生活的基础方面，还可能涉及生命伦理问题，因此过度的知识产权保护可能损及社会多数群体，危及社会公众利益，因此又需对生物技术的知识产权保

护予以限制。

在生物技术和社会公共利益之间，需要知识产权制度的有效维系。只有这样，才可既保证生物技术的可持续发展，又保证社会公众因生物技术的发展得到最大化的利益。这就是三者之间的辩证关系。